OEUVRES CHOISIES

DE

JOACHIM DU BELLAY

Il a été tiré *soixante-quinze* exemplaires numérotés sur papier de Hollande. — Prix : 7 fr.

OUVRAGES DE M. L. BECQ DE FOUQUIÈRES

POÉSIES D'ANDRÉ CHÉNIER. Édition critique. Étude sur la vie et les œuvres d'André Chénier, bibliographie des œuvres posthumes, aperçu sur les œuvres inédites, variantes, notes, commentaires et index. 2ᵉ édition, revue et corrigée. 1 vol. grand in-18. Charpentier et Cⁱᵉ. 1872. .... 6 fr. »

ŒUVRES EN PROSE D'ANDRÉ CHÉNIER. Nouvelle édition, revue sur les textes originaux, précédée d'une Étude sur la vie et les écrits politiques d'André Chénier, et sur la conspiration de Saint-Lazare, accompagnée de notes historiques et d'un index. 1 vol. Bibliothèque Charpentier. 1872.. 3 fr. 50

DOCUMENTS NOUVEAUX SUR ANDRÉ CHÉNIER et Examen critique de la nouvelle édition de ses œuvres, accompagné d'appendices relatifs au marquis de Brazais, aux frères Trudaine, à François de Pange, à madame de Bonneuil, à la duchesse de Fleury. 1 vol. Bibliothèque Charpentier. 1875............................. 3 fr. 50

ŒUVRES DE FRANÇOIS DE PANGE (1792-1796) recueillies et publiées avec une Étude sur sa vie et ses œuvres, des notes et une table analytique. 1 vol. Bibliothèque Charpentier. 1872. ...... 3 fr. 50

POÉSIES DE F. MALHERBE, accompagnées des Commentaires d'André Chénier. Nouvelle édition contenant la vie de Malherbe par Racan, des extraits de Tallemant des Réaux, de Balzac, etc., des extraits des lettres de Malherbe, des notes de Ménage, de Chevreau, de Saint-Marc, etc., des observations littéraires de Sainte-Beuve, des remarques philologiques empruntées à M. Littré, une introduction, des notes nouvelles et un index. 1 vol. Biblioth. Charpentier. 1874. 3 fr. 50

POÉSIES CHOISIES DE P. DE RONSARD, publiées avec notes et index concernant la langue et la versification. 1 vol. Bibliothèque Charpentier. 1873. .... 3 fr. 50

POÉSIES CHOISIES DE J.-A. DE BAÏF, suivies de Poésies inédites, avec une notice sur la vie et les œuvres de Baïf, des spécimens des Étrennes et des Chansonnettes, un tableau de la prononciation au XVIᵉ siècle, des notes et des index. 1 vol. Bibliothèque Charpentier. 1874... 3 fr. 50

LES JEUX DES ANCIENS, leur description, leur origine, leurs rapports avec la religion, l'histoire, les arts et les mœurs. Ouvrage accompagné de gravures sur bois d'après l'antique. 2ᵉ édition. 1 vol. grand in-8. Paris, Didier et Cⁱᵉ. 1872...................... 8 fr. »

ASPASIE DE MILET. Étude historique et morale. 1 vol. in-12. Paris, Didier et Cⁱᵉ. 1872............................. 3 fr. 50

ISIDORE PILS, sa vie et ses œuvres. Brochure grand in-8. Paris, Charpentier et Cⁱᵉ. 1876................................. 1 fr. »

Typographie Labure, rue de Fleurus, 9, à Paris.

OEUVRES CHOISIES

DE

JOACHIM DU BELLAY

PUBLIÉES

AVEC UNE NOTICE BIOGRAPHIQUE, DES NOTES

ET UN INDEX

PAR

L. BECQ DE FOUQUIÈRES

PARIS

CHARPENTIER ET Cⁱᴱ, LIBRAIRES-ÉDITEURS

15, RUE DE GRENELLE-SAINT-GERMAIN, 15

1876

Tous droits réservés

AVERTISSEMENT

Les œuvres choisies de Joachim du Bellay forment le troisième volume de la collection des poëtes du seizième siècle, collection que nous espérons conduire à bonne fin dans un avenir rapproché. Si, après Ronsard, nous avons donné la préférence à Baïf, c'est que les éditions de ce dernier sont d'une excessive rareté et d'un prix désespérant pour les bibliophiles. Il n'en est pas de même des œuvres de Joachim du Bellay : les moindres bibliothèques en possèdent de bonnes éditions du seizième siècle. De plus elles ont été rééditées en 1866, par M. Marty-Laveaux, et forment deux des volumes déjà parus de la Pléiade Française. En outre, dès 1841, M. Pavie avait publié les *Œuvres choisies*, précédées d'une notice biographique écrite par Sainte-Beuve. Du Bellay était ainsi en possession d'une réputation qui, après avoir traversé le dix-septième siècle, nous était arrivée presque intacte : il pouvait attendre. Sainte-Beuve d'ailleurs avait ressenti pour du Bellay une sympathie qui le ramena vers lui à plusieurs reprises; et il avait entretenu autour de son nom ce bruit cher à la mémoire des poëtes Après lui avoir consacré plusieurs pages dans l'*Histoire de la Poésie française au seizième siècle*, il y revint en 1842;

et, dans la seconde édition de cet ouvrage, il s'étendit de nouveau sur du Bellay dans un appendice considérable. La publication de M. Marty-Laveaux fournit au critique une nouvelle occasion de se développer encore et tout à loisir sur ce favori des Muses. Cette fois, ce fut pendant un temps inusité qu'il maintint l'attention du monde lettré sur du Bellay, dans les cahiers d'avril, de juin et d'août du *Journal des savants*[1].

Après les articles étendus et complets de Sainte-Beuve, l'étude biographique de M. Marty-Laveaux, la publication de quelques sonnets inédits par M. de Montaiglon, et le mémoire de M. Révillout au sujet des lettres de du Bellay conservées à Montpellier, il semble difficile, à moins de découvertes inattendues, de dire désormais des choses bien neuves sur Joachim du Bellay. C'est pourquoi nous avons cru qu'en tête de ses *Œuvres choisies* il convenait de ne pas s'étendre outre mesure sur un sujet aussi familier aux lecteurs. Il faut prendre son parti de quelques points obscurs, et passer outre, laissant à l'avenir et au hasard le soin de résoudre les petits problèmes encore insolubles que présentent la vie de du Bellay. Notre notice biographique sera donc aussi courte que possible; nous ne négligerons pas cependant l'occasion de porter un jugement sur le poëte et sur ses œuvres.

Cette édition est faite sur le plan précédemment adopté pour les éditions de Ronsard et de Baïf. Les notes sont concises, et toutefois, au moyen d'un système d'abréviations déjà connu des lecteurs, four-

---

1. Ces trois articles furent réimprimés dans le treizième et dernier volume des *Nouveaux Lundis*.

nissent d'assez nombreux renseignements philologiques. Les lettres R ou B, placées à la suite des notes, renvoient aux remarques faites au sujet du même mot dans les éditions de Ronsard ou de Baïf. L'annotation et les index relieront ainsi les uns aux autres tous les volumes consacrés aux poëtes du seizième siècle.

La publication des œuvres de du Bellay offrira toujours deux sortes de difficultés, les unes relatives à la distribution des pièces, les autres à l'orthographe. Quelques recueils publiés par du Bellay forment un tout complet, peu susceptible de modifications : tels sont, par exemple, l'*Olive*, les *Regrets*, les *Antiquités de Rome* ; mais d'autres, tels que les *Œuvres poétiques*, le *Recueil de poésie*, etc., reçurent des additions successives et ne présentent pas une composition identique dans les diverses éditions. On hésite souvent sur la place qu'il convient de donner à une pièce. Nous n'avons pas cru nécessaire d'adopter les transpositions faites par M. Marty-Laveaux : il s'agissait ici d'œuvres choisies, et il nous a paru utile de nous conformer au plan des éditions qui sont le plus communément entre les mains des lecteurs modernes.

Quant à l'orthographe nous avons sciemment mis de côté celle des premières éditions, suivie au contraire très-fidèlement par M. Marty-Laveaux. Du Bellay, comme il l'avoue ingénument dans la préface de l'*Olive*, se souciait fort peu des différents systèmes adoptés par les écrivains de son temps. Par paresse et par indifférence, il corrigeait fort négligemment ses épreuves, et il laissait cavalièrement les fautes sur la conscience de ses éditeurs. Les protes et les correcteurs, se sentant la bride sur le cou, se laissaient aller volontiers à tous leurs caprices, introduisant partout ces lettres parasites que le peuple par instinct avait rejeté de la prononciation et que les savants d'alors s'ingéniaient à reprendre aux formes littéraires du latin. Ce que nous offrent donc les différentes éditions des œuvres de du Bellay, c'est l'orthographe assez prétentieuse des imprimeurs et non l'orthographe raisonnée ou instinctive du poëte. C'est ainsi que partout le pluriel des mots en *é* et la seconde personne du pluriel des verbes sont adoucis en *ez*, tandis que du Bellay, comme le témoignent les lettres manuscrites de Montpellier, se sert toujours de la terminaison *és*. Nous nous sommes donc contentés de prendre une édition estimée des œuvres complètes, celle de Rouen, 1597, et d'en adopter l'orthographe, en choisissant encore parmi les formes diverses d'un mot celle qui se rapproche le plus de la prononciation et de l'orthographe actuelles. En résumé nous avons évité de vieillir sans nécessité l'orthographe d'un poëte qui est bien souvent moderne par le style ou par la pensée.

Après avoir dit en quoi nous nous sommes séparés de M. Marty-Laveaux, il est juste d'ajouter que nous avons eu constamment son édition sous les yeux et que nous lui devons beaucoup tant pour l'établissement que pour l'éclaircissement du texte. Nous avons d'ailleurs eu le soin d'indiquer toutes les remarques que nous lui avons empruntées.

NOTICE

SUR

JOACHIM DU BELLAY

La date de la naissance de Joachim du Bellay est incertaine. On la place généralement dans l'année 1525, quelques mois après celle de Ronsard[1]. Il naquit aux environs d'Angers, dans ce petit bourg de Liré qu'il a célébré dans ses vers. Son père était un simple gentilhomme de province, mais appartenait à une puissante famille d'Anjou, d'une illustration historique toute récente. Guillaume du Bellay, plus connu sous le nom de seigneur de Langey, s'était signalé sous François Ier par sa valeur, et s'était acquis, au dire de Brantôme, le renom d'un grand capitaine. Il avait longtemps commandé en Piémont, où il avait repris plusieurs places importantes sur les impériaux. Malheureusement, en 1543, il mourut à Saint-Symphorien, au moment où il rentrait en France. Joachim, alors très-jeune, perdit en lui un protecteur puissant, dont

---

[1] Qui est elle-même incertaine. Voy. dans notre édition de Ronsard, p. xv, la note que nous avons consacrée à la discussion de cette date.

le souvenir agita longtemps son imagination[1]. Le frère de M. de Langey était le cardinal du Bellay, qui sous François Ier avait longtemps représenté la France à la cour pontificale, et qui, desservi auprès du roi, disgracié, se retira à Rome, où il vécut et mourut en 1560. C'est à lui qu'avait un instant été attaché Rabelais en qualité de médecin, et c'est lui qui devait emmener en Italie Joachim du Bellay.

C'était là sans contredit de hautes protections, mais lentes à se déclarer, et qui ne facilitèrent en rien les débuts de Joachim dans la vie. Resté de bonne heure orphelin, il grandit, sous la tutelle sévère ou dédaigneuse d'un frère aîné, comme une fleur, a-t-il dit lui-même[2], que, dans un jardin verdoyant, nulle onde n'arrose, nulle main ne cultive, c'est-à-dire un peu à l'abandon, et sans que son esprit ait été soumis à la bienfaisante discipline des lettres. C'était là un malheur à cette époque de renaissance classique où les Muses chantaient non sans grâce dans la langue d'Horace; mais, dans les longues heures d'ennui d'une jeunesse peu fortunée, du Bellay ira s'abreuver lui-même à la source latine. Tout d'abord et presque encore enfant, il est tout entier aux difficultés de l'existence. Son frère aîné meurt, lui laissant les tracas et l'embarras d'une tutelle. A ceux-ci viennent se joindre les procès, et bientôt, hélas! la maladie accompagnée de longues et cruelles souffrances. Sur son lit de douleur, où il fut retenu deux années, la muse seule fut une consolation à ses maux. Pour la première fois il lut les poëtes

---

1. Voici l'épitaphe que du Bellay composa pour son illustre parent :

Hic situs est Langæus! ultra nil quære, viator :
Nil majus dici, nil potuit brevius.

2. Voyez, dans l'Appendice, les extraits de l'élégie adressée à Jean Morel.

grecs et latins, et commença, dit-il, à se faire connaître dans le chœur aonien.

Quand du Bellay revint à la santé, il prit une grave détermination. Dans sa première jeunesse il s'était laissé tenter par l'épée : le grand renom de M. de Langey avait été pour lui des trophées de Miltiade ; mais à la mort du valeureux capitaine, il avait dû tourner ses espérances vers son autre parent le cardinal, et abandonner l'épée pour la robe. Heureuse détermination, qui le conduisit à Poitiers, à cette illustre université, où Ronsard et Baïf, sous la tutelle de Dorat, poursuivaient leurs études de droit. Un jour, en 1548 ou 1549, en revenant de Poitiers, du Bellay rencontra pour la première fois Ronsard dans une hôtellerie. « Environ ce temps (dit Claude Binet, le biographe de Ronsard], qui estoit l'an mil cinq cens quarante neuf, ainsi qu'il retournoit d'un voyage de Poictiers à Paris, de fortune il se rencontra en une mesme hôtellerie avec Joachim du Bellay jeune gentil-homme angevin et issu de ceste illustre et docte maison du du Bellay, lequel en se retournant aussi de Poictiers de l'estude des lois, où il avait esté dédié, comme ordinairement les bons esprits ne se peuvent celer non plus que la lumière de Phœbus-Apollon leur guide, ils se firent cognoistre l'un à l'autre, pour estre non-seulement alliez de parentage, mais de mesme inclination aux Muses, qui fut cause qu'ils achevèrent le voyage ensemble et depuis l'attira Ronsard à demeurer avec luy et Baïf, pour en cest heureux triumvirat, et à la semonce les uns des autres, donner effet à l'ardent désir qu'ils avoient de réveiller la poésie françoise, avant eux foible et languissante. »

L'affection que les deux poëtes conçurent l'un pour l'autre faillit cependant être ruinée dans ses commencements par un excès d'ardeur juvénile chez du Bellay, et un excès d'amour-propre chez Ronsard. On a beaucoup exagéré d'ailleurs la portée de cette querelle toute littéraire, que Sainte-Beuve paraît avoir réduite à sa juste importance. Du Bellay, semble-t-il, aurait dérobé à Ronsard l'idée des odes pindariques, mince sujet de conflit, comme on le voit, qui ne méritait guère l'empressement de l'un à se l'approprier, et l'emportement que mit l'autre dans la défense de son bien. Ces deux charmants esprits s'aperçurent bien vite de l'inanité de leur querelle ; Ronsard pardonna généreusement à son jeune émule, et leur amitié, devenue plus étroite encore après leur réconciliation, demeura inaltérable jusqu'à la mort de du Bellay. Cependant, dans leurs relations, on remarque aisément une nuance de respectueuse admiration chez du Bellay, tandis que Ronsard prend sans effort un certain air de protection, qui ne messied point d'ailleurs à sa majesté olympienne. Et de fait, Ronsard fut et demeura le prince des poëtes de son temps ; mais du Bellay, honneur non moins grand, en fut le héraut.

Ce fut lui en effet qui jeta le premier coup de trompette dont retentirent tous les échos poétiques de la France. La *Défense et illustration de la langue françoise* parut en 1549, un an avant la publication des premières odes de Ronsard. Ce fut la préface de toute une littérature. Un souffle puissant anime cette belle prose française, d'une magnifique éloquence, et fièrement drapée à la romaine ou à la castillane. Sans doute, en lisant de sang-froid cette suite de chapitres mal équilibrés entre eux, on s'aperçoit facilement d'une disproportion choquante entre les différentes parties de l'œuvre. Sans doute encore les contradictions n'y manquent pas. En outre, défaut plus grave, l'auteur s'y montre absolument ignorant des origines littéraires de la France. Mais c'est une œuvre géné-

reuse, et toute française, dont les accents, comme ceux
de Périclès, laissent l'aiguillon dans la plaie. Il ne faut pas
en aborder l'étude par les détails et par les petits côtés ;
il faut la juger dans son ensemble, dans ses grandes lignes,
et la lire d'une haleine, avec une certaine chaleur d'âme
et d'accent. A son apparition, ce dut être, parmi le peuple
des poëtes, comme un bruissement homérique. La *Défense*
cependant trouva des contradicteurs, et un nommé Charles
Fontaine y répondit par un pamphlet [1]. Critique vaine et
sans hauteur, dont un mot peut donner la mesure : c'est
au moment où la France allait subir tant de causes de dis-
solution, que le critique reprochait à du Bellay d'avoir
créé ce beau mot de *patrie!*

Presque en même temps que la *Défense*, parut l'*Olive*.
Dans ce recueil, pour la première fois en France, le
sonnet s'y enlaçait au sonnet, formant comme une suite
de guirlandes amoureuses suspendues au même portique.
Le sonnet remplaçait ainsi, avec moins de naturel, mais
avec une variété plus savante, l'ancienne strophe mono-
rime ou assonante des trouvères. Mais il eut fallu, pour
établir les lois de cette nouvelle forme de poëme, qu'une
action en quelque sorte dramatique eût relié les uns aux
autres ces sonnets, tandis que chez du Bellay, comme
chez Ronsard, c'est à peine si un fil invisible les
rattache au dessein général de l'œuvre. L'*Olive* répondait
assez peu aux espérances qu'avait pu faire concevoir
la *Défense*. La séve avait monté trop vite ; du Bellay
avait poussé vers le ciel une belle cime verdoyante ;
mais, au-dessous, les rameaux manquaient d'air et
retombaient languissants. Cependant ce premier travail

---

1. *Le Quintil Horatian, sur la deffence et illustration de la
langue françoyse.* Lyon, 1551.

a été jugé trop sévèrement Il renferme quelques belles parties, et je ne sais guère de sonnets mieux venus, d'une forme plus magistrale, que celui qui débute ainsi :

Tout ce qu'ici la nature environne [1]...

Il faut l'avouer cependant, malgré quelques fragments remarquables, l'*Olive* dans son ensemble est restée parmi les productions les plus faibles de du Bellay. La pensée y est trop souvent absente ou noyée dans un océan de fadeurs mythologiques. Avant de chanter ses amours, du Bellay ne s'est pas avisé d'aimer réellement. Il s'est choisi une maîtresse poétique, une demoiselle nommée Viole, dit-on, et dont l'anagramme lui a fourni le titre de son livre. Qu'ils seront plus véritables et plus ardents, quoique moins purs, les accents d'amour que lui inspirera plus tard sa Faustine !

Du Bellay se trouvait alors dans une passe singulière. Après les débuts sonores et pompeux de la *Défense*, il avait paru manquer de chaleur et de passion dans son premier recueil d'amour, de même qu'il avait manqué de souffle dans ses premiers essais lyriques. Il n'avait pas en effet assez d'envergure d'ailes pour s'élancer et planer, à côté de Ronsard, dans les vastes espaces de la poésie pure ; il était susceptible de beaux et soudains coups d'ailes plus que d'un effort constant et soutenu. Que serait-il advenu de lui si le cardinal son parent ne l'eût pas attiré en Italie ? Les fruits sans doute n'eussent pas tenu la promesse des fleurs. Le cardinal avait une grande situation à Rome ; et il pensa avec raison arracher Joachim du Bellay aux difficultés sérieuses de la vie, en l'appelant auprès de lui, et en lui confiant un poste de

---

1. Voyez page 81.

confiance dans sa maison, celui d'économe ou d'intendant. Les Muses alors ne vivaient que de miettes recueillies à la table des rois et des grands : on était domestique d'un prince, chanoine ou curé par état, et poëte à ses heures de loisir. Du Bellay passa les monts, enthousiasmé à l'idée de voir cette Rome, conquérante du monde, et de prendre pied sur ce capitole à l'assaut duquel il avait convié toutes la phalange des Muses françaises. Mais son enthousiasme dura peu ; et ici nous touchons au caractère particulier du génie de du Bellay.

A son arrivée, il fut saisi et absorbé par le charme pénétrant et mélancolique des grandes ruines romaines ; et, dans son premier livre des *Antiquités*[1], il célébra le grand cadavre dont les majestueux débris jonchent les plaines du Latium. Mais il en resta à ce premier aspect un peu sombre, en garda en lui comme une amertume latente, et se laissa entraîner par le courant quotidien des affaires, des tracas et des chagrins. Enfermé dans un cercle de sensations personnelles, il rétrécit en quelque sorte son horizon poétique. Il n'eut pas le courage ou la force de s'abstraire au milieu des réalités qui le pressaient de toutes parts, et de s'échapper dans ce ciel libre où planent les purs esprits. Du Bellay n'était pas de cette race supérieure de poëtes, qui se jouent de l'espace et du temps, et à qui toute douleur ou toute joie arrache un cri impersonnel et humain.

De nos jours nous avons pu saisir sur le vif ce double phénomène de la nature poétique. Si l'Anio ou les flots

---

1. Les *Antiquités de Rome*, et le *Songe* qui leur fait suite, furent traduits, en 1591, par le grand poëte anglais, Edm. Spencer, sous le titre de *Ruines of Rome*. Déjà, en 1569, Spencer, qui n'avait alors que dix-sept ans, avait donné une première traduction du *Songe*.

qui baignent Ischia murmurent amoureusement dans les vers de Lamartine, l'âme du poëte plane avec sérénité au-dessus des éléments qui bercent son corps, et ses chants n'ont ni âge ni patrie; tout être qui souffre ou qui aime reconnaît dans les accents du chantre d'Elvire et ses sanglots et ses soupirs. Musset, au contraire, traîne partout les chaînes des poignantes réalités, et il traverse l'Italie, emportant et retournant dans sa plaie le dard qui déchire ses flancs. Cette comparaison, qu'il ne faut pas trop presser, peut aider à nous faire comprendre du Bellay. Si la chute de Ronsard fut retentissante, c'est qu'il était de la race des aigles qui montent dans les feux du soleil et qui, éblouis, perdent de vue la terre qui tourne au-dessous d'eux. Du Bellay n'avait point de pareille crainte à avoir; son idéal était en lui, et autour de lui; il vit les yeux fixés sur son cœur, victime de lui-même et des réalités présentes; il est sensible au moindre contact de la foule, comme aux moindres piqûres de la vie. Le cri d'amertume ou de joie que lui arrache l'événement actuel trouve sur les cordes de sa lyre un écho immédiat; il ne se donne pas le temps ou la peine de tamiser la poussière que soulèvent ses pas : il recueille l'ambre et les scories. Mais (et c'est là le secret d'un succès qui n'eut pas d'éclipse) il est en quelque sorte plus près de nous, ou pour ainsi dire plus nous-mêmes; son idéal est à notre portée et ne s'élève que rarement au-dessus de l'intelligence commune des hommes. Ce qu'il perd en hauteur de vues, en profondeur de pensées, il le regagne en vérité. Il n'est pas sublime, mais il est naturel, et il plaît par toutes sorte de grâces exquises et faciles; son style, que ne tourmente point l'ambition, charme par la facilité et l'aisance du langage, par la justesse de l'impression et de l'expression. On dirait qu'il a déjà trouvé par instinct la méthode de

Goethe : se laisser aller à la sensation présente, saisir pour le fixer dans ses vers l'événement moral de chaque jour, borner là sa tâche quotidienne et s'en contenter, sans se préoccuper de l'au-delà, qui ne livre ses secrets qu'à de rares instants de la vie.

Une fois qu'on a bien saisi et apprécié la poétique de du Bellay, on n'a qu'à se laisser aller au charme qu'il inspire. C'est un grand peintre, surtout fidèle, qui, à défaut d'une vaste toile, nous a laissé une suite incomparables d'études d'après nature. Ses *Regrets* ne sont autre chose qu'un journal poétique, écrit avec beaucoup de sensibilité, quand le souvenir de la France et de son cher Liré traverse son âme, avec une malice qui s'élève parfois jusqu'à l'éloquence satirique, lorsqu'il nous peint la vie romaine ou qu'il burine en quelques traits souvent dignes de Juvénal les portraits du monde pontifical qui l'entoure. Ici il faudrait tout citer, mais les poésies de du Bellay sont sous les yeux du lecteur et doivent m'en dispenser.

Dans les *Regrets* la passion est absente; pendant quatre ans le poëte circule indifférent au milieu des courtisanes romaines, non sans doute sans se laisser vaincre par tant d'irrésistibles sourires, mais sans abjurer sa liberté aux pieds d'une belle ennemie. Quatre ans! il se croyait sûrement invulnérable, lorsque lui apparut Faustine. Ce fut une comédie amoureuse, un drame même dans lequel apparaît un mari jaloux et se dressent à l'horizon les sombres murailles d'un cloître. Mais, comme dit Schakespeare, tout est bien qui finit bien : comme par enchantement les murailles tombent et la belle martyre est aux bras de son amant. Du Bellay chante sa passion, mais il en voile les accents trop tendres dans la langue de Catulle [1]. Le portrait

1. Toutes ces poésies latines de Du Bellay sont rassemblées dans

qu'il nous trace de sa maîtresse est flatteur ; c'est celui même de Vénus, seins de neige et lèvres de rose. Elle avait toutes les séductions, et, comme nous le laisse entendre le poëte, toutes les grâces des amoureuses colombes.

La fin de cette aventure un peu romanesque est entourée d'obscurité. Faustine lui fut-elle ravie une seconde fois? Quelque jaloux influent obtint-il l'éloignement de du Bellay? Toujours est-il qu'il quitte Rome un peu précipitamment et rentre en France sans motif bien apparent. Le séjour de du Bellay à Rome se ferme sur une scène d'amour. Mais le grand air, les attraits et les soins du voyage le raniment bien vite, car, en passant, il lance à Venise une épigramme qui montre qu'il a retrouvé toute sa liberté d'esprit.

On fixe généralement à l'année 1556 le retour de du Bellay. Il resta quelque temps encore attaché au cardinal, s'occupant des affaires que celui-ci avait en France; mais sa santé ébranlée exigeait un repos presque absolu, aussi dût-il bientôt résigner entre les mains de son protecteur les fonctions de confiance dont celui-ci l'avait investi. D'ailleurs il était préoccupé du soin de publier ses œuvres; il commença par ses poésies latines, qui parurent en 1558; et l'année suivante il publia ses *Regrets*. Ce fut pour le poëte une source de tracasseries et d'ennuis, au milieu desquels les lettres conservées à Montpellier et récemment publiées nous permettent de pénétrer. Et encore ne nous livrent-elles pas le fond des choses. Le cardinal, qui vivait à Rome au milieu de ce monde qu'avait peint du Bellay sous des couleurs un peu libres, eût peur sans

---

un volume intitulé : *Joachimi Bellaii Andini poematum libri quatuor*. Paris, 1558, in-4°.

doute de voir sa dignité compromise et de se voir accuser d'une sorte de complicité morale, et il réprimanda sévèrement le poëte. Celui-ci se défendit comme il put, avec chaleur et sincérité, et avec force protestations de dévouement envers son protecteur.

Du Bellay n'avait pas encore trente-cinq ans, et déjà il avait usé sa vie. D'un tempérament apoplectique, il s'était vu dès sa jeunesse affligé d'une gênante surdité. Selon l'état général du malade cette infirmité augmentait ou diminuait. Tantôt elle lui arrache des cris désespérés, tantôt il en fait un jeu de sa muse, comme dans cette hymne de la Surdité adressée à Ronsard qui était affecté de la même incommodité. Mais dans le fond il en avait conçu un profond chagrin; et, pour se faire une juste idée de sa tristesse morale, il faut relire cette touchante lettre, trempée de vraies larmes, qu'il écrivit à son ami Morel, le 5 octobre 1559, pour s'excuser de n'avoir pu faire ses adieux à sa protectrice, Mme Marguerite, la sœur de Henri II, qui partait pour la Savoie, après son mariage avec le duc Emmanuel-Philibert.

L'état de du Bellay s'était alors aggravé et le retenait loin du monde, enfermé dans une cruelle solitude. Il ne se faisait pas d'illusions sur sa faiblesse et sentait approcher sa fin. Cependant il parut un instant se ranimer, il put quitter la chambre, visiter ses amis, et renouer avec eux les poétiques entretiens d'autrefois; mais le 1er janvier 1560, en rentrant chez lui après souper, il fut frappé d'une attaque d'apoplexie. On a dit, mais cela n'est pas bien assuré, qu'il avait été inhumé dans une des chapelles de Notre-Dame de Paris[1].

---

[1] Goujet paraît avoir pris pour le tombeau de Joachim du Bellay celui de Louis du Bellay, archidiacre de Notre-Dame, qui se trouvait en effet dans la chapelle de Saint-Crépin.

Douze ans au plus s'étaient écoulés entre sa première rencontre avec Ronsard et sa mort. C'est dans ce court espace de temps qu'il avait fait son œuvre. La *Défense*, les *Regrets* et les *Jeux rustiques*, sans compter bien des pièces charmantes ou touchantes, ont suffi pour assurer sa mémoire. Dans le désenchantement de la vie, il avait pris, dit-il, cette mélancolique devise : *Spes et fortuna valete!* On s'ignore toujours soi-même. Le seul peut-être de tous les poëtes de la Pléiade, du Bellay eut pu, sans crainte d'être démenti par la postérité, inscrire au fronton de son œuvre cette devise plus consolante : *Spes et fortuna salvete!*

APPENDICE

EXTRAITS D'UNE ÉLÉGIE LATINE

DE JOACHIM DU BELLAY

ADRESSÉE A JEAN MOREL, AMBRUNOIS [1]

. . . .

Sum surdus : non surda tamen sunt pectora nobis,
    Nostra suas etiam mens habet auriculas...
Notus eram Henrico Regi, Regisque Sorori,
    Nec modo notus eram, sed quoque charus eram.
Francisco ignotus, sed non ignotus et hospes
    Seu Catharina tibi, seu Lotarene tibi...

. . . .

Et mihi robur erat, nec prorsus inutilis armis
    Dextera, dum viridis nostra juventa fuit.
Namque animos facerent, exempla domestica nobis
    (Ut reliquos taceam) Langius ipse dabat;
Langius ille tuus, similem cui Gallia nullum
    Ingenio, dextra, consiliove tulit;

---

1. Nous empruntons le texte de cette élégie à l'édition de M. Marty-Laveaux. Elle se trouve à la fin d'un volume intitulé : *Ioachimi Bellaii Andini poetæ clarissimi xenia... Parisiis, apud F. Morellum,* 1569.

Quem conferre soles priscis heroïbus unum
　　Quemque unum hæc ætas vidit et obstupuit.
Ille etiam mentem stimulis urgebat honestis
　　Pierii Ianus gloria prima chori :
Purpurei Ianus princepsque decusque Senatus,
　　Quem Ianum ut geminum maxima Roma colit.
Hos ego præcipue, gentis duo lumina nostræ,
　　Suspexi fratres, utque Deos colui.
Hæc mihi Miltiadis poterant velut esse trophæa, p.XI
　　Hi stimuli, hæc animo maxima cura meo.
Sed magnis inimica mihi sors obstitit ausis,
　　Ne mea me virtus tollere posset humo.
Vix puero mihi namque parens ereptus uterque
　　Fraterno miserum deserit arbitrio.
Sub quo prima perit nobis inculta juventa.
　　Quam decuit studiis excoluisse bonis,
Illa mihi periit viridi ceu flosculus horto,
　　Quem nulla unda rigat, nec manus ulla colit.
Fraterno interitu, nobis cum firmior ætas
　　Jam foret, accessit tum nova cura mihi
Pupilli nova cura fuit subeunda nepotis,
　　Quem fidei frater liquerat ipse meæ.
Ergo onus inuitus subeo puerique domusque
　　Accisæ, et variis litibus implicitæ...

. . . .

Continuo excipiunt morbi, sævique dolores,
　　Queis prope Lethæas vidimus, umbra, domos.
Hoc solitum eripuit robur, binosque per annos
　　Vexavit misero detinuitque toro.
Hic mihi musa fuit casus solamen acerbi,
　　Sola fuit nostris musa medela malis.
Tum primum Latios legi, Graiosque Poetas,
　　Tum cœpi Aonio cognitus esse choro.
Quid facerem cui nulla quies, cui nulla voluptas,
　　Qui non ipse mihi pene relictus eram?
Mittitur interea Romam Bellaius ille,
　　Quo duce Laurentis vidimus arva soli.
Nec dum totus erat depulsus corpore languor,
　　Alpibus et duris ille sequendus erat.
Sed mihi per Scythicas rupes, et inhospita saxa,
　　Illum dum sequerer, molle fuisset iter!

Illic assiduus domini dum jussa capesso,
  Quarta redit messis, quarta recurrit hyems.
Tum demum in patriam (sic res tunc poscere visa est)
  Dimissos Roma nos remeare jubet,
Et sua committit curanda negocia nobis,
  Expertus nostram scilicet ante fidem.
Hic quot pertulerim noctesque diesque labores,
  Munere dum fungor sedulus ipse meo,
Testis, qui obsequium nostrum mentemque probavit,
  Paupertas testis nostraque semper erit :
Nam tali officio fungi pulchre, atque beate
  Cum possem, et rerum tradita summa foret,
Ultro deposuit lætusque libensque volensque,
  Nec propria motus commoditate sui.
Successore alio dum res ageretur herilis,
  Quod cura effectum quis neget esse mea ?
Quam bene apud memores nostri stet gratia facti
  Nec memorare libet, nec meminisse juvat ;
Testetur potius missis qui sæpe tabellis
  Hoc probat, iratus sit licet ille mihi.
Iratum insonti nostræ fecere camænæ
  Iratum malim qui vel habere Jovem.
Hei mihi Peligni crudelia fata Poetæ,
  Hic etiam fatis sunt renovata meis :
Eheu sola mihi nocuit male grata camæna,
  Artifici nocet hic ars quoque sola suo.
Sed non sola nocet : gravius nocet invidia lingua,
  Quæ nostri caput est, fons, et origo mali...

. . . .

Hæc mecum assiduis solitus jactare querelis,
  Optabam vitæ rumpere fila meæ.
Jane (fatebor enim) talem tunc mente dolorem
  Concepi, ut mirer non potuisse mori.
Certe cum medicis luctatus tempore longo,
  Viribus amissis, qui prope victus eram,
Sævior hinc iterum morbus graviorque recurrit,
  Jamque ferox renuit ferre medentis opem.
At luctum et lacrymas mœsta de mente fugavi,
  Hunc fructum capiens ex pietate mea...

. . . .

Hi nihil in nostram possent cum inquirere vitam,
 Injecere feras in mea scripta manus;
Atque sacrum nobis, ac inviolabile nomen
 Dixerunt libris me lacerasse meis.
Tartara sed nobis opto prius ima dehiscant,
 Quam tantum possim mente agitare nefas,
Ut mihi qui pater est, qui sancti numinis instar,
 Impius hunc scriptis heu violasse velim.

OEUVRES CHOISIES

DE

JOACHIM DU BELLAY

LA

DEFENSE ET ILLUSTRATION

DE LA LANGUE FRANÇOISE[1]

A MONSEIGNEUR LE REVERENDISSIME CARDINAL
DU BELLAY, S.

Veu le personnage que tu joues au spectacle de toute l'Europe, voire de tout le monde, en ce grand théâtre romain, veu tant d'affaires, et tel que seul quasi tu soustiens, ô l'honneur du sacré collége, pécheroy'-je pas (comme dit le Pindare latin[2]) contre le bien public, si par longues paroles j'empeschoy' le temps que tu donnes au service de ton prince, au profit de la patrie[3] et à l'accroissement de ton immortelle renommée ? Espiant donc quelque heure de ce peu de relais que tu prens pour respirer sous le pesant fais des affaires françoises (charge vrayement digne de si robustes espaules, non moins que

---

1. La première édition porte la date de 1549.
2. Horace, *Épîtres*, II, 1.
3. Beau mot dont Charles Fontaine a maladroitement critiqué l'emploi qu'en fait du Bellay. D'ailleurs *Patrie*, ainsi que *Patriote*, est au moins du xv⁰ siècle (L., hist. et étym., ex. d A. Chartier).

le ciel de celles du grand Hercule), ma muse a pris la hardiesse d'entrer au sacré cabinet de tes sainctes et studieuses occupations : et là, entre tant de riches et excellens vœux de jour en jour dediez à l'image de ta grandeur, pendre le sien humble et petit, mais toutesfois bien heureux s'il rencontre quelque faveur devant les yeux de ta bonté, semblable à celle des dieux immortels, qui n'ont moins agréables les pauvres présens d'un bien riche vouloir que les superbes et ambitieuses offrandes. C'est, en effect, la Défence et Illustration de nostre langue françoise, à l'entreprise de laquelle rien ne m'a induit que l'affection naturelle envers ma patrie, et à te la dedier, que la grandeur de ton nom : à fin qu'elle se cache (comme sous le bouclier d'Ajax) contre les traicts envenimez de ceste antique ennemie de vertu, sous l'ombre de tes ailes. De toy, dy-je, dont l'incomparable sçavoir, vertu et conduite, toutes les plus grandes choses, de si long temps de tout le monde sont expérimentées, que je ne les sçauroy' plus au vif exprimer, que les couvrant (suivant la ruse de ce noble peintre Timante[1]) sous le voile de silence. Pource que d'une si grande chose il vaut trop mieux (comme de Carthage disoit T. Live[2]) se taire du tout que d'en dire peu, reçoy donc avec ceste accoustumée bonté, qui ne te rend moins aimable entre les plus petits, que ta vertu et auctorité venerable entre les plus grands, les premiers fruicts, ou, pour mieux dire, les premieres fleurs du printemps de celuy qui en toute reverence et humilité baise les mains de ta R. S., priant le ciel te departir autant d'heureuse et longue vie, et à tes hautes entreprises estre autant favorables, comme[3] envers toy il a esté liberal, voire prodigue de ses graces. Adieu, de Paris, ce 15 de fevrier, 1549.

1. Allusion au tableau du sacrifice d'Iphigénie (sans doute reproduit par une fresque de Pompéi) dans lequel Timante avait voilé la figure d'Agamemnon.

2. Non pas Tite-Live, mais Salluste, dans sa *Guerre de Jugurtha*, ainsi que le remarque M. Marty-Lavaux.

3. Autant... comme, pour autant... que (L., rem. 4).

LIVRE PREMIER

CHAPITRE I

DE L'ORIGINE DES LANGUES.[1]

Si la nature (dont quelque personnage de grand' renommée non sans raison a douté, si on la devoit appeller mere ou marastre[2]) eust donné aux hommes un commun vouloir et consentement, outre les innumerables[3] commoditez qui en fussent procedées, l'inconstance humaine n'eust eu besoin de se forger tant de manieres de parler. Laquelle diversité et confusion se peut à bon droit appeller la tour de Babel. Doncques les langues ne sont nées d'elles mesmes en façon d'herbes, racines et arbres, les unes infirmes et debiles en leurs especes, les autres saines et robustes, et plus aptes à porter le fais des conceptions humaines : mais toute leur vertu est née au monde du vouloir et arbitre des mortels. Cela (ce me semble) est une grande raison pourquoy on ne doit ainsi louer une langue, et blasmer l'autre, veu qu'elles viennent toutes

---

1. Comme l'a remarqué Sainte-Beuve (*N. L.*, XIII, p. 285) c'est la partie faible de l'ouvrage de du Bellay.

2. Allusion à un passage de Pline, *Hist. nat.*, VII, 1. (Notes de M. M.-L.)

3. Innombrables (L., rem.).

d'une mesme source et origine, c'est la fantasie des hommes, et ont esté formées d'un mesme jugement, à une mesme fin : c'est pour signifier entre nous les conceptions et intelligences de l'esprit. Il est vray que, par succession de temps, les unes, pour avoir esté plus curieusement reiglées, sont devenues plus riches que les autres ; mais cela ne se doit attribuer à la felicité desdites langues, ains¹ au seul artifice et industrie des hommes. Ainsi doncques toutes les choses que la nature a créées, tous les arts et sciences, en toutes les quatre parties de monde, sont chacune endroit² soy une mesme chose ; mais, pource que les hommes sont de divers vouloir, ils en parlent et escrivent diversement. A ce propos, je ne puis assez blasmer la sotte arrogance et temerité d'aucuns de nostre nation, qui, n'estant rien moins que Grecs ou Latins, desprisent et rejettent d'un sourcil plus que stoïque toutes choses escriptes en françois, et ne me puis assez esmerveiller de l'estrange opinion d'aucuns sçavans, qui pensent que nostre vulgaire³ soit incapable de toutes bonnes lettres et erudition, comme si une invention, pour le langage seulement, devait estre jugée bonne ou mauvaise. A ceux là je n'ay entrepris de satisfaire. A ceux cy je veux bien, s'il m'est possible, faire changer d'opinion par quelques raisons que briefvement j'espere deduire : non que je me sente plus clair-voyant en cela, ou autres choses, qu'ils ne sont, mais pource que l'affection qu'ils portent aux langues estrangeres ne permet qu'ils vueillent faire sain et entier jugement de leur vulgaire.

1. Mais*. V. La Bruyère, *Car.*, Jaub. 61.). XIV.

2. Prép., quant à (Burg II, p. 350 ; L., hist. ; N. ; Roquef. ;

3. Employé subst., pour notre idiome vulgaire, notre langue vulgaire (L., 16° et hist.).

CHAPITRE II

QUE LA LANGUE FRANÇOISE NE DOIT ESTRE NOMMÉE BARBARE

Pour commencer doncques à entrer en matiere, quant à la signification de ce mot *Barbare* : Barbares anciennement estoyent nommez ceux qui ineptement parloyent grec. Car comme les estrangers venant à Athenes s'efforçoyent de parler grec, ils tomboyent souvent en ceste voix absurde βάρϐαρας. Depuis, les Grecs transporterent ce nom aux mœurs[1] brutaux et cruels, appelant toutes nations, hors la Grece, Barbares. Ce qui ne doit en rien diminuer l'excellence de nostre langue, veu que ceste arrogance grecque, admiratrice seulement de ses inventions, n'avoit loy ny privilege de legitimer ainsi sa nation et abastardir les autres, comme Anacharsis disoit que les Scythes estoyent barbares entre les Atheniens, mais les Atheniens aussi entre les Scythes. Et quand la barbarie des mœurs de nos ancestres eust deu les mouvoir à nous appeller barbares, si est-ce que je ne voy point pourquoy on nous doive maintenant estimer tels, veu qu'en civilité de mœurs, equité de loix, magnanimité de courages, brief, en toutes formes et manieres de vivre non moins louables que profitables, nous ne sommes rien moins qu'eux, mais bien plus, veu qu'ils sont tels maintenant, que nous les pouvons justement appeler par le nom qu'ils ont donné aux autres. Encore moins doit avoir lieu de ce que les Romains nous ont appellez barbares, veu leur ambition et insatiable faim de gloire, qui taschoyent non seulement à subjuguer, mais à rendre toutes autres nations viles et abjectes auprès d'eux, principalement les

---

1. Presque toujours féminin du masc. au xve et xvie siècles dans l'ancienne langue; emploi (L., hist.)

Gaulois, dont ils ont receu plus de honte et dommage que des autres. A ce propos, songeant beaucoup de fois d'où vient que les gestes du peuple romain sont tant celebrez de tout le monde, voire de si long intervalle preferez à ceux de toutes les autres nations ensemble, je ne trouve point plus grande raison que ceste-cy : c'est que les Romains ont eu si grande multitude d'escrivains, que la plus part de leurs gestes (pour ne dire pis) par l'espace de tant d'années, ardeur de batailles, vastité¹ d'Italie, incursion d'estrangers, s'est conservée entière jusques à nostre temps. Au contraire, les faits des autres nations, singulierement des Gaulois, avant qu'ils tombassent en la puissance des François, et les faits des François mesmes depuis qu'ils ont donné leur nom aux Gaules, ont esté si mal recueillis, que nous en avons quasi perdu non seulement la gloire, mais la memoire. A quoy a bien aidé l'envie des Romains, qui, comme par une certaine conjuration, conspirant contre nous, ont extenué en tout ce qu'ils ont peu nos louanges belliques², dont ils ne pouvoyent endurer la clarté : et non seulement nous ont fait tort en cela, mais, pour nous rendre encor' plus odieux et contemptibles, nous ont appellez brutaux, cruels et barbares. Quelqu'un dira : pourquoy ont-ils exempté les Grecs de ce nom? Pource qu'ils se fussent fait plus grand tort qu'aux Grecs mesmes, dont ils avoyent emprunté tout ce qu'ils avoyent de bon, au moins quant aux sciences et illustrations de leur langue. Ces raisons me semblent suffisantes de faire entendre à tout equitable estimateur des choses, que nostre langue (pour avoir esté nommée barbare, ou de nos ennemis, ou de ceux qui n'avoyent loy de nous bailler ce nom) ne doit pourtant estre desprisée, mesme de ceux auxquels elle est propre et naturelle, et qui en rien ne sont moindres que les Grecs et Romains.

---

1. Mot vieilli (L., ex. de Mont. et de Fr. de Sales; ce mot, ainsi que Vaste, manque dans N.).
2. Belliqueux (Roquef.).

CHAPITRE III

POURQUOY LA LANGUE FRANÇOISE N'EST SI RICHE QUE LA GRECQUE ET LATINE

Et si notre langue n'est si copieuse[1] et riche que la grecque ou latine, cela ne doit estre imputé au defaut d'icelle, comme si d'elle mesme elle ne pouvoit jamais estre sinon pauvre et sterile : mais bien on le doit attribuer à l'ignorance de nos majeurs[2], qui, ayans (comme dit quelqu'un[3], parlant des anciens Romains) en plus grande recommandation le bien faire que le bien dire, et mieux aimans laisser à leur posterité les exemples de vertu que les preceptes, se sont privez de la gloire de leurs biensfaits, et nous du fruict de l'imitation d'iceux : et par mesme moyen nous ont laissé nostre langue si pauvre et nue qu'elle a besoin des ornemens, et (s'il faut ainsi parler) des plumes d'autruy. Mais qui voudroit dire que la grecque et romaine eussent tousjours esté en l'excellence qu'on les a veues du temps d'Homere et de Demosthene, de Virgile et de Ciceron ? Et si ces autheurs eussent jugé que jamais, pour quelque diligence et culture qu'on y eust peu faire, elles n'eussent sceu produire plus grand fruict, se fussent-ils tant efforcez de les mettre au poinct où nous les voyons maintenant ? Ainsi puis-je dire de nostre langue, qui commence encore à fleurir sans fructifier, ou plustost, comme une plante et vergette, n'a point encore fleuri, tant s'en faut qu'elle ait apporté tout le fruict qu'elle pourroit bien produire. Cela certainement non pour le defaut de la nature d'elle, aussi apte à en-

---

1. Mot dont on ne cite pas d'ex. avant du Bellay (L.). Cf. *copie*.
2. *Majores*, ancêtres (L.; man-que dans N.).
3. Salluste, *Conj. de Cat.*, VIII. Notes de M. M.-L.

gendrer que les autres, mais pour la coulpe[1] de ceux qui l'ont eue en garde, et ne l'ont cultivée à suffisance, ains[2] comme une plante sauvage, en celuy[3] mesme desert où elle avoit commencé à naistre, sans jamais l'arrouser[4], la tailler, ny defendre des ronces et espines qui luy faisoient ombre, l'ont laissée envieillir et quasi mourir. Que si les anciens Romains eussent esté aussi negligens à la culture de leur langue, quand premierement elle commença à pulluler, pour certain en si peu de temps elle ne fust devenue si grande. Mais eux, en guise[5] de bons agriculteurs, l'ont premierement transmuée d'un lieu sauvage en un domestique; puis afin que plus tost et mieux elle peust fructifier, coupant à l'entour les inutiles rameaux, l'ont pour eschange d'iceux restaurée de rameaux francs et domestiques, magistralement tirez de la langue grecque, lesquels soudainement se sont si bien entez et faits semblables à leur tronc, que desormais n'apparoissent plus adoptifs, mais naturels. De là sont nées en la langue latine ces fleurs et ces fruicts colorez de ceste grande eloquence, avec ces nombres et ceste liaison si artificielle, toutes lesquelles choses, non tant de sa propre nature que par artifice, toute langue a coustume de produire. Doncques si les Grecs et Romains, plus diligens à la culture de leurs langues que nous à celle de la nostre, n'ont peu trouver en icelles, sinon avecques grand labeur et industrie, ny grace, ny nombre, ny finablement aucune eloquence, nous devons nous esmerveiller, si nostre vulgaire n'est si riche comme elle pourra bien estre, et de là prendre occasion de le mespriser comme chose vile, et de petit pris. Le temps viendra (peut estre) et je l'espere moyennant la bonne destinée françoise, que ce noble et puissant royaume obtiendra à son tour les resnes de la

---

1. Faute, *culpa* (L.).
2. Mais*.
3. Ce*. « Pronom (dit N., Gr. p. 9) dont nous n'usons sinon, ou avec ces particules *cy*, *là*, ou mettant un épithète devant le substantif exprimé en l'oraison, pour plus grande emphase. »
4. Arroser*.
5. A la façon de (L.).

monarchie, et que nostre langue (si avecques François n'est du tout ensevelie la langue françoise) qui commence encore à jetter ses racines, sortira de terre, et s'eslevera en telle hauteur et grosseur, qu'elle se pourra egaler aux mesmes Grecs et Romains, produisant comme eux des Homeres, Demosthenes, Virgiles et Cicerons, aussi bien que la France a quelquefois produit des Pericles, Nicies, Alcibiades, Themistocles, Cesars et Scipions.

CHAPITRE IV

QUE LA LANGUE FRANÇOISE N'EST SI PAUVRE QUE BEAUCOUP L'ESTIMENT

Je n'estime pourtant notre vulgaire, tel qu'il est maintenant, estre si vil et abject, comme le font ces ambitieux admirateurs des langue grecque et latine, qui ne penseroyent, et fussent-ils la mesme Pithô[1], déesse de persuasion, pouvoir rien dire de bon, si n'estoit en langage estranger et non entendu du vulgaire. Et qui voudra de bien près y regarder, trouvera que nostre langue françoise n'est si pauvre qu'elle ne puisse rendre fidelement ce qu'elle emprunte des autres; si infertile qu'elle ne puisse produire de soy quelque fruict de bonne invention, au moyen de l'industrie et diligence des cultivateurs d'icelle, si quelques uns se trouvent tant amis de leur pays et d'eux mesmes, qu'ils s'y vueillent employer. Mais à qui, après Dieu, rendrons nous graces d'un tel benefice, sinon à nostre feu bon roy et pere François, premier de ce nom, et de toutes vertus? Je dy premier, d'autant qu'il a en son noble royaume premierement restitué tous les bons arts et sciences en leur ancienne dignité : et si[2] a nostre lan-

---

1. Pour la Pithô mesme (L., 8e et hist.).
2. Et encore; *si* renforce la conjonct. Voy. Rons., p. 2.

gage, auparavant scabreux et mal poly, rendu elegant, et sinon tant copieux qu'il pourra bien estre, pour le moins fidele interprete de tous les autres. Et qu'ainsi soit, philosophes, historiens, medecins, poëtes, orateurs grecs et latins ont appris à parler françois. Que diray-je des Hebrieux? Les sainctes lettres donnent ample tesmoignage de ce que je dy. Je laisseray en cest endroit les superstitieuses raisons de ceux qui soustiennent que les mysteres de la théologie ne doivent estre descouverts, et quasi comme profanés en langage vulgaire, et ce que vont alleguant ceux qui sont d'opinion contraire. Car ceste disputation[1] n'est propre à ce que j'ay entrepris, qui est seulement de monstrer que nostre langue n'a point eu à sa naissance les dieux et les astres si ennemis, qu'elle ne puisse un jour parvenir au poinct d'excellence et de perfection aussi bien que les autres, attendu que toutes sciences se peuvent fidelement et copieusement traiter en icelle, comme on peut voir en si grand nombre de livres grecs et latins, voire bien italiens, espagnols et autres, traduits en françois par maintes excellentes plumes de nostre temps.

CHAPITRE V

QUE LES TRADUCTIONS NE SONT SUFFISANTES POUR DONNER PERFECTION A LA LANGUE FRANÇOISE

Toutesfois ce tant louable labeur de traduire ne me semble moyen unique et suffisant pour eslever nostre vulgaire à l'egal et parangon[2] des autres plus fameuses langues. Ce que je pretens prouver si clairement, que nul n'y voudra (ce croy-je) contredire, s'il n'est manifeste ca-

---

1. Discussion (L.).
2. A l'égal et à l'excellence (L.; N. qui donne Parangon et Paragon).

lomniateur de la verité. Et premier [1], c'est une chose accordée entre tous les meilleurs auteurs de rhetorique, qu'il y a cinq parties de bien dire : l'invention, l'elocution, la disposition, la memoire et la prononciation. Or pour autant que ces deux dernieres ne s'apprennent tant par le benefice des langues, comme elles sont données à chacun selon la felicité de sa nature, augmentées et entretenues par studieux exercice et continuelle diligence : pour autant aussi que la disposition gist plus en la discretion et bon jugement de l'orateur qu'en certaines reigles et preceptes, veu que les evenemens du temps, la circonstance des lieux, la condition des personnes et la diversité des occasions sont innumerables, je me contenteray de parler des deux premieres, à sçavoir de l'invention et de l'elocution. L'office doncques de l'orateur est de chacune chose proposée elegamment et copieusement parler. Or ceste faculté de parler ainsi de toutes choses ne se peut acquerir que par l'intelligence parfaicte des sciences, lesquelles ont esté premierement traictées par les Grecs, et puis par les Romains imitateurs d'iceux. Il faut doncques necessairement que ces deux langues soyent entendues de celui qui veut acquerir ceste copie [2] et richesse d'invention, premiere et principale piece du harnois de l'orateur. Et quant à ce point, les fideles traducteurs peuvent grandement servir et soulager ceux qui n'ont le moyen unique de vaquer aux langues estrangeres. Mais quant à l'élocution, partie certes la plus difficile, et sans laquelle toutes autres choses restent comme inutiles, et semblables à un glaive encore couvert de sa gaine, elocution (dy-je) par laquelle, principalement, un orateur est jugé plus excellent, et un genre de dire meilleur que l'autre : comme celle dont est appellée la mesme eloquence [3], et dont la vertu gist aux mots propres, usités, et non alienes [4] du

---

1. D'abord, premièrement; est adverbe*.
2. Abondance (L., hist., xiii° siècle et Rabelais; Roquef.).
3. L'éloquence même*.
4. Mot critiqué par Charles Fontaine. Aliene signifie éloigné, c'est le même mot qu'aliéné.

commun usage de parler; aux metaphores, allegories, comparaisons, similitudes, energies, et tant d'autres figures et ornemens, sans lesquels toute oraison et poëme sont nuds, manques [1] et debiles. Je ne croiray jamais qu'on puisse bien apprendre tout cela des traducteurs, pource qu'il est impossible de le rendre avecques la mesme grace dont l'auteur en a usé : d'autant que chacune langue a je ne sçay quoi propre seulement à elle, dont si vous efforcez [2] exprimer le naïf dans une autre langue, observant la loi de traduire, qui est n'espacier [3] point hors des limites de l'auteur, vostre diction sera contrainte, froide et de mauvaise grace. Et qu'ainsi soit, qu'on me lise un Demosthene et Homere latins, un Ciceron et Virgile françois, pour voir s'ils vous engendreront telles affections, voire ainsi qu'un Protée vous transformeront en diverses sortes, comme vous sentez, lisant ces auteurs en leurs langues. Il vous semblera passer de l'ardente montagne d'Ætne sur le froid sommet de Caucase. Et ce que je dy des langues latine et grecque se doit reciproquement dire de tous les vulgaires, dont j'allegueray seulement un Petrarque, duquel j'ose bien dire que, si Homere et Virgile renaissant avoyent entrepris de le traduire, ils ne le pourroyent rendre avecques la mesme grace et naïveté qu'il est en son vulgaire toscan. Toutesfois quelques uns de nostre temps ont entrepris de le faire parler françois. Voilà en bref les raisons qui m'ont fait penser que l'office et diligence des traducteurs, autrement fort utile pour instruire les ignorans des langues estrangeres en la cognoissance des choses, n'est suffisante pour donner à la nostre ceste perfection. et, comme font les peintres à leurs tableaux, ceste derniere main, que nous desirons. Et si les raisons que j'ay alleguées me semblent

---

1. Defectueux, *mancus* (L., étym., autre ex. cité de du Bellay; N.; Jaub. Gl.).

2. Pour vous vous efforcez. *Voy.* la note suiv.

3. Prendre de l'espace, s'étendre (L.). La forme neutre est ici pour la forme réfléchie *Voy.* Godefroy, *Lex. de Corn.*, au mot Évader.

assez fortes, je produiray, pour mes garans et defenseurs, les anciens auteurs romains, poëtes principalement, et orateurs, lesquels (combien que[1] Ciceron ait traduit quelques livres de Xenophon, d'Arate, et qu'Horace[2] baille les preceptes de bien traduire) ont vaqué à ceste partie plus pour leur estude, et profit particulier, que pour le publier à l'amplification de leur langue, à leur gloire et commodité d'autruy. Si aucuns ont veu quelques œuvres de ce temps là, sous tiltre de traduction, j'entens de Ciceron, de Virgile, et de ce bienheureux siècle d'Auguste, ils ne pourront dementir de ce que je dy.

CHAPITRE VI

DES MAUVAIS TRADUCTEURS, ET DE NE TRADUIRE LES POËTES

Mais que diray-je d'aucuns, vrayement mieux dignes d'estre appellez traditeurs[3] que traducteurs? veu qu'ils trahissent ceux qu'ils entreprennent exposer, les frustrans de leur gloire, et par mesme moyen seduisent les lecteurs ignorans, leur monstrant le blanc pour le noir : qui, pour acquerir le nom de sçavans, traduisent à credit[4] les langues, dont jamais ils n'ont entendu les premiers elemens, comme l'hebraïque et la grecque : et encore pour mieux se faire valoir, se prennent aux poëtes, genre d'auteurs certes auquel si je sçavois, ou vouloy' traduire, je m'adresseroy' aussi peu, à cause de ceste divinité d'invention, qu'ils ont plus que les autres, de ceste grandeur de stile, magnificence de mots, gravité de sentences, audace et varieté de figures, et mille autres lumieres de poësie : brief ceste energie, et ne sçay quel esprit, qui est en

---

1. Bien que*. *Voy.* Malherbe, p. 248.
2. Horace, *Ars poet.*, 133. Notes de M. M.-L.
3. Traîtres, *traditori* en ital.
4. Sans fondement (L.).

leurs escrits, que les Latins appelleraient *genius*. Toutes lesquelles choses se peuvent autant exprimer en traduisant, comme un peintre peut représenter l'ame avec le corps de celuy qu'il entreprend tirer [1] après le naturel. Ce que je dy ne s'adresse pas à ceux qui, par le commandement des princes et grands seigneurs, traduisent les plus fameux [2] poëtes grecs et latins : pource que l'obeissance qu'on doit à tels personnages ne reçoit aucune excuse en cest endroit; mais bien j'entens parler à ceux qui, de gayeté de cœur (comme on dit), entreprennent telles choses legerement, et s'en acquittent de mesme. O Apollon! ô Muses! profaner ainsi les sacrées reliques [3] de l'antiquité! Mais je n'en diray autre chose. Celuy doncques qui voudra faire œuvre digne de pris en son vulgaire, laisse ce labeur de traduire, principalement les poëtes, à ceux qui de chose labourieuse et peu profitable, j'ose dire encore inutile, voire pernicieuse, à l'accroissement de leur langue, emportent à bon droit plus de molestie [4] que de gloire.

CHAPITRE VII

COMMENT LES ROMAINS ONT ENRICHY LEUR LANGUE

Si les Romains (dira quelqu'un) n'ont vaqué à ce labeur de traduction, par quels moyens doncques ont-ils peu ainsi enrichir leur langue, voire jusques à l'egaler quasi à la grecque? Imitant les meilleurs auteurs grecs, se transformant en eux, les devorant; et, après les avoir

1. Représenter (Malh., p. 1).
2. Charles Fontaine critique ce mot prétendant qu'il se prend en mauvaise part; ce n'est pas juste : au xvi⁰ siècle il signifiait renommée (L., hist.; N.; du Bartas, dans Brachet, p. 85).
3. Voy. sur ce mot Malherbe, p. 109 et la note d'A. Chénier.
4. « Moleste : est autant que molestie ou fascherie, ennuy, desplaisir, *molestia*. » N.

bien digerez, les convertissant en sang et nourriture : se proposant, chacun selon son naturel et l'argument qu'il vouloit eslire, le meilleur auteur, dont ils observoyent diligemment toutes les plus rares et exquises vertus, et icelles comme greffes, ainsi que j'ay dit devant, entoyent et appliquoyent à leur langue. Cela fait (dy-je) les Romains ont basti tous ces beaux escrits que nous louons et admirons si fort : egalant ores quelqu'un d'iceux, ores le preferant aux Grecs. Et de ce que je dy font bonne preuve Ciceron et Virgile, que volontiers et par honneur je nomme toujours en la langue latine, desquels comme l'un se fust entierement addonné à l'imitation des Grecs, contrefit et exprima si au vif la copie[1] de Platon, la vehemence de Demosthene et la joyeuse douceur d'Isocrate, que Molon rhodian l'oyant quelquesfois declamer, se escria qu'il emportoit l'éloquence grecque à Rome[2]. L'autre imita si bien Homere, Hesiode et Théocrite, que depuis on a dit de luy, que de ces trois il a surmonté l'un, egalé l'autre, et approché si près de l'autre, que si la felicité des argumens qu'ils ont traictez eust esté pareille, la palme seroit bien douteuse[3]. Je vous demande doncques, vous autres, qui ne vous employez qu'aux translations, si ces tant fameux auteurs se fussent amusez à traduire, eussent-ils eslevé leur langue à l'excellence et hauteur où nous la voyons maintenant ? Ne pensez doncques quelque diligence et industrie que vous puissiez mettre en cest endroit, faire tant que nostre langue, encore rampante à terre, puisse hausser la teste et s'eslever sur pieds.

1. Abondance*.
2. Souvenir de Plutarque, *Ciceron*, V. Notes de M. M.-L.
3. Traduction libre d'un distique latin sur Virgile. Notes de M. M.-L.

CHAPITRE VIII

D'AMPLIFIER LA LANGUE FRANÇOISE PAR L'IMITATION DES ANCIENS AUTEURS GRECS ET ROMAINS

Se compose[1] doncques celuy qui voudra enrichir sa langue, à l'imitation des meilleurs auteurs grecs et latins, et à toutes leurs plus grandes vertus, comme à un certain but, dirige la pointe de son stile ; car il n'y a point de doute que la plus grand'part de l'artifice ne soit contenue en l'imitation : et tout ainsi que ce fut le plus louable aux anciens de bien inventer, aussi est-ce le plus utile de bien imiter, mesme à ceux dont la langue n'est encor bien copieuse et riche. Mais entende celuy qui voudra imiter, que ce n'est chose facile que de bien suivre les vertus d'un bon auteur, et quasi comme se transformer en luy, veu que la nature mesme, aux choses qui paroissent tressemblables, n'a sceu tant faire, que par quelque note et difference elles ne puissent estre discernées. Je dy cecy pource qu'il y en a beaucoup en toutes langues qui, sans penetrer aux plus cachées et interieures parties de l'auteur qu'ils se sont proposé, s'adaptent seulement au premier regard, et s'amusant à la beauté des mots, perdent la force des choses. Et certes, comme ce n'est point chose vicieuse, mais grandement louable, emprunter d'une langue estrangere les sentences et les mots, et les appropier à la sienne : aussi est-ce chose grandement à reprendre, voire odieuse à tout lecteur de liberale nature, voir en une mesme langue une telle imitation, comme celle d'aucuns sçavans mesme, qui s'estiment

---

1. Se plie, se mette à l'imitation. Critiqué par Charles Fontaine comme latinisme (L., Hist., ex. de Rabelais).

estre des meilleurs quand plus ils ressemblent¹ un Heroët²
ou un Marot. Je t'admoneste doncq' (ô toy qui desires
l'accroissement de ta langue et veux exceller en icelle) de
non imiter à pied levé, comme nagueres a dit quelqu'un,
les plus fameux auteurs d'icelle, ainsi que font ordinairement la plus part de nos poëtes françois, chose certes autant vicieuse comme de nul profit à nostre vulgaire : veu
que ce n'est autre chose (ô grande liberalité !) sinon de
luy donner ce qui estoit à luy. Je voudroy' bien que nostre langue fust si riche d'exemples domestiques, que
n'eussions besoin d'avoir recours aux estrangers. Mais si
Virgile et Ciceron se fussent contentez d'imiter ceux de
leur langue, qu'auroyent les Latins outre Ennie ou Lucrece, outre Crasse ou Antoine ?

CHAPITRE IX

RESPONSES A QUELQUES OBJECTIONS

Après avoir, le plus succinctement qu'il m'a esté possible, ouvert le chemin à ceux qui desirent l'amplification
de nostre langue, il me semble bon et necessaire de respondre à ceux qui l'estiment barbare et irreguliere, incapable de ceste elegance et copie³, qui est en la grecque et
romaine : d'autant (disent-ils) qu'elle n'a ses declinations⁴,
ses pieds et ses nombres, comme ces deux autres langues. Je
ne veux alleguer en cest endroit (bien que je le peusse faire
sans honte) la simplicité de nos majeurs⁵, qui se sont
contentez d'exprimer leurs conceptions avec paroles nues,
sans art et ornement : non imitant la curieuse diligence

---

1. Verbe actif*. R.
2. Poëte contemporain de Marot et très-estimé par lui.
3. Abondance*.
4. Déclinaisons (L., hist.).
5. Ancêtres*.

des Grecs, auxquels la Muse avait donné la bouche ronde [1] (comme dit quelqu'un) c'est à dire parfaite en toute elegance et venusté [2] de paroles : comme depuis aux Romains imitateurs des Grecs. Mais je dirai bien que nostre langue n'est tant irreguliere qu'on voudroit bien dire : veu qu'elle se decline, sinon par les noms, pronoms et participes, pour le moins par les verbes, en tous leurs temps, modes et personnes. Et si elle n'est si curieusement reglée, ou plus tost liée et geinnée en ses autres parties, aussi n'a elle point tant d'heteroclites et anomaux, monstres estranges, de la grecque et latine. Quant aux pieds et aux nombres, je diray au second livre en quoy nous les recompensons [3]. Et certes (comme dit un grand auteur de rethorique [4], parlant de la felicité qu'ont les Grecs en la composition de leurs mots) je ne pense que telles choses se facent par la nature desdites langues, mais nous favorisons tousjours les estrangers. Qui eust gardé nos ancestres de varier toutes les parties declinables, d'allonger une syllabe et accourcir l'autre, et en faire des pieds ou des mains? Et qui gardera nos successeurs d'observer telles choses, si quelques sçavans et non moins ingenieux de cest aage [5] entreprennent de les reduire en art, comme Ciceron promettait de faire au droit civil : chose qui à quelques-uns a semblé impossible, aux autres non. Il ne faut point icy alleguer l'excellence de l'antiquité, et, comme Homere se plaignoit que de son temps les corps estoient trop petits, dire que les esprits modernes ne sont à comparer aux anciens. L'architecture, l'art du navigage [6] et autres inventions antiques certainement admirables, non toutesfois, si on regarde à la necessité mere des arts, du tout si grandes qu'on doive estimer les cieux et la nature y avoir dependu [7] toute leur vertu, vigueur et

---

1. Horace : *Ore rotundo*.
2. Élégance, lat. (L., pas d'ex. avant du Bellay).
3. Compenser (L., 3°; N).
4. Quintilien, I, v. Notes de M. M.-L.
5. Pron. âge.
6. Navigation (L., étym.; ce dernier seul dans N.).
7. De dépendre, depenser (L., rem.; N.; R. de la R., 11604; Joinville; Bart. Chrest.).

industrie. Je ne produiray, pour tesmoins de ce que je dy, l'imprimerie, sœur des Muses, et dixiéme d'elles, et ceste non moins admirable que pernicieuse foudre d'artillerie, avecques tant d'autres non antiques inventions, qui monstrent veritablement que, par le long cours des siècles, les esprits des hommes ne sont point si abastardis qu'on voudroit bien dire : je dy seulement qu'il n'est pas impossible que nostre langue puisse recevoir quelquesfois cest ornement et artifice, aussi curieux qu'il est aux Grecs et Romains. Quant au son, et je ne sçay quelle naturelle douceur (comme ils disent) qui est en leurs langues, je ne voy point que nous l'ayons moindre, au jugement des plus delicates oreilles. Il est bien vray que nous usons du prescript[1] de nature, qui pour parler nous a seulement donné la langue. Nous ne vomissons pas nos paroles de l'estomac, comme les yvrongnes ; nous ne les estranglons de la gorge, comme les grenouilles ; nous ne les decoupons pas dedans le palais, comme les oyseaux ; nous ne les sifflons pas des levres, comme les serpens. Si en telles manieres de parler gist la douceur des langues, je confesse que la nostre est rude et mal sonante. Mais aussi nous avons cest avantage de ne tordre point la bouche en cent mille sortes, comme les singes, voire comme beaucoup mal se souvenant de Minerve, qui jouant quelquefois de la fluste et voyant en un miroir la deformité de ses levres, la jetta bien loin, malheureuse rencontre au presumptueux Marsye, qui depuis en fut escorché. Quoy doncques, dira quelqu'un, veux-tu à l'exemple de Marsye, qui osa comparer sa fluste rustique à la douce lyre d'Apollon, egaler ta langue à la grecque et latine ? Je confesse que les auteurs d'icelles nous ont surmontez en sçavoir et faconde : esquelles choses leur a esté bien facile de vaincre ceux qui ne repugnoyent point. Mais que par longue et diligente imitation de ceux qui ont occupé les premiers, ce que nature n'a pourtant denié aux autres,

---

1. Prescription.

nous ne puissions leur succéder aussi bien en cela, que nous avons déjà fait en la plus grande part de leurs arts mechaniques, et quelquefois en leur monarchie, je ne le diray pas : car telle injure ne s'estendroit seulement contre les esprits des hommes, mais contre Dieu, qui a donné pour loy inviolable à toute chose créée, de ne durer perpetuellement, mais passer sans fin d'un estat en l'autre : estant la fin et corruption de l'un, le commencement et generation de l'autre. Quelque opiniastre repliquera encore : ta langue tarde trop à recevoir ceste perfection. Et je dy que ce retardement ne prouve point qu'elle ne puisse la recevoir : ainçois[1] je dy qu'elle se pourra tenir certaine de la garder longuement, l'ayant acquise avecques si longue peine, suivant la loy de nature, qui a voulu que tout arbre qui naist, florist et fructifie bien tost, bien tost aussi envieillisse[2] et meure[3] : et au contraire, celuy durer par longues années, qui a longuement travaillé à jetter ses racines.

CHAPITRE X

QUE LA LANGUE FRANÇOISE N'EST INCAPABLE DE LA PHILOSOPHIE, ET POURQUOI LES ANCIENS ESTOIENT PLUS SÇAVANS QUE LES HOMMES DE NOSTRE AAGE.

Tout ce que j'ay dit pour la defense et illustration de nostre langue appartient principalement à ceux qui font profession de bien dire, comme les poëtes et les orateurs. Quant aux autres parties de litterature, et ce rond[4] de sciences, que les Grecs ont nommé encyclopedie, j'en ay touché au commencement une partie de ce que m'en sem-

---

1. Mais bien plutôt*. R.
2. Vieillisse*. R.
3. Cf. dans *l'Olive*, le sonnet : Rond.
« Tout ce qu'ici... »
4. Cercle, universalité (L. : 2, hist., ex. de Pasquier).

ble : c'est que l'industrie des fideles traducteurs est en cest endroit fort utile et necessaire : et ne les doit retarder, s'ils rencontrent quelquefois des mots qui ne peuvent estre reçeus en la famille françoise, veu que les Latins ne se sont point efforcez de traduire tous les vocables grecs, comme *rhetorique, musique, arithmetique, géometrie, philosophie*, et quasi tous les noms des sciences, les noms des figures, des herbes, des maladies, la sphere et ses parties, et generalement la plus grand'part des termes usitez aux sciences naturelles et mathematiques. Ces mots là doncques seront en nostre langue comme estrangers en une cité : auxquels toutefois les periphrases serviront de truchemens. Encores seray-je bien d'opinion que le sçavant translateur fist plus tost l'office de paraphraste que de traducteur, s'efforçant donner à toutes les sciences qu'il voudra traicter l'ornement et lumière de sa langue, comme Ciceron se vante d'avoir fait en la philosophie, et à l'exemple des Italiens qui l'ont quasi toute convertie en leur vulgaire, principalement la platonique. Et si on veut dire que la philosophie est un fais d'autres espaules que de celles de nostre langue, j'ay dit au commencement de cest œuvre, et le dy encore, que toutes langues sont d'une mesme valeur, et des mortels à une mesme fin d'un mesme jugement formées. Parquoy ainsi comme sans muer de coustumes ou de nations, le François et l'Alemant, non seulement le Grec ou Romain, se peut donner à philosopher : aussi je croy qu'à un chacun sa langue puisse competemment communiquer toute doctrine. Doncques si la philosophie, semée par Aristote et Platon au fertile champ attique, estoit replantée en nostre plaine françoise, ce ne seroit la jetter entre les ronces et espines, où elle devînt sterile : mais ce seroit la faire de lointaine prochaine, et d'estrangere citadine de nostre republique. Et par adventure ainsi que les espiceries et autres richesses orientales, que l'Inde nous envoye, sont mieux cogneues et traictées de nous, et en plus grand pris, qu'en l'endroit de ceux qui les sement ou recueillent : semblablement les speculations philosophiques deviendraient plus familières qu'elles ne sont ores [1], et plus facilement seraient entendues de nous, si quelque sçavant homme les avait transportées de grec et latin en nostre vulgaire, que de ceux qui les vont (s'il faut ainsi parler) cueillir aux lieux où elles croissent. Et si on veut dire que diverses langues sont aptes à signifier diverses conceptions : aucunes les conceptions des doctes, autres celles des indoctes : et que la grecque principalement convient si bien avecque les doctrines, que pour les exprimer il semble qu'elle ait esté formée de la mesme nature, non de l'humaine providence; je dy qu'icelle nature, qui en tout aage, en toute province, en toute habitude est tousjours une mesme chose, ainsi comme volontiers elle exerce son art par tout le monde, non moins en la terre qu'au ciel, et pour estre ententive [2] à la production des créatures raisonnables, n'oublie pourtant les irraisonnables, mais avecques un egal artifice engendre cestes-cy et celles-là : aussi est-elle digne d'estre cogneue et louée de toutes personnes, et en toutes langues. Les oiseaux, les poissons, et les bestes terrestres de quelconque maniere, ores [3] avecques un son, ores avecques l'autre, sans distinction de paroles, signifient leurs affections : beaucoup plus tost nous hommes devrions faire le semblable, chacun avecques sa langue, sans avoir recours aux autres. Les escritures et langages ont esté trouvés non pour la conservation de nature, laquelle (comme divine qu'elle est) n'a mestier de nostre aide, mais seulement à nostre bien et utilité : à fin que presens, absens, vifs et morts, manifestans l'un à l'autre le secret de nos cœurs, plus facilement parvenions à nostre propre félicité, qui gist en l'intelligence des sciences, non point au son des paroles : et par consequent celles [4] langues et celles escritures devroyent plus estre en usage, lesquelles on apprendroit plus facilement. Las [5] et combien serait meilleur qu'il

1. Présentement, maintenant*. (L.; Burg., II, p. 311).
2. Attentive*. R. B.
3. Tantôt... tantôt*.
4. Ces*.
5. Hélas!

y eust au monde un seul langage naturel, que d'employer tant d'années pour apprendre des mots : et ce, jusques à l'aage bien souvent que n'avons plus ny le moyen, ny le loisir de vaquer à plus grandes choses. Et certes songeant beaucoup de fois, d'où provient que les hommes de ce siecle generalement sont moins sçavans en toutes sciences, et de moindre pris que les anciens, entre beaucoup de raisons je trouve ceste-cy, que j'oseroy' dire la principale : c'est l'estude des langues grecque et latine. Car si le temps que nous consumons à apprendre lesdites langues estoit employé à l'estude des sciences, la nature certes n'est point devenue si brehaigne [1], qu'elle n'enfantast de nostre temps des Platons et des Aristotes. Mais nous, qui ordinairement affectons plus d'estre veus sçavans, que de l'estre, ne consumons pas seulement nostre jeunesse en ce vain exercice : mais, comme nous repentant d'avoir laissé le berceau, et d'estre devenus hommes, retournons encore en enfance, et par l'espace de vingt ou trente ans ne faisons autre chose qu'apprendre à parler, qui grec, qui latin, qui ebreu. Lesquels ans finis, et finie avecque eux ceste vigueur et promptitude qui naturellement regne en l'esprit des jeunes hommes, alors nous procurons [2] estre faits philosophes, quand pour les maladies, troubles d'affaires domestiques, et autres empeschements qu'amene le temps, nous ne sommes plus aptes à la speculation des choses. Et bien souvent, estonnez de la difficulté et longueur d'apprendre des mots seulement, nous laissons tout par desespoir, et hayons [3] les lettres premier que [4] les ayons goustées, ou commencé à les aimer. Faut-il doncques laisser l'estude des langues ? Non : d'autant que les arts et sciences sont pour le present entre les mains des Grecs et Latins. Mais il se devroit faire à l'advenir qu'on peust parler de toute chose, par tout le monde, et en

1. Sterile*. R.
2. Nous mettons nos soins à, nous travaillons à (L., hist. ex. de Calvin).
3. Haïssons (N. Gr., p. 27, a les deux formes Hayons et Hayssons).
4. Avant que*. B.

toute langue. J'entends bien que les professeurs des langues ne seront pas de mon opinion, encore moins ces venerables Druydes, qui pour l'ambitieux desir qu'ils ont d'estre entre nous ce qu'estoit le philosophe Anacharsis entre les Scythes, ne craignent rien tant que le secret de leurs mysteres, qu'il faut apprendre d'eux, non autrement que jadis les jours des Chaldées, soit descouvert au vulgaire, et qu'on ne creve (comme dit Ciceron[1]) les yeux des corneilles. A ce propos il me souvient d'avoir ouy dire maintes fois à quelques uns de leur academie, que le roy François (je dy celuy François, à qui la France ne doit moins qu'à Auguste Rome) avoit deshonoré les sciences, et laissé les doctes en mespris. O temps! ô mœurs[2]! ô crasse ignorance! n'entendre point que tout ainsi qu'un mal, quand il s'estend plus loin, est d'autant plus pernicieux : aussi est un bien plus profitable, quand plus il est commun. Et s'ils veulent dire (comme aussi disent-ils) que d'autant est un tel bien moins excellent, et admirable entre les hommes : je respondray qu'un si grand appetit de gloire et une telle envie ne devrait regner aux colomnes[3] de la republique chrestienne ; mais bien en ce roy ambitieux, qui se plaignoit à son maistre, pour ce qu'il avoit divulgué les sciences acromatiques[4], c'est à dire, qui ne se peuvent apprendre que par l'audition du precepteur. Mais quoi! ces géans ennemis du ciel veulent-ils limiter la puissance des dieux, et ce qu'ils ont par un singulier benefice donné aux hommes, restreindre et enserrer en la main de ceux qui n'en sçauroyent faire bonne garde? Il me souvient de ces reliques, qu'on voit seulement par une petite vitre, et qu'il n'est permis de toucher avecques la main. Ainsi veulent-ils faire de toutes les disciplines, qu'ils tiennent enfermées dedans les livres grecs et latins, ne permettant qu'on les puisse voir autrement : ou les transporter de ces paroles mortes en celles

---

1. *Or. pro Mur.*, XI, 25. Notes de M. M.-L.
2. *O tempora! o mores!*
3. Au fig., soutiens (L.).
4. Plutarque, *Alex.*, XI. Notes de M. M.-L.

qui sont vives, et volent ordinairement par les bouches des hommes[1]. J'ay (ce me semble) deu assez contenter ceux qui disent que nostre vulgaire est trop vil et barbare, pour traicter si hautes matieres que la philosophie. Et s'ils n'en sont encore bien satisfaits, je leur demanderay : pourquoy doncques ont voyagé les anciens Grecs par tant de pays et dangers, les uns aux Indes, pour voir les Gymnosophistes, les autres en Égypte pour emprunter de ces vieux prestres et prophetes ces grandes richesses, dont la Grece est maintenant si superbe? et toutefois ces nations, où la philosophie a si volontiers habité, produisoyent (ce croy-je) des personnes aussi barbares et inhumaines que nous sommes, et des paroles aussi estranges que les nostres. Bien peu me soucieroy-je de l'elegance d'oraison qui est en Platon et en Aristote, si leurs livres sans raison estoient escrits. La philosophie vrayement les a adoptez pour ses fils, non pour estre nez en Grece, mais pour avoir d'un haut sens bien parlé, et bien escrit d'elle. La verité si bien par eux cerchée[2], la disposition et l'ordre des choses, la sentencieuse briefveté de l'un, et la divine copie[3] de l'autre est propre à eux, et non à autres : mais la nature, dont ils ont si bien parlé, est mere de tous les autres, et ne dedaigne point de se faire cognoistre à ceux qui procurent[4] avecques toute industrie entendre ses secrets, non pour devenir Grecs, mais pour estre faits philosophes. Vray est que pour avoir les arts et sciences toujours esté en la puissance des Grecs et Romains, plus studieux de ce qui peut rendre les hommes immortelz que les autres, nous croyons que par eux seulement elles puissent et doivent estre traictées. Mais le temps viendra par adventure (et je supplie[5] au Dieu très bon et très grand que ce soit de nostre aage) que quelque bonne personne, non moins hardie qu'ingenieuse et sça-

---

1. *Per ora virum.* Virgile.
2. Cherchée*. R. C'est la forme que du Bellay emploie toujours.
3. Abondance *.
4. Qui travaillent... à*.
5. Supplier à, latin. (L., hist. ex. de Commynes); se disant à Dieu (L., rem.).

vante, non ambitieuse, non craignant l'envie ou haine d'aucun, nous ostera ceste fausse persuasion, donnant à nostre langue la fleur et le fruict des bonnes lettres : autrement si l'affection que nous portons aux langues estrangeres (quelque excellence qui soit en elles) empeschoit ceste nostre si grande felicité, elles seroyent dignes veritablement non d'envie, mais de haine ; non de fatigue, mais de fascherie : elles seroyent dignes finablement d'estre non apprises, mais reprises de ceux qui ont plus de besoin du vif intellect de l'esprit que du son des paroles mortes. Voilà quant aux disciplines. Je viens aux poëtes et orateurs, principal objet de la matiere que je traicte, qui est l'ornement et illustration de nostre langue.

CHAPITRE XI

QU'IL EST IMPOSSIBLE D'EGALER LES ANCIENS EN LEURS LANGUES

Toutes personnes de bon esprit entendront assez que cela, que j'ay dit pour la defense de nostre langue, n'est pour decourager aucun de la grecque et latine ; car tant s'en faut que je soy' de ceste opinion, que je confesse et soustiens celuy de ne pouvoir faire œuvre[1] excellent en son vulgaire qui soit ignorant de ces deux langues, ou qui n'entende la latine pour le moins. Mais je seroy' bien d'avis qu'après les avoir apprises, on ne desprisast la sienne : et que celuy qui, par une inclination naturelle (ce qu'on peut juger par les œuvres[2] latines et toscanes de Petrarque et Boccace, voire d'aucuns sçavans hommes de nostre temps) se sentiroit plus propre à escrire en sa

---

1. Ouvrage, masc. au XVIe siècle. R. B.
2. Fémin. ici au pluriel. Voy. la note précédente, et p. 70.

langue qu'en grec ou en latin, s'estudiast plus tost à se rendre immortel entre les siens, escrivant bien en son vulgaire, que mal escrivant en ces deux autres langues, estre vil aux doctes pareillement et aux indoctes[1]. Mais, s'il s'en trouvoit encore quelques uns de ceux qui de simples paroles font tout leur art et science, en sorte que nommer la langue grecque et latine leur semble parler d'une langue divine, et parler de la vulgaire, nommer une langue inhumaine, incapable de toute erudition : s'il s'en trouvoit de tels, dy-je, qui voulussent faire des braves, et despriser toutes choses escrites en françois, je leur demanderoy' volontiers en ceste sorte : que pensent doncques faire ces reblanchisseurs de murailles, qui jour et nuit se rompent la teste à imiter, que dy-je imiter? mais transcrire un Virgile et un Ciceron? bastissant leurs poëmes des hemistiches de l'un, et jurant en leur prose aux mots et sentences de l'autre, songeant (comme a dit quelqu'un) des Peres conscripts, des consuls, des tribuns, des comices, et toute l'antique Rome, non autrement qu'Homere, qui en sa Batrachomyomachie adapte aux rats et grenouilles les magnifiques titres des dieux et déesses. Ceux là certes meritent bien la punition de celuy qui, ravy[2] au tribunal du grand juge, respondit qu'il estoit ciceronien[3]. Pensent-ils doncques, je ne dy egaler, mais approcher seulement de ces auteurs, en leurs langues, recueillant de cest orateur et de ce poëte ores un nom, ores un verbe, ores un vers et ores une sentence? comme si en la façon qu'on rebastit un vieil edifice, ils s'attendoient rendre par ces pierres ramassées à la ruinée fabrique de ces langues sa premiere grandeur et excellence. Mais vous ne serez jà si bons massons (vous qui estes si grands zelateurs des langues grecque et latine) que leur puissez rendre celle forme, que leur donnerent premierement ces bons et excellens architectes, et si vous espérez (comme

---

1. Appartient à la langue courante jusqu'en 1718 (N. ; L.).
2. *Raptus*, entraîné.
3. Souvenir d'un passage de saint Jérôme, *Epist.* XXII. Notes de M. M.-L.

fit Esculape des membres d'Hippolyte) que par ces fragmens recueillis elles puissent estre resuscitées, vous vous abusez : ne pensant point qu'à la chute de si superbes édifices, conjointe à la ruine fatale de ces deux puissantes monarchies, une partie devint poudre, et l'autre doit estre en beaucoup de pieces, lesquelles vouloir reduire en un seroit chose impossible : outre que beaucoup d'autres parties sont demeurées aux fondemens des vieilles murailles, ou, egarées par le long cours des siecles, ne se peuvent trouver d'aucun. Parquoy venant à r'edifier ceste fabrique, vous serez bien loin de lui restituer sa premiere grandeur, quand où souloit[1] estre la sale, vous ferez par adventure les chambres, les estables ou la cuisine, confondant les portes et les fenestres, brief changeant toute la forme de l'edifice. Finablement j'estimeroy' l'art pouvoir exprimer la vive energie de la nature, si vous pouviez rendre ceste fabrique renouvelée semblable à l'antique, estant manque[2] l'idée, de laquelle faudroit tirer l'exemple pour la r'edifier. Et ce (à fin d'exposer plus clairement ce que j'ay dit) d'autant que les anciens usoient des langues qu'ils avoyent succées avecques le laict de la nourrice, et aussi bien parloyent les indoctes[3], comme les doctes, si non que ceux-cy aprenoyent les disciplines et l'art de bien dire, se rendant par ce moyen plus eloquens que les autres. Voilà pourquoy leurs bienheureux siecles estoient si fertiles de[4] bons poëtes et orateurs. Voilà pourquoy les femmes mesmes aspiroyent à ceste gloire d'eloquence et erudition, comme Sapho, Corynne, Cornelie, et un millier d'autres, dont les noms sont conjoincts avecques la memoire des Grecs et Romains. Ne pensez doncques, imitateurs, troupeau servil[5], parvenir au point de leur excellence, veu qu'à grand'peine avez vous appris leurs mots, et voilà le meilleur de votre aage passé. Vous

---

1. Du verbe souloir, avoir coutume. R. B.
2. Défectueuse*.
3. *Voy.* ci-dessus, p. 27, note 1.
4. Fertile de, latin. (L., rem.; Malherbe, p. 306.)
5. *Imitatores, servum pecus.* Horace.

desprisez nostre vulgaire, par adventure non pour autre raison, sinon que dès enfance et sans estude nous l'apprenons, les autres avecques grand'peine et industrie. Que s'il estoit, comme la grecque et latine, pery¹ et mis en reliquaire² de livres, je ne doute point qu'il ne fust (ou peu s'en faudroit) aussi difficile à apprendre comme elles sont. J'ay bien voulu dire ce mot, pource que la curiosité humaine admire trop³ plus les choses rares, et difficiles à trouver, bien qu'elles ne soyent si commodes pour l'usage de la vie, comme les odeurs et les gemmes, que les communes et necessaires, comme le pain et le vin. Je ne voy pourtant qu'on doive estimer une langue plus excellente que l'autre, seulement pour estre plus difficile, si on ne vouloit dire que Lycophron fust plus excellent qu'Homere, pour estre plus obscur, et Lucrece que Virgile, pour ceste mesme raison.

CHAPITRE XII

DÉFENSE DE L'AUTEUR

Ceux qui penseront que je soy' trop grand admirateur de ma langue, aillent voir le premier livre *Des fins des biens et des maux*, fait par ce pere d'eloquence latine, Ciceron, qui au commencement dudit livre, entre autres choses, respond à ceux qui desprisoyent les choses escrites en latin, et les aimoyent mieux lire en grec. La conclusion du propos est, qu'il estime la langue latine, non seulement n'estre pauvre, comme les Romains estimoient lors, mais encore estre plus riche que la grecque. Quel ornement, dit-il, d'oraison copieuse, ou elegante, a

---

1. Avec être (L., 10ᵉ et hist.). comme dans un reliquaire.
2. Conservé dans les livres 3. Beaucoup*. R.

defailly, je diray à nous, ou aux bons orateurs, ou aux poëtes, depuis qu'ils ont eu quelqu'un qu'ils peussent imiter? Je ne veux pas donner si haut los[1] à nostre langue, pource qu'elle n'a point encore ses Cicerons et Virgiles, mais j'ose bien asseurer que si les sçavans hommes de nostre nation la daignoyent autant estimer, que les Romains faisoyent la leur, elle pourroit quelquefois, et bien tost, se mettre au rang des plus fameuses. Il est temps de clorre ce pas à fin de toucher particulierement les principaux points de l'amplification et ornement de nostre langue. En quoy, lecteur, ne t'esbahis, si je ne parle de l'orateur comme du poëte. Car outre que les vertus de l'un sont pour la plus grande part communes à l'autre, je n'ignore point qu'Estienne Dolet, homme de bon jugement en nostre vulgaire, a formé *l'Orateur François*[2], que quelqu'un (peut estre) ami de la memoire de l'auteur et de la France, mettra de brief et fidelement en lumiere.

1. Loüange.
2. Traité d'Estienne Dolet qui ne ne fut jamais entièrement publié. Notes de M. M.-L.

LIVRE DEUXIÈME

CHAPITRE I

DE L'INTENTION DE L'AUTEUR

Pource que le poëte et l'orateur sont comme les deux piliers qui soustiennent l'edifice de chacune langue, laissant celuy que j'entens avoir esté basty par les autres, j'ay bien voulu, pour le devoir en quoy je suis obligé à la patrie, tellement quellement esbaucher celuy qui restoit : esperant que par moy, ou par une plus docte main, il pourra recevoir sa perfection. Or ne veux-je, en ce faisant, feindre comme une certaine figure de poëte, qu'on ne puisse ny des yeux, ny des oreilles, ny d'aucuns sens appercevoir, mais comprendre seulement de la cogitation et de la pensée : comme ces idées, que Platon constituoit en toutes choses, auxquelles ainsi qu'à une certaine espece imaginative, se refere tout ce qu'on peut voir [1]. Cela certainement est de trop plus grand sçavoir et loisir que le mien : et penseray avoir beaucoup merité des miens, si je leur monstre seulement avecques le doigt le chemin qu'ils doyvent suyvre pour atteindre à l'excellence des anciens, où quelque autre, peut estre incité par nostre

---

1. Cf. Cicéron, *De orat.*, I. Notes de M. M.-L.

petit labeur, les conduira avecques la main. Mettons doncques, pour le commencement, ce que nous avons (ce me semble) assez prouvé au premier livre. C'est que sans l'imitation des Grecs et des Romains, nous ne pouvons donner à nostre langue l'excellence et lumière des autres plus fameuses. Je sçay que beaucoup me reprendront, qui ay osé le premier des François introduire quasi comme une nouvelle poësie, ou ne se tiendront pleinement satisfaits, tant pour la briefveté, dont j'ay voulu user, que pour la diversité des esprits, dont les uns trouvent bon ce que les autres trouvent mauvais. Marot me plaist, dit quelqu'un, pource qu'il est facile, et ne s'elongne point de la commune maniere de parler ; Heroët, dit quelque autre, pource que tous ses vers sont doctes, graves et elaborez ; les autres d'un autre se delectent. Quant à moy, telle superstition ne m'a point retiré de mon entreprise, pource que j'ay tousjours estimé nostre poësie françoise estre capable de quelque plus haut et meilleur stile que celuy dont nous sommes [1] si longuement contentez. Disons donc briefvement ce que nous semble de nos poëtes françois.

CHAPITRE II

DES POËTES FRANÇOIS

De tous les anciens poëtes françois, quasi un seul, Guillaume du Lauris et Jean de Meun sont dignes d'estre leus, non tant pour ce qu'il y ait en eux beaucoup de choses qui se doivent imiter des modernes, comme [2] pour y voir quasi comme une premiere image de la langue françoise [3], venerable pour son antiquité. Je ne doute point

---

1. Pour nous nous sommes contentés. La forme n. pour la forme réll.
2. Que*.
3. Toutes les idées de du Bellay sur l'origine de la langue française sont un des côtés faibles de son ouvrage.

que tous les peres criroyent la honte estre perdue, si j'osoy' reprendre ou emender¹ quelque chose en ceux que jeunes ils ont appris, ce que je ne veux faire aussi : mais bien soutiens-je, que celuy est trop grand admirateur de l'ancienneté, qui veut defrauder les jeunes de leur gloire meritée, n'estimant rien, comme dit Horace, sinon ce que la mort a sacré²; comme si le temps, ainsi que les vins, rendoit les poësies meilleures. Les plus recens, mesme ceux qui ont esté nommez par Clement Marot en un certain epigramme à Salel, sont assez cogneus par leurs œuvres; j'y renvoye les lecteurs pour en faire jugement. Bien diray-je, que Jan le Maire de Belges me semble avoir premier illustré et les Gaules ³ et la langue françoise, luy donnant beaucoup de mots et manieres de parler poëtiques, qui ont bien servy mesmes aux plus excellens de nostre temps. Quant aux modernes, ils seront quelquefois assez nommez, et si j'en vouloy' parler, ce seroit seulement pour faire changer d'opinion à quelques uns, ou trop iniques ou trop severes estimateurs des choses, qui tous les jours trouvent à reprendre en trois ou quatre des meilleurs, disant, qu'en l'un defaut ce qui est le commencement bien escrire, c'est le sçavoir, et auroit augmenté sa gloire de la moitié, si de la moitié il eust diminué son livre. L'autre, outre sa rime, qui n'est partout bien riche, est tant denué de tous ces delices et ornemens poëtiques, qu'il merite plus le nom de philosophe que de poëte. Un autre, pour n'avoir encores rien mis en lumiere sous son nom, ne merite qu'on luy donne le premier lieu : et semble (disent aucuns) que par les escrits de ceux de son temps, il vueille eterniser son nom, non autrement que Demade est ennobly par la contention de Demosthene, et Hortense de Ciceron : que si on en vou-

1. Amender. L'*e* est étymol. *emendare* (L., etym.; N. a les 2 formes.

2. Horace, *Épist.*, II, 1, 48 Notes de M. M.-L.

3. Ronsard avait la même admiration que du Bellay pour le *Roman de la rose* et l'*Illustration des Gaules*. Voy. son *Abrégé de l'art poétique*.

loit faire jugement au seul rapport de la renommée, on rendroit les vices d'iceluy egaux, voire plus grands que ses vertus, d'autant que tous les jours se lisent nouveaux escrits sous son nom, à mon advis aussi elongnés d'aucunes choses qu'on m'a quelquefois asseuré estre de luy, comme en eux n'y a ny grace, ny erudition. Quelqu'autre, voulant trop s'elongner du vulgaire, est tombé en obscurité aussi difficile à esclarcir en ses escrits aux plus sçavans, comme aux plus ignares. Voilà une partie de ce que j'oy dire en beaucoup de lieux, des meilleurs de nostre langue. Que pleust à Dieu le naturel d'un chacun estre aussi candide à louer les vertus, comme diligent à observer les vices d'autruy. La tourbe de ceux (hors mis cinq ou six) qui suivent les principaux, comme port'enseignes, est si mal instruite de toutes choses, que par leur moyen nostre vulgaire n'a garde d'estendre gueres loin les bornes de son empire. Et si j'estoy' du nombre de ces anciens critiques juges des poëmes, comme un Aristarque et Aristophane ou (s'il faut ainsi parler) un sergent de bande en nostre langue françoise, j'en mettroy' beaucoup hors de la bataille, si mal armez, que se fiant en eux, nous serions trop elongnez de la victoire où nous devons aspirer. Je ne doute point que beaucoup, principalement de ceux qui sont accommodez à l'opinion vulgaire, et dont les tendres oreilles ne peuvent rien souffrir au desavantage de ceux qu'ils ont dejà receus comme oracles, trouveront mauvais de ce que j'ose si librement parler, et quasi comme juge souverain prononcer de nos poëtes françois : mais si j'ay dit bien ou mal, je m'en rapporte à ceux qui sont plus amis de la verité que de Platon[1] ou Socrate, et ne sont imitateurs des Pythagoriques, qui pour toutes raisons n'alleguoient sinon : cestuy-là l'a dit. Quant à moy, si j'estois enquis[2] de ce qu'il me semble de nos meilleurs poëtes françois, je diroy' à l'exemple des Stoïques, qui interrogez si Zenon, si Cléante, si Chrysippe sont sages,

1. *Amicus Plato, sed magis amica veritas.*
2. Forme neutre (L., hist.; N. donne les deux).

respondent ceux-là certainement avoir esté grands et venerables, n'avoir eu toutefois ce qui est le plus excellent en la nature de l'homme : je respondroy' (dy-je) qu'ils ont bien escrit, qu'ils ont illustré nostre langue, que la France leur est obligée : mais aussi diroy'-je bien, qu'on pourroit trouver en nostre langue (si quelque sçavant homme y vouloit mettre la main) une forme de poësie beaucoup plus exquise, laquelle il faudroit cercher en ces vieux Grecs et Latins, non point ès auteurs françois, pource qu'en ceux-cy on ne sçauroit prendre que bien peu, comme la peau et la couleur : en ceux-là on peut prendre la chair, les os, les nerfs et le sang. Et si quelqu'un malavisé à contenter ne vouloit prendre ces raisons en payement, je diroy' (à fin de n'estre veu examiner les choses si rigoureusement sans cause) que aux autres arts et sciences la mediocrité peut meriter quelque louange : mais aux poëtes ny les dieux, ny les hommes, ny les colomnes n'ont point concedé estre mediocres, suivant l'opinion d'Horace[1], que je ne puis assez souvent nommer, pource qu'ès choses que je traicte, il me semble avoir le cerveau mieux purgé et le nez meilleur que les autres. Au fort[2], comme Demosthène respondit quelquefois à Æschine, qui l'avoit repris de ce qu'il usoit de mots aspres et rudes, de telles choses ne dependre les fortunes[3] de Grece[4] : aussi diroy'-je, si quelqu'un se fasche de quoy je parle si librement, que de là ne dépendent les victoires du roy Henry, à qui Dieu vueille donner la felicité d'Auguste et la bonté de Trajan. J'ay bien voulu (lecteur studieux de la langue françoise) demeurer longuement en ceste partie, qui te semblera (peut estre) contraire à ce que j'ay promis : veu que je ne prise assez hautement ceux qui tiennent le premier lieu en nostre vulgaire, qui avoy' entrepris de le louer et defendre : toutefois je crois que tu ne le trouveras point estrange, si tu consideres que je ne le puis mieux

---

1. Horace, *Ars poet.*, 368.
2. Au surplus (L., hist. de Fort, ex. de Commynes).
3. Au plur. (L., rem.).
4. Cicéron, *de Orat.*, VIII. Notes de M. M.-L.

defendre, qu'attribuant la pauvreté d'iceluy, non à son propre et naturel, mais à la negligence de ceux qui en ont pris le gouvernement : et ne te puis mieux persuader d'y escrire, qu'en te montrant le moyen de l'enrichir et illustrer, qui est l'imitation des Grecs et Romains.

CHAPITRE III

QUE LE NATUREL N'EST SUFFISANT A CELUY QUI EN POËSIE VEUT FAIRE ŒUVRE DIGNE DE L'IMMORTALITÉ

Mais pource qu'en toutes langues y en a de bons et de mauvais, je ne veux pas, lecteur, que sans election et jugement tu te prennes au premier venu. Il vaudroit beaucoup mieux escrire sans imitation, que ressembler à un mauvais auteur : veu mesmes que c'est chose accordée entre les plus sçavans, le naturel faire plus sans la doctrine, que la doctrine sans le naturel : toutefois d'autant que l'amplification de nostre langue (qui est ce que je traicte) ne se peut faire sans doctrine et sans erudition, je veux bien advertir ceux qui aspirent à ceste gloire d'imiter les bons auteurs Grecs et Romains, voire bien Italiens, Espagnols et autres : ou du tout n'escrire point, sinon à soy, comme on dit, et à ses Muses. Qu'on ne m'allegue point icy quelques uns des nostres, qui sans doctrine, à tout le moins non autre que mediocre, ont acquis grand bruit en nostre vulgaire. Ceux qui admirent volontiers les petites choses, et desprisent ce qui excede leur jugement, en feront tels cas qu'ils voudront : mais je sçay bien que les sçavans ne les mettront en autre rang que de ceux qui parlent bien françois, et qui ont (comme disoit Ciceron des anciens auteurs romains[1]) bon esprit, mais bien peu

---

1. Cicéron, *Epist*, II, xi. Notes de M. M.-L.

d'artifice. Qu'on ne m'allegue point aussi que les poëtes naissent, car cela s'entend de ceste ardeur et allegresse d'esprit qui naturellement excite les poëtes, et sans laquelle toute doctrine leur seroit manque [1] et inutile. Certainement ce seroit chose trop facile, et pourtant contemptible [2], se faire eternel par renommée, si la felicité de nature, donnée mesmes aux plus indoctes, estoit suffisante pour faire chose digne de l'immortalité. Qui veut voler par les mains et bouches des hommes, doit longuement demourer [3] en sa chambre : et qui desire vivre en la memoire de la posterité, doit, comme mort en soy-mesmes, suer et trembler maintefois, et, autant que nos poëtes courtisans boivent, mangent et dorment à leur aise, endurer de faim, de soif et de longues vigiles [4]. Ce sont les ailes dont les escrits des hommes volent au ciel. Mais à fin que je retourne au commencement de ce propos, regarde nostre imitateur premierement ceux qu'il voudra imiter, et ce qu'en eux il pourra, et qui se doit imiter, pour ne faire comme ceux, qui voulant apparoistre semblables à quelque grand seigneur, imiteront plus tost un petit geste et façon de faire vicieuse de luy, que ses vertus et bonnes graces. Avant toutes choses, faut qu'il y ait ce jugement de cognoistre ses forces, et tenter combien ses espaules peuvent porter [5] : qu'il sonde diligemment son naturel, et se compose à l'imitation de celuy dont il se sentira approcher de plus près, autrement son imitation ressembleroit celle du singe.

1. Défectueuse*.
2. Digne de mepris (L., rem.; Malherbe, p. 180).
3. Demeurer.
4. Veilles (L., hist. et etym. de Vigile).
5. Horace, *Ars poet.*, 38. Notes de M. M.-L.

CHAPITRE IV

QUELS GENRES DE POËMES DOIT ELIRE LE POËTE FRANÇOIS

Ly doncques, et rely premierement, ô poëte futur, fueillette de main nocturne et journelle[1] les exemplaires grecs et latins[2], puis me laisse toutes ces vieilles poësies françoises aux jeux Floraux de Toulouse et au Puy de Rouen : comme rondeaux, ballades, virelais, chants royaux, chansons et autres telles espiceries, qui corrompent le goust de nostre langue et ne servent sinon à porter tesmoignage de nostre ignorance. Jette-toy à ces plaisans epigrammes[3], non point comme font aujourd'huy un tas de faiseurs de comptes nouveaux, qui en un dixain sont contents n'avoir rien dit qui vaille aux neuf premiers vers, pourveu qu'au dixième il y ait le petit mot pour rire : mais à l'imitation d'un Martial, ou de quelqu'autre bien approuvé, si la lascivité ne te plaist, mesle le profitable avecque le doux. Distile, avec un stile coulant et non scabreux, ces pitoyables elegies[4], à l'exemple d'un Ovide, d'un Tibule et d'un Properce, y entremeslant quelquefois de ces fables anciennes, non petit ornement de poësie. Chante-moy ces odes[5], incogneues encore de la Muse françoise, d'un luc[6] bien accordé au son de la lyre grecque et romaine, et qu'il n'y ait vers où n'apparoisse quelque vestige de rare et antique erudition. Et quant à ce te fourniront de matiere les louanges des dieux et des hommes vertueux, le discours fatal des choses mondaines, la sollicitude des

---

1. Journalière (L.).
2. Horace, *Ars poet.*, 268. Cf. A. Chénier, p. 328, éd. 1872.
3. Souvent alors du masculin, ce mot fut introduit dans la langue par Lazare de Baïf (L., rem. et hist.). *Voy.* p. 63.
4. Mot encore introduit par L. de Baïf (L., hist.). *Voy.* p. 63.
5. Mot introduit par Ronsard (L., hist.).
6. Luth. B.

jeunes hommes, comme l'amour, les vins libres, et toute bonne chere [1]. Sur toutes choses, prends garde que ce genre de poëme soit elongné du vulgaire, enrichy et illustré de mots propres et epithetes [2] non oisifs [3], orné de graves sentences, et varié de toutes manieres de couleurs et ornemens poëtiques : non comme un *Laissez la verde couleur*, *Amour avec Psyché*, *O combien est heureuse*, et autres tels ouvrages, mieux dignes d'estre nommez chansons vulgaires, qu'odes ou vers lyriques. Quant aux epistres, ce n'est un poëme qui puisse enrichir grandement nostre vulgaire, pource qu'elles sont volontiers de choses familieres et domestiques, si tu ne les voulois faire à l'imitation d'elegies, comme Ovide, ou sententieuses et graves, comme Horace. Autant te dy-je des satyres, que les François, je ne sçay comment, ont appellées cocs à l'asne [4], esquels je te conseille aussi peu t'exercer, comme je te veux estre aliene [5] de mal dire : si tu ne voulois, à l'exemple des anciens, en vers heroïques (c'est à dire de dix à onze, et non seulement de huit à neuf) sous le nom de satyre, et non de ceste inepte appellation de coc à l'asne, taxer modestement les vices de ton temps, et pardonner [6] au nom des personnes vicieuses. Tu as pour cecy Horace, qui selon Quintilian [7], tient le premier lieu entre les satyriques. Sonne-moy ces beaux sonnets, non moins docte que plaisante invention italienne, conforme de nom à l'ode, et differente d'elle seulement, pource que le sonnet a certains vers reiglez et limitez : et l'ode peut courir par toutes manieres de vers librement, voire en inventer à plaisir à

---

1. Horace, *Ars poet.*, 83. Notes de M. M.-L.

2. Mot introduit au xvi⁰ siècle, d'abord masc. (L., hist., du Bellay a fourni le seul ex. cité; manque dans N.).

3. Oiseux (N.; L., hist.; Ménage, cité par L., au mot Épithète). Critiqué par Ch. Fontaine.

4. Poésies humoristiques et satiriques (L., hist., ex. et déf. de Boissiere et de Gouget). Les *Mimes* de Baïf peuvent être considérées comme le chef-d'œuvre du genre.

5. Éloigné*.

6. Épargner (L.). Critiqué par Ch. Fontaine.

7. *Instit.*, X. Notes de M. M.-L.

l'exemple d'Horace, qui a chanté en dix-neuf sortes de vers, comme disent les grammairiens. Pour le sonnet donc tu as Petrarque et quelques modernes Italiens. Chante-moy d'une musette bien resonante et d'une fluste bien jointe ces plaisantes eglogues, rustiques à l'exemple de Théocrite et de Virgile, marines, à l'exemple de Sennazar gentil-homme Néapolitain. Que pleust aux Muses, qu'en toutes les especes de poësies que j'ay nommées nous eussions beaucoup de telles imitations, qu'est ceste eglogue sur la naissance du fils de monseigneur le Dauphin, à mon gré un des meilleurs petits ouvrages que fit oncques Marot. Adopte-moy aussi en la famille françoise ces coulans et mignars hendecasyllabes à l'exemple d'un Catule, d'un Pontan et d'un Second, ce que tu pourras faire, sinon en quantité, pour le moins en nombre de syllabes. Quant aux comedies et tragedies, si les roys et les republiques les vouloient restituer en leur ancienne dignité, qu'ont usurpée les farces et moralités, je seroy' bien d'opinion que tu t'y employasses, et si tu le veux faire pour l'ornement de ta langue, tu sçais où tu en dois trouver les archetypes.

CHAPITRE V

DU LONG POËME FRANÇOIS

Doncques, ô toy qui doué d'une excellente felicité de nature, instruit de tous bons arts et sciences, principalement naturelles et mathematiques, versé en tous genres de bons auteurs grecs et latins, non ignorant des parties et offices de la vie humaine, non de trop haute condition, ou appellé au regime public, non aussi abject et pauvre, non troublé d'affaires domestiques, mais en repos et tranquillité d'esprit, acquise premierement par la magnanimité de ton courage, puis entretenue par ta prudence et sage gouvernement : ô toy (dy-je) orné de tant de graces et perfections, si tu as quelquefois pitié de ton pauvre langage, si tu daignes l'enrichir de tes thresors, ce sera toy veritablement qui luy feras hausser la teste, et d'un brave sourcil s'egaler aux superbes langues grecque et latine, comme a fait de nostre temps en son vulgaire un Arioste italien, que j'oseroy' (n'estoit la saincteté des vieux poëmes) comparer à un Homere et Virgile. Comme luy doncques, qui a bien voulu emprunter de nostre langue les noms et l'histoire de son poëme, choisy-moi quelqu'un de ces beaux vieux romans françois comme un Lancelot, un Tristan, ou autres : et en fay renaistre au monde une admirable Iliade et laborieuse Enéide : je veux bien en passant dire un mot à ceux qui ne s'emploient qu'à orner et employer nos romans, et en font des livres certainement en beau et fluide langage, mais beaucoup plus propres à bien entretenir damoiselles, qu'à doctement escrire : je voudroy' bien (dy-je) les advertir d'employer ceste grande eloquence à recueillir ces fragmens de vieilles chroniques françoises, et comme a fait Tite-Live des annales et autres anciennes chroniques romaines, en bastir le corps entier d'une belle histoire, y entremeslant à propos ces belles concions [1] et harangues, à l'imitation de celuy que je viens de nommer, de Thucydide, Saluste, ou quelque autre bien approuvé, selon le genre d'escrire où ils se sentiroyent propres. Tel œuvre certainement seroit à leur immortelle gloire, honneur de la France, et grande illustration de nostre langue. Pour reprendre le propos que j'avoy' laissé : quelqu'un (peut estre) trouvera estrange que je requiere une si exacte perfection en celuy qui voudra faire un long poëme, veu aussi qu'à peine se trouveroyent, encore qu'ils fussent instruits de toutes ces choses, qui voulussent entreprendre un œuvre de si laborieuse longueur, et quasi de la vie d'un homme. Il sem-

---

1. Discours, *conciones* (N.; Roquef.).

blera à quelqu'autre, que voulant bailler les moyens d'enrichir nostre langue, je face le contraire, d'autant que je retarde plus tost, et refroidis l'estude de ceux qui estoyent bien affectionnez à leur vulgaire, que je ne les incite, pource que, debilitez par desespoir, ne voudront point essayer ce à quoy ne s'attendront de pouvoir parvenir. Mais c'est chose convenable que toutes choses soient experimentées de tous ceux qui desirent atteindre à quelque haut poinct d'excellence et gloire non vulgaire. Que si quelqu'un n'a du tout ceste grande vigueur d'esprit, ceste parfaite intelligence des disciplines, et toutes ces autres commoditez que j'ay nommées, tienne pourtant le cours tel qu'il pourra. Car c'est chose honneste à celuy qui aspire au premier rang demourer au second, voire au troisieme. Non Homere seul entre les Grecs, non Virgile entre les Latins, ont acquis los et reputation. Mais telle a esté la louange de beaucoup d'autres, chacun en son genre, que pour admirer les choses hautes, on ne laissoit pourtant de louer les inferieures [1]. Certainement si nous avions des Mecenes et des Augustes, les cieux et la nature ne sont point si ennemis de nostre siecle, que n'eussions encore des Virgiles [2]. L'honneur nourrit les arts, nous sommes tous par la gloire enflammez à l'estude des sciences, et ne s'eslevent jamais les choses qu'on voit estre desprisées de tous. Les rois et les princes devroyent (ce me semble) avoir memoire de ce grand empereur, qui vouloit plus tost la venerable puissance des loix estre rompue, que les œuvres de Virgile, condamnées au feu par le testament de l'auteur, fussent brulées [3]. Que diray-je de cest autre grand monarque, qui desirait plus le renaistre d'Homere que le gain d'une grosse bataille [4]? et quelquefois estant près du tombeau d'Achille, s'escria hautement [5] : ô bien heureux

---

1. *Voy.* Cicéron, *de Orat.*, I. Notes de M. M.-L.

2. Martial, VIII, LVI. Notes de M. M.-L.

3. Auguste, dans un vers conservé par le biographe de Virgile.

4. Alexandre. Cf. Plutarque, *Sur les progrès dans la vertu*, XLV. Notes de M. M. L.

5. Alexandre.

adolescent, qui as trouvé un tel buccinateur [1] de tes louanges! Et à la verité, sans la divine muse d'Homere, le mesme tombeau qui couvroit le corps d'Achille eust aussi accablé son renom. Ce qui advient à tous ceux qui mettent l'assurance de leur immortalité au marbre, au cuivre, aux colosses, aux pyramides, aux laborieux edifices et aux autres choses non moins subjectes aux injures du ciel et du temps, de la flamme et du fer, que de frais excessifs et perpetuelle sollicitude. Les allechemens de Venus, la gueule et les ocieuses plumes ont chassé d'entre les hommes tout desir de l'immortalité : mais encore est-ce chose plus indigne que ceux, qui d'ignorance et toutes especes de vices font leur plus grande gloire, se moquent de ceux qui en ce tant louable labeur poëtique, employent les heures que les autres consument aux jeux, aux bains, aux banquets, et autres tels menus plaisirs. Or néantmoins quelque infelicité [2] de siecle où nous soyons, toy, à qui les dieux et les Muses auront esté si favorables, comme j'ay dit, bien que tu sois depourveu de la faveur des hommes, ne laisse pourtant à entreprendre un œuvre digne de toy, mais non deu à ceux, qui tout ainsi qu'ils ne font choses louables, aussi ne font-ils cas d'estre louez : espere le fruict de ton labeur de l'incorruptible et non envieuse posterité : c'est la gloire, seule eschelle par les degrés de laquelle les mortels d'un pied leger montent au ciel et se font compagnons des dieux.

1. Sonneur. Critiqué par Ch. Fontaine qui préférait *publieur*. 2. Non recueilli par l'Académie (L.).

CHAPITRE VI

D'INVENTER DES MOTS ET QUELQUES AUTRES CHOSES QUE DOIT OBSERVER LE POËTE FRANÇOIS

Mais de peur que le vent d'affection ne pousse mon navire [1] si avant en ceste mer que je soy' en danger de naufrage, reprenant la route que j'avoy' laissée, je veux bien advertir celuy qui entreprendra un grand œuvre, qu'il ne craigne point d'inventer, adopter et composer à l'imitation des Grecs, quelques mots françois, comme Ciceron se vante d'avoir fait en sa langue. Mais si les Grecs et Latins eussent esté superstitieux en cest endroit, qu'auroyent-ils ores de quoy magnifier si hautement ceste copie [2], qui est en leurs langues? Et si Horace permet qu'on puisse en un long poëme dormir quelquefois [3], est-il defendu en ce mesme endroit user de quelques mots nouveaux, mesmes quand la necessité nous y contraint? Nul, s'il n'est vrayement du tout ignare, voire privé de sens commun, ne doute point que les choses n'ayent premierement esté, puis, après, les mots avoir esté inventez pour les signifier : et par consequent aux nouvelles choses estre necessaire imposer nouveaux mots, principalement ès arts, dont l'usage n'est point encore commun et vulgaire, ce qui peut arriver souvent à nostre poëte, auquel sera necessaire emprunter beaucoup de choses non encore traictées en nostre langue. Les ouvriers (à fin que je ne parle des sciences liberales) jusques aux laboureurs mesmes, et toutes sortes de gens mecaniques, ne pourroyent conser-

---

1. Navire était autrefois d'un genre incertain. Ch. Fontaine a critiqué l'emploi du masculin par du Bellay; l'avenir ne lui a pas donné raison.
2. Abondance*.
3. Horace, *Ars poet.*, 359. Notes de M. M.-L.

ver leurs mestiers, s'ils n'usoyent de mots à eux usitez et à nous incogneus. Je suis bien d'opinion que les procureurs et advocats usent de termes propres à leur profession, sans rien innover : mais vouloir oster la liberté à un sçavant homme, qui voudra enrichir sa langue, d'usurper quelquefois des vocables non vulgaires, ce seroit restraindre nostre langage, non encore assez riche, sous une trop¹ plus rigoureuse loy que celle que les Grecs et Romains se sont donnée. Lesquels, combien qu'ils² fussent, sans comparaison, plus que nous copieux et riches, néantmoins ont concedé aux doctes hommes user souvent de mots non accoustumez ès choses non accoustumées. Ne crains doncques, poëte futur, d'innover quelque terme en un long poëme, principalement, avecques modestie toutefois, analogie et jugement de l'oreille, et ne te soucie qui le trouve bon ou mauvais : esperant que la posterité l'approuvera, comme celle qui donne foy aux choses douteuses, lumiere aux obscures, nouveauté aux antiques, usage aux non accoutumées, et douceur aux aspres et rudes. Entre autres choses se garde bien nostre poëte d'user de noms propres latins ou grecs, chose vrayement aussi absurde, que si tu appliquois une piece de velours vert à une robe de velours rouge. Mais seroit-ce pas une chose bien plaisante, user en un ouvrage latin d'un nom propre d'homme, ou d'autre chose, en françois? Comme *Jan currit, Loyre fluit*, et autres semblables. Accommode doncques tels noms propres de quelque langue que ce soit à l'usage de ton vulgaire : suyvant les Latins, qui pour Ἡρακλῆς ont dit *Hercules*, pour Θησεύς *Theseus* : et dy Hercule, Thesée, Achille, Ulysse, Virgile, Ciceron, Horace. Tu dois pourtant user en cela de jugement et discretion : car il y a beaucoup de tels noms qui ne se peuvent approprier en françois, les uns monosyllabes, comme Mars : les autres dissyllabes comme Venus : aucuns de plusieurs syllabes, comme Jupiter, si tu ne voulois

---

1. Beaucoup*.   2. Bien qu'ils*.

dire Jove : et autres infinis, dont ne te sçauroy' bailler certaine regle. Parquoy je renvoye tout au jugement de ton oreille. Quant au reste, use de mots purement françois, non toutefois trop communs, non point aussi trop inusitez, si tu ne voulois quelquefois usurper, et quasi comme enchasser ainsi qu'une pierre precieuse et rare, quelques mots antiques en ton poëme, à l'exemple de Virgile, qui a usé de ce mot *olli* pour *illi*, *aulai* pour *auiæ*, et autres. Pour ce faire te faudroit voir tous ces vieux romans et poëtes françois, où tu trouveras un *ajourner* [1], pour *faire jour*, que les praticiens se sont fait propre : *anuicter* [2] pour *faire nuict* : *assener* [3] pour *frapper où on visoit*, et proprement d'un coup de main : *isnel* [4], pour *leger* : et mille autres bons mots, que nous avons perdus par nostre negligence. Ne doute point que le moderé usage de tels vocables ne donne grande majesté tant au vers, comme à la prose : ainsi que font les reliques des saints aux croix, et autres sacrez joyaux dediez au temple.

CHAPITRE VII

DE LA RYTHME ET DES VERS SANS RYTHME

Quant à la rythme [5], je suis bien d'opinion qu'elle soit riche, pource qu'elle nous est ce qu'est la quantité aux

1. Signification perdue, ce qui est regrettable (L., hist. et étym.); usité encore au comm. du xvii° siècle (N. : « Il se commence à adjourner, c'est-à-dire devenir jour. »).
2. Sens perdu de bonne heure (L., hist.; n'est pas dans N.; R. de Perceval).
3. Ce mot s'est conservé.
4. L'usage de ce mot s'est perdu au commencement du xvii° siècle (N. : « Le mot n'est tant usité à présent qu'il estoit par les anciens François, comme il se voit aux anciens romans. Nos poëtes françois en usent encore communément. »)*. B.
5. Rime*. B. (L., hist. de Rhythme et de Rime.).

Grecs et Latins. Et bien que n'ayons cest usage de pieds comme eux, si est-ce que nous avons un certain nombre de syllabes en chacun genre de poëme, par lesquelles, comme par chainons, le vers françois lié et enchaisné est contraint de se rendre en ceste estroite prison de rythme, sous la garde, le plus souvent, d'une coupe feminine, fascheux et rude geolier et incogneu des autres vulgaires. Quand je dy que la rythme doit estre riche, je n'entends qu'elle soit contrainte et semblable à celle d'aucuns, qui pensent avoir fait un grand chef-d'œuvre en françois, quand ils ont rymé un *imminent* et un *eminent*, un *misericordieusement* et un *melodieusement*, et autres de semblable farine, encore qu'il n'y ait sens ou raison qui vaille : mais la rythme de nostre poëte sera volontaire, non forcée : receue, non appellée : propre, non aliene [1] : naturelle, non adoptive : bref, elle sera telle, que le vers tombant en icelle, ne contentera moins l'oreille que une bien amoureuse musique tombante en un bon et parfait accord. Ces equivoques doncques et ces simples, rymez avecques leurs composés, comme un *baisser* et *abaisser*, s'ils ne changent ou augmentent grandement la signification de leurs simples, me soyent chassez bien loing : autrement qui ne voudroit regler sa rythme comme j'ay dit, il vaudroit beaucoup mieux ne rymer point, mais faire des vers libres, comme a fait Petrarque en quelque endroit, et de nostre temps le seigneur Loys Aleman [2], en sa non moins docte que plaisante *Agriculture*. Mais tout ainsi que les peintres et statuaires mettent plus grande industrie à faire beaux et bien proportionnez les corps qui sont nuds, que les autres : aussi faudroit-il bien que ces vers non rymez, fussent bien charnus et nerveux, à fin de compenser, par ce moyen, le defaut de la rythme. Je n'ignore point que quelques uns ont fait une division de rythme, l'une en son, et l'autre en escriture, à cause de ces diphthongues *ai*, *ei*, *oi*, faisant conscience de rymer

---

1. Étrangère*.   2. Poëte italien.

maistre et *prestre*, *fonteines* et *Athenes*, *cognoistre* et *naistre*. Mais je ne veux que nostre poëte regarde si superstitieusement à ces petites choses, et luy doit suffire que les deux dernieres syllabes soyent unissones [1], ce qui arriveroit en la plus grande part, tant en voix qu'en escriture, si l'orthographe françoise n'eust point esté depravée par les praticiens. Et pource que Loys Megret, non moins amplement que doctement, a traicté ceste partie, lecteur, je te renvoye à son livre [2] : et feray fin à ce propos, t'ayant sans plus adverty de ce mot en passant, c'est que tu regardes de rymer les mots manifestement longs avec les brefs, aussi manifestement brefs comme un *passe* et *trace*, un *maistre* et *mestre*, une *chevelure* et *hure*, un *bast* [3] et *bas*, et ainsi des autres.

CHAPITRE VIII

DE CE MOT RYTHME, DE L'INVENTION DES VERS RYMEZ, ET DE QUELQUES AUTRES ANTIQUITÉS USITÉES EN NOSTRE LANGUE.

Tout ce qui tombe sous quelque mesure et jugement de l'oreille (dit Ciceron) en latin s'appelle *Numerus*, en grec ρυθμὸς, non point seulement au vers, mais à l'oraison [4]. Parquoy improprement nos anciens ont astraint le nom du genre sous l'espece, appellant rythme ceste consonance de syllabes à la fin des vers, qui se devroit plus tost nommer ὁμοιοτέλευτον, c'est à dire finissant de mesmes, l'une des especes du rythme. Ainsi les vers, encore qu'ils ne finissent point en un même son, generalement se peuvent appeller rythme : d'autant que la signification de

---

1. Unissonnantes.
2. *Voy.* Livet, *la Grammaire française et les grammairiens du XVIe siècle*, p. 49.
3. Aujourd'hui *bât* et *bas* ont l'*a* long.
4. Cicéron, *de Orat.*, XX. Notes de M. L.-L.

ce mot ῥυθμὸς est fort ample, et emporte beaucoup d'autres termes, comme κανών, μέτρον, μέλος εὔφωνον, ἀκολουθία, τάξις, σύγκρισις, *regle, mesure, melodieuse consonance de voix, consecution, ordre* et *comparaison*. Or quant à l'antiquité de ces vers que nous appellons rymez, et que les autres vulgaires ont empruntez de nous, si on adjoute foy à Jan le Maire de Belges, diligent recercheur de l'antiquité, Bardus V, roy des Gaules, en fut inventeur, et introduisit une secte de poëtes nommez bardes, lesquels chantoient melodieusement leurs rythmes avecques instruments, louant les uns, et blasmant les autres : et estoient (comme tesmoigne Diodore Sicilien en son vi⁰ livre) de si grande estime entre les Gaulois, que si deux armées ennemies estoient prestes à combattre, et lesdits poëtes se missent entre deux, la bataille cessoit, et moderoit chacun son ire. Je pourroy' alleguer assez d'autres antiquités, dont nostre langue aujourd'hui est ennoblie, et qui monstrent les histoires n'estre fausses, qui ont dit les Gaules anciennement avoir esté florissantes, non seulement en armes, mais en toutes sortes de sciences et bonnes lettres. Mais cela requiert bien un œuvre entier : et ne seroit, après tant d'excellentes plumes qui en ont escrit, mesmes de nostre temps, que retistre [1] (comme on dit) la toile de Penelope. Seulement j'ay bien voulu, et ne me semble mal à propos, monstrer l'antiquité de deux choses fort vulgaires en nostre langue, et non moins anciennes entre les Grecs. L'une est ceste inversion de lettres en un propre nom, qui porte quelque devise convenable à la personne, comme en *François de Valoys : de façon suys royal ; Henry de Valoys : roy es de nul hay*. L'autre est en un epigramme, ou quelque autre œuvre poëtique, une certaine election de lettres capitales, disposées en sorte qu'elles portent ou le nom de l'auteur ou quelque sentence. Quant à l'inversion de lettres que les Grecs appellent ἀναγραμματισμὸς, l'interprete de Lycophron dit en sa

---

1. Retisser (L. : Titre ; N.).

vie : en ce temps là florissoit Lycophron, non tant pour la poësie, que pour ce qu'il faisoit des anagrammatismes. Exemple du nom du roy Ptoleméc, Πτολεμαῖος, ἀπὸ μέλιτος, c'est à dire, Emiellé, ou de miel. De la royne Arsinoë, qui fut femme dudit Ptolemée, Ἀρσινόη, Ἥρας ἴον, c'est à dire la violette de Junon. Arthemidore aussi le Stoique a laissé en son livre des Songes un chapitre de l'Anagrammatisme, où il monstre, que par l'inversion des lettres on peut exposer les songes. Quant à la disposition des lettres capitales, Eusebe, au livre de la Preparation Evangelique dit, que la Sibylle Erythrée avait prophetisé de *Jesus-Christ*, proposant à chacun de ses vers certaines lettres, qui declaroyent le dernier advenement de Christ. Lesdites lettres portoient ces mots : *Jesus, Christus, Servator, Crux*. Les vers furent translatez par saint Augustin (et c'est ce qu'on nomme les quinze signes du jugement) lesquels se chantent encore en quelques lieux. Les Grecs appellent ceste preposition de lettres, au commencement des vers, ἀκροστιχίς. Ciceron en parle au livre de Divination, voulant prouver par ceste curieuse diligence que les vers des Sibylles estoient faits par artifices et non par inspiration divine. Ceste mesme antiquité se peut voir en tous les argumens de Plaute, dont chacun en ses lettres capitales porte le nom de la comedie.

CHAPITRE IX

OBSERVATION DE QUELQUES MANIERES DE PARLER FRANÇOIS

J'ai declaré en peu de paroles ce qui n'avait encore esté (que je sçache) touché de nos rhetoriqueurs françois. Quant aux coupes feminines, apostrophes, accens, l'*e* masculin, et l'*e* feminin, et autres telles choses vulgaires, nostre poëte les apprendra de ceux qui en ont escrit.

Quant aux especes de vers qu'ils veulent limiter, elles sont aussi diverses que la fantasie des hommes et que la mesme nature [1]. Quant aux vertus et vices du poëme si diligemment traictés par les anciens, comme Aristote, Horace et après eux Hieronyme Vide; quant aux figures des sentences et des mots, et toutes les autres parties de l'elocution, les lieux de commiseration, de joye, de tristesse, d'ire, d'admiration et autres commotions de l'ame : je n'en parle point, après si grand nombre d'excellents philosophes et orateurs qui en ont traicté, que je veux avoir esté bien leus et releus de nostre poëte, premier qu'il [2] entreprenne quelque haut et excellent ouvrage. Et tout ainsi qu'entre les auteurs latins, les meilleurs sont estimez ceux qui de plus près ont imité les Grecs, je veux aussi que tu t'efforces de rendre, au plus près du naturel que tu pourras, la phrase et maniere de parler latine, en tant que la propriété de l'une et l'autre langue le voudra permettre. Autant te dy-je de la grecque, dont les façons de parler sont fort approchantes de nostre vulgaire [3], ce que mesme on peut cognoistre par les articles incogneus de la langue latine. Use donc hardiment de l'infinitif pour le nom, comme *l'aller, le chanter, le vivre, le mourir :* de l'adjectif substantivé, comme *le liquide des eaux, le vuyde de l'air, le frais des ombres, l'espais des forests, l'enroué des cimballes,* pourveu que telle maniere de parler adjouste quelque grace et vehemence : et non pas, *le chaud du feu, le froid de la glace, le dur du fer,* et leurs semblables : des verbes et participes, qui de leur nature n'ont point d'infinitifs après eux, avec des infinitifs, comme *tremblant de mourir,* et *volant d'y aller,* pour *craignant de mourir,* et *se hastant d'y aller :* des noms pour les adverbes, comme ils combattent *obstinez,* pour *obstinement :* il vole *leger,* pour *legerement :* et mille autres manieres de parler, que tu pourras mieux

---

1. La nature même.
2. Avant qu'il*.
3. C'est la thèse d'Henri Étienne dans son livre *De la conformité du langage françois avec le grec.*

observer par frequente et curieuse lecture, que je ne te les sçauroy' dire. Entre autres choses je t'adverty user souvent de la figure antonomasie, aussi frequente aux anciens poëtes, comme peu usitée, voire incogneue des François. La grace d'elle est quand on designe le nom de quelque chose par ce qui luy est propre, comme *le Pere foudroyant*, pour *Jupiter* : *le Dieu deux fois né*, pour *Bacchus* : *la Vierge chasseresse*, pour *Diane*. Cette figure a beaucoup d'autres especes que tu trouveras chez les rhetoriciens, et a fort bonne grace, principalement aux descriptions, comme : *depuis ceux qui voyent premiers rougir l'aurore, jusques là où Thetis reçoit en ses ondes le fils d'Hyperion*, pour *depuis l'Orient jusques à l'Occident*. Tu en as assez d'autres exemples ès Grecs et Latins, mesmes en ces divines experiences de Virgile, comme du Fleuve glacé, des douze signes du Zodiaque, de Iris, des douze labeurs d'Hercule [1] et autres. Quant aux epithetes, qui sont en nos poëtes françois, la plus grande part ou froids, ou ocieux [2], ou mal à propos, je veux que tu en uses de sorte que sans eux ce que tu dirois seroit beaucoup moindre, comme *la flamme devorante, les soucis mordans, la geinnante sollicitude* : et regarde bien qu'ils soyent convenables, non seulement à leurs substantifs, mais aussi à ce que tu descriras, à fin que tu ne dies [3] *l'eau ondoyante*, quand tu la veux descrire *impetueuse*, ou *la flamme ardente*, quand tu la veux monstrer *languissante*. Tu as Horace entre les Latins fort heureux en ceci, comme en toutes choses. Garde-toy aussi de tomber en un vice commun, mesme aux plus excellens de nostre langue, c'est l'omission des articles. Tu as exemple de ce vice en infinis endroits de ces petites poësies françoises. J'ay quasi oublié un autre defaut bien usité et de très

---

1. Les passages de Virgile auxquels il est fait allusion sont : *Géorg.*, III, 360; I, 231; *Énéide*, V, 606; VIII, 287. Notes de M. M.-L

2. Oiseux (L.).

3. Ancienne forme du subjonctif de dire (L. Burg., II, p. 144; Malherbe, p. 235; N.; Brachet, *Écriv. du* XVIᵉ *siècle*, lex.).

mauvaise grace : c'est quand en la quadrature des vers heroiques la sentence est trop abruptement couppée, comme : sinon que tu en monstres un plus seur. Voilà ce que je te vouloy' dire briefvement de ce que tu dois observer tant au vers comme à certaines manieres de parler, peu ou point encore usitées des François. Il y en a qui fort superstitieusement entremeslent les vers masculins avec les feminins, comme on peut voir aux psalmes traduits par Marot : ce qu'il a observé (comme je croy) à fin que plus facilement on les peust chanter sans varier la musique, pour la diversité des mesures, qui se trouveroyent à la fin des vers. Je trouve cette diligence fort bonne, pourveu que tu n'en faces point de religion, jusques à contraindre ta diction pour observer telles choses. Regarde principalement qu'en ton vers n'y ait rien dur, hiulque[1] ou redondant, que les periodes[2] soyent bien joints, numereux[3], bien remplissans l'oreille : et tels, qu'ils n'excedent point ce terme et but que naturellement nous sentons, soit en lisant ou en escoutant.

CHAPITRE X

DE BIEN PRONONCER LES VERS

Ce lieu ne me semble mal à propos, dire un mot de la prononciation, que les Grecs appellent ὑπόκρισις : à fin que s'il t'advient de reciter quelquefois tes vers, tu les prononces d'un son distinct, non confus, viril, non efféminé, avecques une voix accommodée à toutes les affections que tu voudras exprimer en tes vers. Et certes

---

1. Heurté, *hiulcus ;* je ne trouve pas d'autre exemple à citer. Critiqué par Ch. Fontaine.
2. L'emploi de ce mot au masculin est critiqué, avec juste raison, par Ch. Fontaine.
3. Nombreux, lat. (L., étym.; n'est pas dans N.).

comme icelle prononciation, et geste approprié à la matiere que l'on traicte, voire par le jugement de Demosthene, est le principal de l'orateur [1] : aussi n'est-ce peu de chose que de prononcer ses vers de bonne grace. Veu que la poësie (comme dit Ciceron [2]) a esté inventée par observation de prudence et mesure des oreilles, dont le jugement est très superbe, comme de celles qui repudient toutes choses aspres et rudes, non seulement en composition et structure de mots, mais aussi en modulation de voix. Nous lisons ceste grace de prononcer avoir esté fort excellente en Virgile, et telle qu'un poëte [3] de son temps disoit, que les vers de luy, par luy prononcez, estoyent sonoreux [4] et graves : par autres, flacques [5] et effeminez.

CHAPITRE XI

QUELQUES OBSERVATIONS OUTRE L'ARTIFICE, AVECQUES UNE INVECTIVE CONTRE LES MAUVAIS POËTES FRANÇOIS

Je ne demeureray longuement en ce que s'ensuit, pource que nostre poëte, tel que je le veux, le pourra assez entendre par son bon jugement, sans aucunes traditions de reigles. Du temps donq' et du lieu qu'il faut elire pour la cogitation [6], je ne luy en bailleray autres preceptes, que ceux que son plaisir et sa disposition luy ordonneront. Les uns aiment les fraisches ombres des forests, les clairs ruisselets doucement murmurans parmy les prés ornez et tapissez de verdure. Les autres se delec-

1. Quintilien, XI, III, 6; Cicéron, *De Orat.*, III, 56.
2. Cicéron, *Orat.*, 178. Notes de M. M.-L.
3. Selon un passage perdu de Sénèque rapporté par Donat. Notes de M. M.-L.
4. Sonore (L , étym. de Sonore; N. cite Ronsard).
5. Flasque (L., hist. et étym.; N. donne Flache et Flaque).
6. Usité jusqu'au XVIe s.

tent du secret des chambres et doctes estudes. Il faut s'accommoder à la saison et au lieu. Bien te veux-je advertir de cercher la solitude et le silence amy des Muses, qui aussi (à fin que ne¹ laisses passer ceste fureur divine qui quelquefois agite et eschauffe les esprits poëtiques, et sans laquelle ne faut point que nul espere faire chose qui dure) n'ouvrent jamais la porte de leur sacré cabinet, sinon à ceux qui heurtent rudement. Je ne veux oublier l'emendation², partie certes la plus utile de nos estudes. L'office d'elle est d'adjouster, oster ou muer à loisir ce que ceste premiere impetuosité et ardeur d'escrire n'avoit permis de faire. Pourtant est-il necessaire, à fin que nos escrits, comme enfans nouveaux nez, ne nous flattent, les remettre à part, les revoir souvent, et en la maniere des ours, à force de leicher, leur donner forme et façon de membres, non imitant ces importuns versificateurs nommez des Grecs μουσοπάταγοι³, qui rompent à toutes heures les oreilles des miserables auditeurs par leurs nouveaux poëmes. Il ne faut pourtant y estre trop superstitieux, ou (comme les elephans leurs petis) estre dix ans à enfanter ses vers. Sur tout nous convient avoir quelque sçavant et fidele compaignon, ou un amy bien familier, voire trois ou quatre, qui vueillent et puissent cognoistre nos fautes, et ne craignent point blesser nostre papier avecques les ongles. Encore te veux-je advertir de hanter quelquefois, non seulement les sçavans, mais aussi toutes sortes d'ouvriers et gens mecaniques, comme mariniers, fondeurs, peintres, engraveurs et autres, sçavoir leurs inventions, les noms des matieres, des outils et les termes usitez en leurs arts et metiers, pour tirer de là ces belles comparaisons et vives descriptions de toutes choses. Vous semble point, messieurs, qui estes si ennemis de vostre langue, que nostre poëte ainsi armé puisse

---

1. Suppression du pronom sujet (Brach. *Gram. du XVIe siècle*, p. LIX). La suppr. du pron. de la 3e pers. est beaucoup plus fréqu.

2. Amendement. L'*e* est étym.; Voy. Emendé.

3. Dans Cicéron, *Epist.*, II, 9. Notes de M. M.-L.

sortir à la campaigne¹, et se monstrer sur les rangs, avec les braves scadrons² grecs et romains? Et vous autres si mal equippez, dont l'ignorance a donné le ridicule nom de rymeurs à nostre langue (comme les Latins appellent leurs mauvais poëtes versificateurs) oserez-vous bien ndurer le soleil, la poudre et le dangereux labeur de ce combat? Je suis d'opinion que vous vous retiriez au bagage avecques les pages et laquais, ou bien (car j'ay pitié de vous) sous les frais ombrages, aux somptueux palais des grands seigneurs et cours magnifiques des princes, entre les dames et damoiselles, où vos beaux et mignons escrits, non de plus longue durée que vostre vie, seront receus, admirez et adorez, non point aux doctes estudes³ et riches bibliotheques des sçavans. Que pleust aux Muses, pour le bien que je veux à nostre langue, que vos ineptes œuvres fussent bannis, non seulement de là (comme ils sont) mais de toute la France. Je voudroy' bien qu'à l'exemple de ce grand monarque, qui defendit que nul n'entreprist de le tirer en tableau, sinon Apelle, ou en statue, sinon Lysippe⁴, tous rois et princes amateurs de leur langue defendissent, par edit exprès, à leurs subjects de non mettre en lumiere œuvre aucun, et aux imprimeurs de non l'imprimer, si premierement il n'avoit enduré la lime de quelque sçavant homme, aussi peu adulateur qu'estoit ce Quintilie, dont parle Horace en son art poëtique : où, et en infinis autres endroits dudit Horace, on peut voir les vices des poëtes modernes exprimez si au vif, qu'il semble avoir escrit, non du temps d'Auguste, mais de François et de Henry. Les medecins (dit-il) promettent ce qui appartient aux medecins : les feuvres traictent ce qui appartient aux feuvres : mais nous escrivons ordinairement des poëmes, autant les

1. Se mettre en campagne (L., rem.; cet ex. de du Bellay est la contre-partie).
2. Escadrons*.
3. Cabinets d'étude (L., rem.; Malherbe, p 54).
4. Horace, Épît., II, 1, 239.
Notes de M. M.-L.

indoctes comme les doctes [1]. Voilà pourquoy ne se faut esmerveiller, si beaucoup de sçavans ne daignent aujourd'huy escrire en nostre langue, et si les estrangers ne la prisent comme nous faisons les leurs, d'autant qu'ils voyent en icelle tant de nouveaux auteurs ignorans, ce qui leur fait penser qu'elle n'est capable de plus grand ornement et erudition. O combien je desire voir secher ces printemps, chastier ces petites jeunesses, rabattre ces coups d'essay, tarir ces fontaines, brief, abolir tous ces beaux tiltres assez suffisans pour desgouster tout lecteur sçavant d'en lire d'avantage. Je ne souhaite moins que ces despourveus, ces humbles esperans, ces bannis de lyesse, ces esclaves, ces traverseurs soient renvoyez à la table ronde [2], et ces belles petites devises aux gentils hommes et damoiselles, d'où on les a empruntées. Que diray plus? Je supplie à Phœbus Apollon, que la France, après avoir esté si longuement sterile, grosse de luy, enfante bientost un poëte, dont le luc [3] bien resonant face taire ces enrouées cornemuses, non autrement que les grenouilles, quand on jette une pierre en leurs marais. Et si, nonobstant cela, ceste fievre chaude d'escrire les tourmentoit encore, je leur conseilleroy' ou d'aller prendre medecine en Anticyre, ou, pour le mieux, se remettre l'estude, et sans honte, à l'exemple de Caton qui en sa vieillesse apprit les lettres grecques. Je pense bien qu'en parlant ainsi de nos rymeurs, je sembleray à beaucoup trop mordant et satyrique : mais veritable à ceux qui ont sçavoir et jugement, et qui desirent la santé de nostre langue, où ceste ulcere et chair corrompue de mauvaises poësies est si inveterée, qu'elle ne se peut oster qu'avec le fer et le cautere. Pour conclure ce propos, sçache, lecteur, que celuy sera veritablement le poëte que je cerche

---

1. Horace, *Épît.*, II, 1, 115. Notes de M. M.-L.

2. Dans ce passage, du Bellay fait allusion à différents poëtes et personnages de son temps, Jean le Blond, Sagon, Ch. Fontaine, Fr. Habert, Michel d'Amboise et Jean Bouchet. Notes de M. M.-L.

3. Luth'.

en nostre langue, qui me fera indigner[1], appaiser, esjouir, douloir, aimer, haïr, admirer, estonner : brief, qui tiendra la bride de mes affections, me tournant çà et là à son plaisir. Voyla la vraye pierre de touche où il faut que tu esprouves tous poëmes et en toutes langues. Je m'attends bien qu'il s'en trouvera beaucoup de ceux qui ne trouvent rien bon, sinon ce qu'ils entendent et pensent pouvoir imiter, auxquels nostre poëte ne sera pas agréable : qui diront qu'il n'y a aucun plaisir, et moins de profit à lire tels escrits, que ce ne sont que fictions poëtiques, que Marot n'a point ainsi escrit. A tels, pour ce qu'ils n'entendent la poësie que de nom, je ne suis deliberé de respondre, produisant pour defense tant d'excellens ouvrages poëtiques grecs, latins et italiens, aussi alienes[2] de ce genre d'escrire, qu'ils approuvent tant, comme ils sont eux mesmes elongnés de toute bonne erudition. Seulement veux-je admonester celuy qui aspire à une gloire non vulgaire, s'elongner de ces ineptes admirateurs, fuir ce peuple ignorant, peuple ennemy de tout rare et antique sçavoir : se contenter de peu de lecteurs à l'exemple de celuy, qui pour tous auditeurs ne demandoit que Platon : et d'Horace, qui veut ses œuvres estre leus de trois ou quatre seulement[3], entre lesquels est Auguste[4]. Tu as, lecteur, mon jugement de nostre poëte françois, lequel tu suyvras, si tu le trouves bon, ou te tiendras au tien, si tu en as quelque autre. Car je n'ignore point combien les jugemens des hommes sont divers, comme en toutes choses, principalement en la poësie, laquelle est comme une peinture et non moins qu'elle subjecte à l'opinion du vulgaire. Le principal but où je vise, c'est la defense de nostre langue, l'ornement et amplification d'icelle, en quoy si je n'ay grandement sou-

---

1. Sur l'ellipse du pronom personnel après *faire*, voy. Godefroy, *Lex. de Corneille*, II, p. 186.
2. Éloignés*.
3. *Sat.*, I, x, 73. Notes de M. M.-L.
4. Non pas Auguste, mais Octavius, comme l'a observé M. Marty-Lavaux.

lagé l'industrie et labeur de ceux qui aspirent à ceste gloire, ou si du tout je ne leur ay point aidé, pour le moins je penseray avoir beaucoup fait, si je leur ay donné bonne volonté.

CHAPITRE XII

EXHORTATION AUX FRANÇOIS D'ESCRIRE EN LEUR LANGUE, AVEC LES LOUANGES DE LA FRANCE

Doncques, s'il est ainsi que de nostre temps les astres, comme d'un commun accord, ont par une heureuse influence conspiré en l'honneur et accroissement de nostre langue, qui sera celuy des sçavans qui n'y voudra mettre la main, y répandant de tous costés les fleurs et fruicts de ces riches cornes d'abondance grecque et latine? ou à tout le moins qui ne louera et approuvera l'industrie des autres? Mais qui sera celuy qui la voudra blasmer? nul, s'il n'est vrayement ennemi du nom françois. Ce prudent et vertueux Themistocle Athenien monstra bien que la mesme loi naturelle, qui commande à chacun defendre le lieu de sa naissance, nous oblige aussi de garder la dignité de nostre langue, quand il condamna à mort un heraut du roy de Perse, seulement pour avoir employé la langue attique au commandement du barbare [1]. La gloire du peuple romain n'est moindre (comme a dit quelqu'un [2]) en l'amplification de son langage, que de ses limites. Car la plus haute excellence de leur republique, voire du temps d'Auguste, n'estoit assez forte pour se defendre contre l'injure du temps par le moyen de son Capitole, de ses thermes et magnifiques palais, sans le benefice de leur langue, par laquelle seulement nous les

---

1. Plutarque, *Thémist.*, XII, Notes de M. M.-L.

2. Pline, *Hist. nat.*, VIII, 31. Notes de M. M.-L.

louons, nous les admirons, nous les adorons. Sommes-nous doncques moindres que les Grecs ou Romains, qui faisons si peu de cas de la nostre? Je n'ay entrepris de faire comparaison de nous à ceux-là, pour ne faire tort à la vertu françoise, la conferant à la vanité gregeoise : et moins à ceux-cy, pour la trop ennuyeuse longueur que ce seroit de repeter l'origine des deux nations, leurs faits, leurs lois, mœurs et manieres de vivre : les consuls, dictateurs et empereurs de l'une, les roys, ducs et princes de l'autre. Je confesse que la fortune leur ait quelquefois esté plus favorable qu'à nous : mais aussi diray-je bien (sans renouveler les vieilles playes de Rome, et de quelle excellence en quel mespris de tout le monde, par ces forces mesmes elle a esté precipitée) que la France, soit en repos ou en guerre, est de long intervalle à preferer à l'Italie, serve [1] maintenant et mercenaire de ceux auxquels elle souloit commander. Je ne parleray icy de la temperie [2] de l'air, fertilité de la terre, abondance de tous genres de fruicts necessaires pour l'aise et entretien de la vie humaine, et autres innumerables commodités que le ciel, plus prodigalement que liberalement, a elargy [3] à la France. Je ne conteray tant de grosses rivieres, tant de belles forests, tant de villes, non moins opulentes que fortes, et pourveues de toutes munitions de guerre. Finablement [4] je ne parleray de tant de mestiers, arts et sciences qui florissent entre nous, comme la musique, peinture, statuaire, architecture et autres, non gueres moins que jadis entre les Grecs et Romains. Et si pour trouver l'or et l'argent, le fer n'y viole point les sacrées entrailles de nostre antique mere : si les gemmes, les odeurs et autres corruptions de la premiere generosité des hommes n'y sont point cerchées du marchand avare : aussi le tigre enragé, la cruelle semence des lyons, les herbes empoisonneresses et tant d'autres pestes de la vie

---

1. Esclave (L.).
2. Douceur, lat., *temperies*, ital., temperie (Rabelais).
3. Accorder, donner largement*. B.
4. Finalement (L., étym.).

humaine, en sont bien élongnées[1]. Je suis content que ces felicités nous soient communes avecques autres nations, principalement l'Italie : mais quant à la pieté, religion, integrité de mœurs, magnanimité de courages, et toutes ces vertus rares et antiques (qui est la vraye et solide louange) la France a toujours obtenu, sans controverse, le premier lieu. Pourquoy doncques sommes-nous si grands admirateurs d'autruy? pourquoy sommes-nous tant iniques à nous-mesmes? pourquoy mendions-nous les langues estrangeres comme si nous avions honte d'user de la nostre? Caton l'aisné (je dy celuy Caton dont la grave sentence a esté tant de fois approuvée du senat et peuple romain) dit à Posthumie Albin, s'excusant de ce que luy, homme romain, avoit escrit une histoire en grec : Il est vray qu'il eust fallu pardonner, si par le decret des Amphictyoniens tu eusses esté contraint d'escrire en grec[2]. Se mocquant de l'ambitieuse curiosité de celuy qui aimoit mieux escrire en une langue estrangere qu'en la sienne, Horace dit, que Romule en songe l'admonesta, lorsqu'il faisoit des vers grecs, de ne porter du bois en la forest[3] : ce que font ordinairement ceux qui escrivent en grec et en latin. Et quand la gloire seule, non l'amour de la vertu, nous devroit induire aux actes vertueux, si[4] ne voy-je pourtant qu'elle soit moindre à celuy qui est excellent en son vulgaire, qu'à celuy qui n'escrit qu'en grec ou en latin. Vray est que le nom de celuy-cy (pour autant que ces deux langues sont plus fameuses) s'estend en plus de lieux : mais bien souvent, comme la fumée, qui sort grosse au commencement, peu à peu s'evanouit parmy le grand espace de l'air, il se perd, ou pour estre opprimé de l'infinie multitude des autres plus renommez, il demeure quasi en silence et

1. Virgile, *Géorg.*, II, 150. Cf. A. Chénier, *Hymne à la France*, éd. 1872, p. 139.

2. Plutarque, *Apophth. des Rom.*, IX. Notes de M. M.-L.

3. Horace, *Sat.*, I, x, 31. Notes de M. M.-L.

4. Copule affirmative, *sic*, après laquelle l'inversion du sujet est de règle.

obscurité. Mais la gloire de celuy-là, d'autant qu'elle se contient en ses limites, et n'est divisée en tant de lieux que l'autre, est de plus longue durée, comme ayant son siege et demeure certaine. Quand Ciceron et Virgile se mirent à escrire en latin, l'eloquence et la poësie estoient encore en enfance entre les Romains, et au plus haut de leur excellence entre les Grecs. Si doncques ceux que j'ay nommez, dedaignant leur langue, eussent escrit en grec, est-il croyable qu'ils eussent egalé Homere et Demosthenes? Pour le moins n'eussent-ils esté entre les Grecs ce qu'ils sont entre les Latins. Petrarque semblablement, et Boccace, combien qu'ils[1] aient beaucoup escrit en latin, si est-ce[2] que cela n'eust esté suffisant pour leur donner ce grand honneur qu'ils ont acquis, s'ils n'eussent escrit en leur langue. Ce que bien cognoissant maints bons esprits de nostre temps, combien qu'ils eussent jà[3] acquis un bruit[4] non vulgaire entre les Latins, se sont néantmoins convertis à leur langue maternelle, mesmes Italiens, qui ont beaucoup plus grande raison d'adorer la langue latine que nous n'avons. Je me contenteray de nommer ce docte cardinal Pierre Bembe, duquel je doute si oncques homme imita plus curieusement Ciceron, si ce n'est par adventure un Christofle Longueil. Toutefois parce qu'il a escrit en italien, tant en vers comme en prose, il a illustré et sa langue et son nom, trop plus[5] qu'ils n'estoient auparavant. Quelqu'un (peut estre) desja persuadé par les raisons que j'ay alleguées, se convertiroit volontiers à son vulgaire, s'il avoit quelques exemples domestiques. Et je dy, que d'autant s'y doit-il plus tost mettre, pour occuper le premier ce à quoy les autres ont failly. Les larges campaignes grecques et latines sont deja si pleines, que bien peu reste d'espace vuyde. Jà beaucoup d'une course legere ont atteint le but tant desiré. Long temps y a que le pris est gaigné. Mais, ô bon Dieu,

---

1. Bien qu'ils*. B. Cf. Malherbe, p. 248.
2. Voy. p. 61, note 4.
3. Déjà*. R.
4. Renom (L.).
5. Beaucoup plus*.

combien de mer nous reste encore avant que soyons parvenus au port! combien le terme de nostre course est encore loin! Toutefois je te veux bien advertir que tous les sçavans hommes de France n'ont point mesprisé leur vulgaire. Celuy qui fait renaistre Aristophane et feint si bien le nez de Lucian, en porte bon tesmoignage. A ma volonté que beaucoup, en divers genres d'escrire, voulussent faire le semblable, non point s'amuser à desrobber l'escorce de celuy dont je parle, pour en couvrir le bois tout vermoulu de je ne sçay quelles lourderies, si mal plaisantes, qu'il ne faudroit autre recepte pour faire passer l'envie de rire à Democrite. Je ne craindray point d'alleguer encore, pour tous les autres, ces deux lumieres françoises, Guillaume Budé et Lazare de Baïf, dont le premier a escrit, non moins amplement que doctement, l'*Institution du Prince*, œuvre certes assez recommandé par le seul nom de l'ouvrier: l'autre n'a pas seulement traduit l'*Electre* de Sophocle[1] quasi vers pour vers, chose laborieuse, comme entendent ceux qui ont essayé le semblable, mais d'avantage a donné à nostre langue le nom d'*epigrammes* et d'*elegies*, avec ce beau mot composé *aigredoux*, à fin qu'on n'attribue l'honneur de ces choses à quelqu'autre : et de ce que je dy, m'a asseuré un gentil homme mien amy, homme certes non moins digne de foy que de singuliere erudition et jugement non vulgaire. Il me semble (lecteur amy des Muses françoises) qu'après ceux que j'ay nommez, tu ne dois avoir honte d'escrire en ta langue; mais encore dois-tu, si tu es amy de la France, voire de toy-mesme, t'y donner du tout[2], avecques ceste genereuse opinion, qu'il vaut mieux estre un Achille entre les siens, qu'un Diomede, voire bien souvent un Thersite, entre les autres.

1. Voy. l'indication des Œuvres de Lazare de Baïf dans la biographie de Antoine de Baïf.
2. Tout à fait*. R. B.

CONCLUSION DE TOUT L'ŒUVRE

Or sommes-nous, la grace à Dieu, par beaucoup de perils et de flots estrangers, rendus au port, à seureté. Nous avons eschappé du milieu des Grecs, et par les scadrons romains penetré jusques au sein de la tant desirée France. Là doncques, François, marchez courageusement vers ceste superbe cité romaine : et des serves despouilles d'elle (comme vous avez fait plus d'une fois) ornez vos temples et autels. Ne craignez plus ces oyes criardes, ce fier Manlie, et ce traistre Camille, qui, sous ombre de bonne foy, vous surprenne tous nuds, comptans la rançon du Capitole. Donnez en ceste Grece menteresse, et y semez encore un coup la fameuse nation des Gallogrecs. Pillez-moy, sans conscience, les sacrez thresors de ce temple Delphique, ainsi que vous avez fait autrefois : et ne craignez plus ce muet Apollon, ses faux oracles, ny ses flesches rebouchées [1]. Vous souvienne de vostre ancienne Marseille, seconde Athenes, et de vostre Hercule gallique, tirant les peuples après luy par leurs oreilles, avec une chaine attachée à sa langue.

1. Émoussées (L.; N.).

AU LECTEUR

Amy lecteur, tu trouveras estrange, peut estre, de ce que j'ay si bresvement traitté un si fertil et copieux argument comme est l'illustration de nostre poésie françoise, capable certes de plus grand ornement que beaucoup n'estiment. Toutesfois tu dois penser que les arts et sciences n'ont receu leur perfection tout à un coup et d'une mesme main ; ainçois [1] par succession de longues années, chacun y conferant quelque portion de son industrie, sont parvenus au poinct de leur excellence. Recoy donq ce petit ouvrage, comme un dessein et pourtrait de quelque grand et laborieux edifice, que j'entreprendray (possible) de conduire, croissant mon loysir et mon sçavoir : et si je cognoy que la nation françoise ait agréable ce mien bon vouloir (vouloir dy-je), qui aux plus grandes choses a tousjours mérité quelque louange. Quant à l'ortographe, j'ay plus suyvi le commun et antique usage de la raison, d'autant que ceste nouvelle (mais legitime à mon jugement) façon d'escrire est si mal receue en beaucoup de lieux que la nouveauté d'icelle eust peu rendre l'œuvre, non gueres de soy recommandable, mal plaisant, voire contemptible [2], aux lecteurs.

Adieu, amy lecteur.

1. Mais bien plutôt.   2. Digne de mépris.

L'OLIVE[1]

EPISTRE AU LECTEUR

Combien que[2] j'aye passé l'aage de mon enfance et la meilleure part de mon adolescence assez inutilement (lecteur), si est-ce que par je ne scay quelle naturelle inclination j'ay tousjours aimé les bonnes lettres, singulierement nostre poésie françoise, qui vivoy' entre ignorans des langues estrangeres. Depuis, la raison m'a confirmé en ceste opinion : considerant que, si je vouloy' gaigner quelque nom entre les Grecs et Latins, il y faudroit employer le reste de ma vie, et (peut estre) en vain, estant jà coulé de mon aage le temps le plus apte à l'estude, et me trouvant chargé d'affaires domestiques dont le soin est assez suffisant pour desgouster un homme beaucoup plus studieux que moy. Au moyen de quoy, n'ayant où passer le temps, et ne voulant du tout le perdre, je me suis volontiers appliqué à nostre poésie : excité et de mon propre naturel, et par l'exemple de plusieurs gentils esprits françois, mesmes de ma profession, qui ne des-

---

1. La première édition est de 1549. Olive est, dit-on, l'anagramme de Viole, nom de la maîtresse de du Bellay. Voy. la notice biographique.

2. Bien que*.

daignent point manier et l'espée et la plume, contre la fausse persuasion de ceux qui pensent tel exercice des lettres deroger à l'estat de noblesse. Certainement, lecteur, je ne pourroy' et ne voudroy' nier que si j'eusse escrit en grec, ou en latin, ce ne m'eust esté un moyen plus expedient pour acquerir quelque degré entre les doctes hommes de ce royaume; mais il faut que je confesse ce que dit Ciceron en l'oraison pour Murene : *Qui cum citharœdi esse non possent*[1], et ce qui s'ensuit. Considerant encores nostre langue estre bien loin de sa perfection, qui me donnoit espoir de pouvoir avecques mediocre labeur y gaigner quelque rang, sinon entre les premiers, pour le moins entre les seconds, j'ay bien voulu y faire quelque essay de ce peu d'esprit que la nature m'a donné. Voulant doncques enrichir nostre vulgaire d'une nouvelle ou plustost ancienne renouvellée poésie, je m'addonnay à l'imitation des anciens Latins et poëtes italiens, dont j'ay entendu ce que m'en a peu apprendre la communication familiere de mes amis. Ce fut pourquoy, à la persuasion de Jaques Peletier, je choisi le sonnet et l'ode, deux poëmes de ce temps-là (c'est depuis quatre ans) encorés peu usitez entre les nostres : estant le sonnet d'italien devenu françois, comme je croy, par Mellin de Saint-Gelais, et l'ode, quant à son vray et naturel stile, representée en nostre langue par Pierre de Ronsard. Ce que je viens de dire, je l'ay dit encore en quelque autre lieu, s'il m'en souvient; et je te l'ay bien voulu ramentevoir [2] lecteur, à fin que tu ne penses que je me vueille attribuer les inventions à [3] autruy. Or à fin que je retourne à mon premier propos, voulant satisfaire à l'instante requeste de mes plus familiers amis, je m'osay bien advanturer de mettre en lumiere mes petites poésies : après toutesfois les avoir communiquées à ceux que je pensoy' bien estre clair-voyans en telles choses, singu-

---

1. Ceux qui ne peuvent être joueurs de cithare, se font joueurs de flûte.

2. Rappeler à la mémoire*. R. B.

3. A pour de*. R. B.

lierement à Pierre de Ronsard, qui m'y donna plus grande hardiesse que tous les autres : pour la bonne opinion que j'ay tousjours eue de son vif esprit, exacte[1] sçavoir et solide jugement en nostre poésie françoise. Je n'ay pas icy entrepris de respondre à ceux qui me voudroyent blasmer d'avoir precipité l'edition de mes œuvres, et comme on dit avoir trop tost mis la plume au vent. Car, si mes escrits sont bons, ma jeunesse ne leur doit oster leur louange meritée; s'ils ne sont tels, elle doit pour le moins leur servir d'excuse, d'autant que si j'ay fait en cest endroit quelque acte de jeunesse, je n'ay fait sinon ce que je devoy' : pour le moins ce m'est une faute commune avecques beaucoup d'autres meilleurs esprits que le mien. Je ne suis tel, que je vueille blasmer le conseil d'Horace, quant à l'edition des poëmes[2]; mais aussi ne suis-je de l'opinion de ceux qui gardent religieusement leurs escrits, comme sainctes reliques, pour estre publiez après leur mort, sçachant bien que tout ainsi que les morts ne mordent point, aussi ne sentent-ils les morsures. Ceste conscientieuse difficulté, lecteur, n'estoit ce qui me retardoit le plus en la premiere edition de mes escrits. Je craignoy' un autre inconvenient, qui me sembloit avoir beaucoup plus apparente raison de future reprehension : c'est que telle nouveauté de poésie pour le commencement seroit trouvé fort estrange et rude. Au moyen de quoy, voulant prevenir ceste mauvaise opinion, et quasi comme applanir le chemin à ceux qui excitez par mon petit labeur voudroyent enrichir nostre vulgaire de figures et locutions estrangeres : j'ay mis en lumiere ma *Defense et Illustration de la langue françoise*, ne pensant toutesfois au commencement faire plus grand œuvre qu'une epistre et petit advertissement au lecteur. Or, ay-je depuis experimenté ce qu'au paravant j'avoy' assez preveu : c'est que d'un tel œuvre je ne rapporteroy' jamais favorable juge-

---

1. Exact serait-il un néologisme? Il n'a pas d'hist. dans L.; manque dans Palsgr., dans Acc. Rim.; N. n'a que l'adverbe.

2. *Ars poet.*, 386. Notes de M. M.-L.

ment de nos rhetoriqueurs françois, tant pour les raisons assez nouvelles et paradoxes[1] introduites par moy en nostre vulgaire, que pour avoir (ce semble) heurté un peu trop rudement à la porte de nos ineptes rimasseurs[2]. Ce que j'ay fait, lecteur, non pour autre raison, que pour esveiller le trop long silence des cygnes et endormir l'importun croassement des corbeaux. Ne t'esbahis doncques si je ne respons à ceux qui m'ont appellé hardi repreneur, car mon intention ne fut oncques d'autoriser mes petits œuvres[3] par la reprehension de tels galans[4]. Si j'ay particularisé quelques escrits, sans toutesfois toucher aux noms de leurs autheurs, la juste douleur m'y a contrainct, voyant nostre langue, quant à sa naïve proprieté si copieuse et belle, estre souillée de tant de barbares poésies, qui par je ne sçay par quel nostre malheur plaisent communement plus aux aureilles françoises, que les escrits d'antique et solide erudition. Les gentils esprits, mesmes ceux qui suyvent la cour, seule eschole où volontiers on apprent à bien et proprement parler, devroyent vouloir, pour l'enrichissement de nostre langue et pour l'honneur des esprits françois, que tels poëtes barbares, ou fussent fouettez à la cuisine, juste punition de ceux qui abusent de la patience des princes et grans seigneurs par la lecture de leurs ineptes œuvres, ou (si on les vouloit plus doucement traicter) qu'on leur donnast argent pour se taire, suyvant l'exemple du grand Alexandre, qui usa de semblable liberalité en l'endroit de Cherile, poëte ignorant. Certes j'ay grand honte quand je voy le peu d'estime que font les Italiens de nostre poésie, en comparaison de la leur, et ne le trouve beaucoup estrange, quand je considere que volontiers ceux qui escrivent en la langue toscane sont tous personnages de grande erudition : voire jusques aux cardinaux mesmes et autres seigneurs de renom, qui daignent bien prendre la peine d'enrichir

---

1. Adj., paradoxales (L.).
2. Rimailleur (L., ex. de Regnier ; les deux dans N.).
3. Ici au masc.; *voy.* ci-dessus, p. 26.
4. Emploi ironique.

leur vulgaire par une infinité de beaux escrits, usant en cela de la diligence et discretion familiere à ceux qui legerement n'exposent leurs conceptions au public jugement des hommes. Pense doncques je te prie, lecteur, quel pris doivent avoir, en l'endroit de celle [1] tant docte et ingenieuse nation italienne, les escripts d'un petit magister, d'un conard [2], d'un badaut et autres mignons de telle farine, dont les oreilles de nostre peuple sont si abbreuvées, qu'elles ne veulent aujourd'huy recevoir autre chose. Je suis certain que tous lecteurs de bon jugement prendront ce que je dy en bonne part, veu que je ne parle du tout sans raison. Au fort [3], si nos petits rimeurs s'en trouvoyent un peu faschez, je leur conseilleroy' de prendre patience : considerant que je ne suis un Aristarque, ou Aristophane, dont la grave censure doyve oster leurs escrits du rolle de nos poésies, ou retarder leurs auteurs de mieux faire à l'advenir. Ainsi leur mescontentement ne me doit rompre ma deliberation, qui par vœu solennel me suis obligé aux Muses de ne mentir jamais (que je le puisse entendre) ny en vain, ny en poésie. Toutefois je ne veux pas du tout estre juge si severe et incorruptible en matiere de poésie, que je suyve l'heresie de celui qui disoit : *Mitte me in lapicidinas* [4]. Quelques uns se plaignent de quoy je blasme les traductions poétiques en nostre langue, dont ils ne sont (disent-ils) illustrateurs ny gagez ny renommez. Aussi ne suis-je. Mais s'ils n'alleguent autre raison, je n'y feray point de responce. Encores moins à ce qu'ils disent, que j'ay reservé la lecture de mes escripts à une affectée demi-douzaine des plus renommez poëtes de nostre langue. Car je n'avoy' entrepris de faire un cathalogue de tous les autres, mesmes de ceux qui ne m'estoyent cogneus, ny à leurs noms, ny à leurs œuvres. Ceux dont je ne cerche point les applau-

1. Cette*.
2. Ou cornard, sot (L., hist. de Cornard; Roquef.; Rabel.).
3. Au surplus*.
4. Qu'on me ramène aux carrières. Mot connu du poëte Philoxène à Denys l'Ancien, rapporté par Diodore de Sicile.

dissemens ont occasion de gronder. Aussi me plaisent leurs abbois, car je n'en crains gueres les morsures. Je fonde encores (disent-ils) l'immortalité de mon nom sur moindre chose que leurs escripts, dont toutefois ils ne pretendent aucune louange. Ce n'est à eux, ny à moy à juger de nostre cause, qui (Dieu mercy) n'est de telle importance que la court y doyve estre longuement embesongnée. Aussi n'ay-je pas fondé mon advancement sur telles magnifiques comparaisons. Si en mes poésies je me loue quelquefois, ce n'est sans l'imitation des anciens : et en cela je ne pense avoir encores esté si excessif, que j'aye, pour illustrer le mien, offensé l'honneur de personne. Et puis je me vante d'avoir inventé ce que j'ay mot à mot traduit des autres. A peu [1] que je ne leur fay la response que fit Virgile à un quidam Zoïle, qui le reprenoit d'emprunter les vers d'Homere [2]. J'ay (ce me semble) ailleurs assez defendu l'imitation [3]. C'est pourquoy je ne feroy' longue response à cest article. Qui voudroit à ceste ballance examiner les escripts des anciens Romains et des modernes Italiens, leur arrachant toutes ces belles plumes empruntées, dont ils volent si hautement : ils seroyent en hazard d'estre accoustrez en corneille horacienne [4]. Si par la lecture des bons livres je me suis imprimé quelques traits en la fantasie, qui après, venant à exposer mes petites conceptions, selon les occasions qui m'en sont données, me coulent beaucoup plus facilement en la plume qu'ils ne me reviennent en la memoire : doit-on, pour ceste raison, les appellez pièces rapportées ? Encor' diray-je bien que ceux qui ont leu les œuvres de Virgile, d'Ovide, d'Horace, de Petrarque et beaucoup d'autres, que j'ay leus quelquefois assez negligemment, trouveront qu'en mes escripts y a beaucoup plus de naturelle invention, que d'artificielle ou superstitieuse imitation. Quelques-uns, voyans que je finissoy' ou m'efforcoy'

1. Peu s'en faut*. B.
2. *Voy.* la Vie de Virgile, par Donat. Notes de M. M.-L.
3. Voy. la *Déf. de la langue fr.*
4. Horace, *Épit*, I, III, 18. Notes de M. M.-L.

de finir mes sonnets par ceste grace, qu'entre les autres langues s'est faict propre l'epigramme françois, diligence qu'on peut facilement recognoistre aux œuvres de Cassola italien, disent, pour ceste raison, que je l'ay imité, bien que de ce temps-là il ne me fust cogneu seulement de nom, ou Apollon jamais ne me soit en aide. Je ne me suis beaucoup travaillé en mes escripts de ressembler autre que moy-mesme : et si en quelque endroit j'ay usurpé quelques figures et façons de parler à l'imitation des estrangers, aussi n'avoit aucun loy ou privilege de le me defendre. Je dy encor' cecy, lecteur, à fin que tu ne penses que j'aye rien emprunté des nostres, si d'adventure tu venois à rencontrer quelques epithetes, quelques phrases et figures prises des anciens et appropriées à l'usage de nostre vulgaire. Si deux peintres s'efforcent de representer au naturel quelque vif pourtraict, il est impossible qu'ils ne se rencontrent en mesmes traicts et linéamens, ayans mesme exemplaire [1] devant eux. Combien voit-on entre les Latins imitateurs des Grecs, entre les modernes Italiens imitateurs des Latins, de commencemens et de fins de vers, de couleurs et figures poëtiques quasi semblables ? Je ne parle point des orateurs. Ceux qui voudront considerer le style des Ciceroniens ou autres ne trouveront estrange la ressemblance qu'ont ou pourront avoir les poëmes françois, si chacun s'efforce d'escrire par imitation des estrangers. Tous arts et sciences ont leurs termes naturels. Tous mestiers ont leurs propres outils. Toutes langues ont leurs mots et locutions usitées : et qui n'en voudroit user, il se faudroit forger à part nouveaux arts, nouveaux mestiers et nouvelles langues. Ce que j'ay dict, cestuy-cy l'a dict encor', et cestuy-là [2] : aussi les Muses n'ont restraint, ny enfermé en l'esprit de deux ou trois tout ce qui se peut dire de bonne grace en nostre poésie. S'il y a quelques fautes en mes escrits,

---

1. Modele (L.).
2. Voy. A. Chénier, éd. 1872, p. 328, des citations de Montaigne, la Fontaine et la Bruyère.

aussi ne sont tous les autres parfaicts. Ceux qui avec raison me voudront faire ce bien de me reprendre, je mettray peine d'en faire mon profit. Car je ne suis du nombre de ceux qui aiment mieux defendre leurs fautes que les corriger. Mais si quelques-uns directement ou indirectement (comme on dict) me vouloyent taxer, non point avec la raison et modestie accoustumées en toutes honnestes controversies [1] de lettres, mais seulement avec une petite maniere d'irrision [2] et contournement de nez, je les adverty qu'ils n'attendent aucune response de moy : car je ne veux pas faire tant d'honneur à telles bestes masquées, que je les estime seulement dignes de ma cholere. Si quelques-uns vouloyent renouveller la farce de Marot et de Sagon, je ne suis pour les en empescher ; mais il faut qu'ils cerchent autre badin pour jouer ce rolle avecques eux. Voila un petit dessein, lecteur, de ce que je pourroy' bien respondre à mes calomniateurs si je vouloy' prendre la peine de leur tenir plus long propos. Quant à ceux qui blasment en moy ceste estude poétique, comme totalement innutile, s'ils veulent combattre contre la poésie, elle a des armes pour se desfendre : s'ils plaignent l'empeschement de ma promotion, je les remercie de leur bonne volonté. Ceux qui aiment le jeu, les banquets et autres menus plaisirs, qu'ils y passent et le jour et la nuict si bon leur semble. Quant à moy, n'ayant autre passe-temps de plus grand plaisir, je donneray volontiers quelques heures à la poésie. Et combien ce m'est un labeur peu laborieux et coustumier, si ce n'est ou faisant quelque voyage, ou en un lieu qui n'ait autre plus joyeuse occupation, bien l'entendent ceux qui me hantent de familiarité. J'aime la poésie, et me tire bien souvent la Muse (comme dict quelqu'un [3]) furtivement en son œuvre : mais je n'y suis tant affecté [4] que facilement je ne m'en retire, si la fortune me veut presenter quelque chose où

1. Controverse (L., hist.; N.).
2. Moquerie (L., qui ne cite que Cotgrave ; N.).
3. Ovide, *Tristes*, IV, x, 19. Notes de M. M.-L.
4. Appliqué.

avecques plus grand fruict je puisse occuper mon esprit. Je te prie doncques, amy lecteur, me faire ce bien de penser que ma petite Muse, telle qu'elle est, n'est toutefois esclave ou mercenaire comme d'un tas de rimeurs à gages : elle est serve tant seulement de mon plaisir. Je te prie encores ne trouver mauvais cest advertissement, ou t'ennuyer de sa longueur, comme outrepassant les bornes d'une epistre. En recompense de quoy, je te fay present de mon *Olive*, augmentée de plus de la moitié, et d'une *Musagnœomachie*, c'est-à-dire la Guerre des Muses et de l'Ignorance. Ceux qui ne trouvent rien bon, sinon ce qui sort de leur main, y trouveront à mordre en beaucoup de lieux : mesme en cest endroit où je fay mention de quelques sçavans hommes de nostre France. Les uns diront que j'en ay laissé, que je ne devoy' pas oublier ; les autres, que je n'ay pas gardé l'ordre, nommant quelques-uns les derniers, qui meritoyent bien estre au premier rang. Je n'ay qu'une petite response à toutes ces objections frivoles : c'est que mon intention n'estoit alors d'escrire une histoire mais une poésie. Et combien ce genre d'escrire est peu conscientieux en telles choses, je m'en rapporte seulement à ceux qui l'entendent. Mais pourquoy prens-je tant de peine, lecteur, à préoccuper [1] l'excuse de ce qui sera trouvé (peut estre) la moindre faute de mes œuvres ? J'ay toujours estimé la poésie comme un somptueux banquet, où chacun est le bien venu, et n'y force l'on personne de manger d'une viande, ou boire d'un vin s'il n'est à son goust, qui le sera (possible) à celuy d'un autre. C'est encor' la raison pourquoy j'ay si peu curieusement regardé à l'orthographe, la voyant aujourd'huy aussi diverse qu'il y a de sorte d'escrivains [2]. J'approuve et loue grandement les raisons de ceux qui l'ont voulu reformer ; mais voyant que telle nouveauté desplaist autant aux doctes comme aux indoctes, j'aime beaucoup mieux

---

1. Présenter d'avance, prévenir, lat. (L., ex. de Malh. ; N.).

2. Et d'imprimeurs, aurait-il dû ajouter.

louer leur intention que la suyvre : pource que je ne fay pas imprimer mes œuvres en intention qu'ils servent de cornets aux apoticaires, ou qu'on les employe à quelque autre plus vil mestier. Si tu trouves quelques fautes en l'impression tu ne t'en dois prendre à moy, qui m'en suis rapporté à la foy d'autruy : puis le labeur de la correction est tel, singulierement en un œuvre nouveau, que tous les yeux d'Argus ne fourniroyent à voir les fautes qui s'y trouvent.

Adieu, amy lecteur.

SONNETS[1]

D'amour, de grace et de haute valeur
Les feux divins estoyent ceincts, et les cieux
S'estoyent vestus d'un manteau precieux,
A raiz[2] ardents de diverse couleur;
  Tout estoit plein de beauté, de bonheur,
La mer tranquille et le vent gracieux,
Quand celle-là nasquit en ces bas lieux,
Qui a pillé du monde tout l'honneur.
  Ell' print[3] son tein des beaux lis blanchissans,
Son chef de l'or, ses deux levres de roses,
Et du soleil ses yeux resplandissans;
  Le ciel, usant de liberalité,
Mit en l'esprit ses semences encloses;
Son nom des dieux prit l'immortalité.

―∞―

Garde toy bien, ô gracieux Zephire,
D'empestrer[4] l'aile en ces beaux nœuds espars

---

1. Dédiés dans la seconde éd. à la princesse Marguerite.
2. Rayons*. R.
3. Prit*. R.
4. La forme neutre pour la forme réfléchie.

Que çà et là doucement tu depars [1]
Sur ce beau col de marbre et de porphyre.

Si tu t'y prens, plus ne voudra nous rire
Le verd Printemps : ainçois [2] de toutes parts,
Flore, voyant que d'autre amour tu ards [3],
Fera ses fleurs desseicher par grand ire.

Que dy-je las! Zephire n'est-ce point :
C'est toy, Amour, qui voles en ce poinct,
Tout à l'entour, et par dedans ces retz,

Que tu as faits d'art plus laborieux
Que ceux auxquels jadis furent serrez
Ta douce mere et le dieu furieux.

※

Des vents esmeus la rage impetueuse
Un voile noir estendoit par les cieux,
Qui l'orizon jusqu'aux extremes lieux
Rendoit obscur et la mer fluctueuse [4].

De mon soleil la clarté radieuse
Ne daignoit plus apparoistre à mes yeux;
Ains [5] m'annonçoyent les flots audacieux
De tous costez une mort odieuse.

Une peur froide avoit saisi mon ame,
Voyant ma nef en ce mortel danger,
Quand de la mer la fille je reclame.

Lors tout soudain je voy le ciel changer,
Et sortir hors de leurs nubileux [6] voiles
Ces feux jumeaux, mes fatales estoilles.

---

1. Tu partages, tu divises*. R. B.
2. Mais bien plutôt*.
3. Ind. de ardre, brûler*. R. B.
4. Agitée*. R.
5. Mais*. R. B.
6. Nebuleux, *nubilosus* (Roquefort).

O de ma vie à peu près expirée
Le seul filet, yeux, dont l'aveugle archer
A bien sceu mil' et mil' flesches lascher,
Sans qu'il en ait oncq' une en vain tirée ;
 Toute ma force est en vous retirée,
Vers vous je viens ma guarison[1] cercher[2],
Qui pouvez seuls la playe desseicher,
 Que j'ay par vous (ô beaux yeux) endurée.
 Vous estes seuls mon estoille amiable,
Vous pouvez seuls tout l'ennuy terminer,
Ennuy mortel de mon ame offensée.
 Vostre clarté me soit doncq' pitoyable,
Et d'un beau jour vous plaise illuminer
L'obscure nuit de ma triste pensée.

Le fort sommeil, que celeste on doit croire,
Plus doux que miel couloit aux yeux lassez,
Lors que d'amour les plaisirs amassez
Entrent en moy par la porte d'yvoire.
 J'avoy' lié ce col de marbre, voire
Ce sein d'albastre, en mes bras enlassez
Non moins qu'on voit les ormes embrassez
Du sep lascif, au fecond bord de Loyre.
 Amour avoit en mes lasses mouelles
Dardé le trait de ses flammes cruelles,
Et l'ame erroit par ses levres de roses,
 Preste d'aller au fleuve oblivieux[3],
Quand le resveil, de mon aise envieux,
Du doux sommeil a les portes descloses.

1. Voy. Ronsard, p. 209.
2. Chercher*.
3. Qui fait oublier, *obliviosus**.
R. Critiqué par Ch. Fontaine.

Si des beaux yeux, où la beauté se mire,
Voire le ciel, et la nature, et l'art,
Depend le frein, qui en plus d'une part
A son plaisir et m'arreste et me vire,
    Pourquoy sont-ils armez d'orgueil et d'ire?
Pourquoi s'esteint ce doux feu qui en part?
Pourquoy la main, qui le cœur me depart,
Cache ses retz, liens de mon martyre?
    O belle main, ô beaux cheveux dorez,
O clairs flambeaux dignes d'estre adorez,
Par qui je crains, j'espere, je lamente,
    Mon fier destin, et vostre force extreme,
En vous aimant, me commandent que j'aime
L'heureux object du bien qui me tourmente.

    Quand le soleil lave sa teste blonde
En l'Océan, l'humide et noire nuict
Un coy[1] sommeil, un doux repos sans bruit
Espand en l'air, sur la terre et sous l'onde.
    Mais ce repos, qui soulage le monde
De ses travaux, est ce qui plus me nuit,
Et d'astres lors si grand nombre ne luit
Que j'ay d'ennuis et d'angoisse profonde.
    Puis quand le ciel de rougeur se colore,
Ce que je puis de plaisir concevoir
Semble renaistre avec la belle aurore.
    Mais qui me fait tant de bien recevoir?
Le doux espoir que j'ay de bien tost voir
L'autre soleil, qui la terre decore.

---

1. Tranquille. R.

Tout ce qu'ici la nature environne
Plus tost il naist moins longuement il dure :
Le gay printemps s'enrichit de verdure,
Mais peu fleurit l'honneur de sa couronne.
    L'ire du ciel facilement estonne
Les fruits d'esté, qui craignent la froidure :
Contre l'hyver ont l'escorce plus dure
Les fruits tardifs, ornement de l'automne.
    De ton printemps les fleurettes seichées
Seront un jour de leur tige arrachées,
Non la vertu, l'esprit et la raison.
    A ces doux fruicts, en toy meurs [1] devant l'aage,
Ne fait l'esté, ny l'automne dommage,
Ny la rigueur de la froide saison.

    Penser volage et leger comme vent,
Qui or' [2] au ciel, or' en mer, or' en terre,
En un moment cours et recours grand' erre,
Voire au sejour des ombres bien souvent ;
    En quelque part que voises [3] t'eslevant
Ou rabaissant, celle qui me fait guerre,
Celle [4] beauté tousjours devant toy erre,
Et tu la vas d'un leger pied suyvant.
    Pourquoy suis-tu (ô penser trop peu sage)
Ce qui te nuit ? Pourquoy vas-tu sans guide,
Par ce chemin plein d'erreur variable ?
    Si de parler au moins eusses l'usage,
Tu me rendrois de tant de peines vuide,
Toy en repos et elle pitoyable.

1. Mûrs*. R.
2. Tantôt... tantôt.
3. Subj. de aller, correspondant à l'indicatif *vois* (Burg., I, 282; Amp. form., p. 418; L., hist., XIII° s.; Gachet, Gl.; Bart. Chr.).
4. Cette*.

Ores qu'en l'air le grand dieu du tonnerre
Se rue au sein de son espouse amée [1],
Et que de fleurs la nature semée
A fait le ciel amoureux de la terre;
 Or' que des vents le gouverneur desserre [2]
Le doux Zephyre, et la forest armée
Voit par l'espais de sa neufve ramée
Maint libre oiseau, qui de tous costez erre :
 Je vois [3] faisant un cry non entendu
Entre les fleurs du sang amoureux nées,
Pasle, dessoubs l'arbre pasle estendu ;
 Et de son fruit amer me repaissant,
Aux plus beaux jours de mes verdes années
Un triste hyver sens en moy renoissant.

Lequel des dieux fera que je ne sente
L'heureux malheur de l'espoir qui m'attire,
Si le plaisir, subject de mon martire,
Fuyant mes yeux à mon cœur se presente ?
 Quel est le fruict de l'incertaine attente,
Où sans profit si longuement j'aspire ?
Quel est le bien pour qui tant je souspire ?
Quel est le gain du mal qui me contente ?
 Qui guarira la playe de mon cœur ?
Qui tarira de mes larmes la source ?
Qui abbatra le vent de mes souspirs ?
 Monstre le moy, ô celeste vainqueur,
Qui as finy [4] le terme de ma course
Au ciel, où est le but de mes desirs.

1. Aimée (L., hist.).
2. Relâche, *relaxare*. R.
3. Ind. d'aller
4. Borné

Or' que la nuict son char estoilé guide,
Qui le silence et le sommeil rameine,
Me plaist lascher, pour desaigrir ma peine,
Aux pleurs, aux cris et aux souspirs la bride.
  O ciel! ô terre! ô element liquide!
O vents! ô bois! rochers, montaigne et plaine,
Tout lieu desert, tout rivage et fontaine,
Tout lieu remply et toute espace vuide!
  O demy dieux! ô vous, nymphes des bois!
Nymphes des eaux, tous animaux divers,
Si oncq' avez senty quelque amitié,
  Vueillez piteux [1] ouïr ma triste voix,
Puis que ma foy, mon amour et mes vers
N'ont sceu trouver en ma dame pitié.

Qui nombré a, quand l'astre, qui plus luit,
Jà le milieu du bas cercle environne,
Tous ces beaux feux, qui font une couronne
Aux noirs cheveux de la plus claire nuict;
  Et qui a sceu combien de fleurs produit
Le verd printemps, combien de fruicts l'automne,
Et les thresors, que l'Inde riche donne
Au marinier qu'avarice conduit;
  Qui a compté les estincelles vives
D'Ætne ou Vesuve et les flots qui en mer
Heurtent le front des escumeuses rives :
  Celuy encor' d'une, qui tout excelle,
Peut les vertus et beautez estimer,
Et les tourmens que j'ay pour l'amour d'elle.

---

1. Compatissant (L., hist.; Jaubert Gl.).

Divin Ronsard, qui de l'arc à sept cordes
Tiras premier au but de la memoire
Les traicts ailez de la françoise gloire,
Que sur ton luth hautement tu accordes;
 Fameux harpeur et prince de nos odes,
Laisse ton Loir hautain de ta victoire,
Et vien sonner au rivage de Loyre
De tes chansons les plus nouvelles modes[1].
 Enfonce l'arc du vieil thebain archer,
Où nul que toy ne sceut onc encocher
Des doctes sœurs les sagettes[2] divines.
 Porte pour moy parmy le ciel des Gaules
Le saint honneur des nymphes angevines,
Trop pesant fais pour mes foibles espaules.

Allez, mes vers, portez dessus vos ailes
Les saints rameaux de ma plante divine,
Seul ornement de la terre angevine,
Et de mon cœur les vives estincelles.
 De vostre vol les bornes seront telles
Que dès l'aurore, où le soleil decline,
Je voy desja le monde qui s'encline[3]
A la beauté des beautez immortelles.
 Si quelqu'un né sous amoureuse estoille
Daigne esclaircir l'obscur de vostre voile,
Priez qu'Amour luy soit moins rigoureux;
 Mais s'il ne veut ou ne peut concevoir
Ce que je sens, souhaitez luy de voir
L'heureux object qui me fait malheureux.

---

1. Toujours fém. au xvie s. et avant (L., hist. et étym.).
2. Flèches*. R. B.
3. S'incline*. R.

Si le pinceau pouvoit monstrer aux yeux
Ce que le ciel, les dieux et la nature
Ont peint en vous, plus vivante peinture
Ne virent oncq' de Grece les ayeux.

 Toy doncq' amant, dont l'œil trop curieux
Pren seulement des beautez nourriture,
Fiche ta veue en ceste pourtraiture,
Dont la beauté plairoit aux plus beaux dieux.

 Mais si la vive et immortelle image
Ne te desplait, seule qui le dommage
De maladie ou du temps ne doit craindre :

 Voy ses escripts, oy son divin sçavoir,
Qui mieux au vif l'esprit te fera voir
Que le visage Apelle n'eust sceu peindre.

Quand la fureur, qui bat les grands coupeaux[1],
Hors de mon cœur l'Olive arrachera,
Avec le chien le loup se couchera,
Fidele garde aux timides troupeaux ;

 Le ciel, qui void avec tant de flambeaux,
Le violent de son cours cessera ;
Le feu sans chaud et sans clarté sera,
Obscur le rond des deux astres plus beaux ;

 Tous animaux changeront de sejour
L'un avec l'autre, et au plus clair du jour
Ressemblera la nuict humide et sombre ;

 Des prez seront semblables les couleurs,
La mer sans eau, et les forests sans ombre,
Et sans odeur les roses et les fleurs.

---

1. Sommets*. R. B. Imité de Virgile, ou de Théocrite.

Vous qui aux bois, aux fleuves, aux campagnes,
A cry, à cor, et à course hastive,
Suyvez des cerfs la trace fugitive,
Avecq' Diane et les nymphes compagnes ;
   Et toy, ô dieu, qui mon rivage bagnes [1],
As-tu point veu une nymphe craintive,
Qui va menant ma liberté captive
Par les sommets des plus hautes montagnes ?
   Helas ! enfans, si le sort malheureux
Vous monstre à nu sa cruelle beauté,
Que telle ardeur longuement ne vous tienne.
   Trop fut celuy [2] chasseur aventureux,
Qui de ses chiens senti la cruauté
Pour avoir veu la chaste Cynthienne.

Desja la nuict en son parc amassoit
Un grand troupeau d'estoilles vagabondes,
Et pour entrer aux cavernes profondes,
Fuyant le jour, ses noirs chevaux chassoit ;
   Desja le ciel aux Indes rougissoit,
Et l'aube encor, de ses tresses tant blondes
Faisant gresler mille perlettes rondes,
De ses thresors les prez enrichissoit ;
   Quand d'occident, comme une estoille vive,
Je vy sortir dessus ta verde rive,
O fleuve mien, une nymphe en riant.
   Alors voyant ceste nouvelle aurore,
Le jour honteux d'un double tein colore
Et l'angevin et l'indique orient.

---

1. Baignes. Contrairement à ce que dit M. Brachet (*Écriv. du XVIe siècle*, p. LXXXI), je crois que la finale *aigne* se prononçait *agne*. Voy. Ronsard, p. 261.
2. Ce*.

Seul et pensif par la deserte plaine
Resvant au bien qui me fait douloureux,
Les longs baisers des colombs [1] amoureux
Par leur plaisir firent croistre ma peine.
 Heureux oiseaux, que vostre vie est pleine
De grand' douceur [2]! ô baisers savoureux!
O moy deux fois et trois fois malheureux,
Qui n'ay plaisir que d'esperance vaine!
 Voyant encor' sur les bords de mon fleuve
Du sep lascif les longs embrassemens
De mes vieux maux je fis nouvelle espreuve.
 Suis-je donc veuf de mes sacrez rameaux?
O vigne heureuse, heureux enlacemens,
O bord heureux, ô bien heureux ormeaux!

Rendez à l'or ceste couleur qui dore
Ces blonds cheveux, rendez mil' autres choses,
A l'orient tant de perles encloses
Et au soleil ces beaux yeux que j'adore.
 Rendez ces mains au blanc yvoire encore;
Ce sein au marbre et ces levres aux roses,
Ces doux souspirs aux fleurettes décloses [3]
Et ce beau teint à la vermeille aurore.
 Rendez aussi à l'Amour tous ses traits,
Et à Venus ses graces et attraits;
Rendez aux cieux leur celeste harmonie.
 Rendez encor ce doux nom à son arbre,
Ou aux rochers rendez ce cœur de marbre
Et aux lions cest' humble felonnie.

---

1. Masc. de colombe (L., hist. et étym.).
2. V. A. Chénier, p. 108.
3. Ouvertes*. R.

Qui a peu voir la matinale rose [1]
D'une liqueur celeste emmiellée,
Quand la rougeur de blanc entremeslée
Sur le naïf de sa branche repose :
Il aura veu incliner toute chose
A sa faveur : le pied ne l'a foulée,
La main encor' ne l'a point violée
Et le trouppeau approcher d'elle n'ose.
Mais si elle est de sa tige arrachée
De son beau tein la fraischeur desseichée
Perd la faveur des hommes et des dieux.
Helas! on veut la mienne devorer
Et je ne puis, que de loin, l'adorer
Par humbles vers (sans fruict) ingenieux.

O que l'enfer estroittement enserre
Cest ennemi du doux repos humain,
De qui premier la sacrilege main
Arracha l'or du ventre de la terre.
Cestuy vrayment mena premier la guerre
Contre le ciel, ce fier, cest inhumain
Tua son pere et son frere germain
Et fut puni justement du tonnerre.
O peste, ô monstre, ô dieu des malefices,
Par toy premier la cohorte des vices
Sortit du creux de la nuict plus profonde [2].
Par toy encor' s'en revola d'ici
L'antique foy et la justice aussi
Avec l'amour, l'autre soleil du monde.

1. Cf. Baïf, p. 173; Catulle, LXII, 39. 2. Comp. pour superl., fréquen dans Rons. et Baïf.

L'OLIVE.

Mais quel hyver seiche la verde souche
Des saincts rameaux, ombrage de ma vie?
Quel marbre encor', marbre pasle d'envie,
Blesmit le tein de la vermeille bouche?
    Mais quelle main, quelle pillarde mouche
Ravit ses fleurs, c'est toy, fievre hardie,
Qui fais languir par une maladie,
Moy en mon ame et madame en sa couche.
    O toy que mere et marastre on appelle
As-tu donc fait une chose si belle
Pour la deffaire? ô Dieu qui n'as point d'yeux,
    Si contre moy la nature conspire,
Voire le ciel, la fortune et les dieux,
Defen au moins l'honneur de ton empire.

    O Cytherée, ô gloire paphienne,
Mere d'amour, vien piteuse [1] à la belle,
Qui le secours de tes graces appelle,
Saincte, pudique et chaste Cyprienne.
    Soustien aussi, vierge tritonienne,
De ton vieux tige [2] une branche nouvelle:
Toy, qui sortis de la saincte cervelle,
Sage Pallas, Minerve athenienne,
    Oyez encor', vous les deux yeux du monde,
L'honneur jumeau de l'isle vagabonde [3],
Le juste dueil de ce cœur gemissant.
    Ainsi [4] la nuict tes baisers favorise,
Chaste Diane! ainsi Parnasse prise,
Docte Phœbus, ton laurier verdissant.

1. Compatissante*.
2. Alors masc*. R. B.
3. Délos.
4. C'est le *sic* des latins.

Esprit divin[1], que la trouppe honorée
Du double mont admire, en t'escoutant,
Cygne nouveau, qui voles en chantant
Du chaud rivage au froid hyperborée :
   Si de ton bruit ma lyre enamourée
Ta gloire encor' ne va point racontant,
J'aime, j'admire et adore pourtant
Le haut voler de ta plume dorée.
   L'Arne superbe adore sur sa rive
Du sainct laurier la branche tousjours vive[2],
Et ta Delie[3] enfle ta Sône lente.
   Mon Loyre aussi demi-dieu par mes vers
Bruslé d'amour estend les bras ouvers
Au tige heureux qu'à ses rives je plante.

Si nostre vie est moins qu'une journée
En l'eternel, si l'an qui fait le tour
Chasse nos jours sans espoir de retour,
Si perissable est toute chose née,
   Que songes-tu[4] mon ame emprisonnée?
Pourquoy te plaist l'obscur de nostre jour,
Si pour voler en un plus clair sejour
Tu as au dos l'aile bien empennée?
   Là est le bien que tout esprit desire,
Là le repos où tout le monde aspire,
Là est l'amour, là le plaisir encore.
   Là, ô mon ame, au plus haut ciel guidée,
Tu y pourras recognoistre l'idée[5]
De la beauté qu'en ce monde j'adore.

---

1. Maurice Scève.
2. La Laure de Pétrarque.
3. Nom de la maîtresse poétique de Maurice Scève.
4. Songer ajoute à l'idée de penser (L.). C'est fort à tort que Ch. Fontaine a critiqué l'emploi de ce mot.
5. Modèle, type (L.; Malh., p. 218; Ronsard, *Am.*, I, XXVI).

OEUVRES POÉTIQUES[1]

LA MUSAGNŒMACHIE[2]

. . . . [192]
  Les scadrons[3] avantureux
Des abeilles fremissantes
Forment leur miel savoureux
De fleurs sans ordre naissantes
Par les plaines verdissantes :
Tel est le vol de mes vers,
Qui portent ces noms divers,
Discourant[4] parmi le monde
D'une trace vagabonde.
Mais rien choisir je ne puis
Au grand thresor, qui m'abonde,
Tant riche-pauvre je suis.
  Le grand visage des cieux,
Quand le char de la nuict erre,
Ne rit avecques tant d'yeux

---

1. Ces *Œuvres poétiques* furent jointes par du Bellay aux diverses éditions de *l'Olive*.
2. Le combat des Muses et de l'Ignorance.
3. Escadron, mot importé d'Italie au xvi⁰ s.; du Bellay a les deux formes (L.; hist.; Brach. Dict.; N. donne Squadron).
4. Courant çà et là, sens propre (L.; N. : « Discourir plusieurs païs. »).

A la face de la terre :
Et l'Inde riche n'enserre
Tant de perles et thresors
Que la France dans son corps
Cache d'enfans poétiques,
Qui en sonnets et cantiques,
Qui en tragiques sanglots
Font revivre les antiques
Au sein de la mort enclos.
 Carle², Heroët, Sainct Gelais,
Les trois favoris des Graces,
L'utile doux Rabelais,
Et toy, Bouju, qui embrasses,
Suyvant les royales traces,
L'heur, la faveur et le nom
De Palas et de Junon ;
Sceve, dont la gloire noue [1]
En la Sône qui te loue,
Docte aux doctes esclarci ;
Salel, que la France advoue
L'autre gloire de Querci
 Peletier laborieux
En tes poétiques œuvres,
Et Martin industrieux,
Qui fidellement desceuvres [3]
L'art des antiques manœuvres [4],
Ne laissez, divins esprits,
Vostre labeur entrepris ;
Voici Maclou, qui accorde
Le fer, le feu, la discorde
D'un pouce non endormi,
Foudroyant dessus sa corde

1. Nage*. R. B.
2. La plus grande gloire est Cl. Marot, né à Cahors dans le Quercy. Cf. l'Épitaphe de Salel, traducteur d'Homère, par Jodelle.
3. Découvres*.
4. Jean-Antoine Martin a traduit l'*Architecture* de Vitruve, celle d'Alberti, etc., et l'*Arcadie* de Sannazar.

L'Anglois, jadis ennemi.
 Venez, l'honneur Loudunois,
Et ceux que mon Loyre prise,
Lyon, et le Masconnois,
Et Tholose bien apprise.
Paris, chef de l'entreprise
Fait son enseigne ondoyer
Pour l'ennemi foudroyer.
Sus donc, divine cohorte,
Qu'on ouvre la double porte
Du mont qui se fend en deux,
Afin que la guerre sorte
Dessus le monstre hideux.
 Je voy luire trois flambeaux,
De Phœbus heureux augure,
Qui tremblent ardens et beaux
Au front de la nuict obscure.
A voir leur belle figure
Je prevoy le grand Baïf
En ces trois encores vif
Sous nostre Dorat, qui dore
Ses vers que Parnasse adore,
Dont l'art bien élabouré
De l'or de Saturne encore
A ce siecle redoré.
 Qui est celuy qui du chef
Heurte le front des estoilles?
Qui les ailes de sa nef
Empenne de riches toiles?
Le vent, mary de ses voiles,
Parmi les flots estrangers
Jusqu'au ventre des dangers
Le hausse, le baisse et brouille.
A voir sa riche depouille,
C'est le Pindare françois,
Qui de Thebe et de la Pouille
Enrichit le Vendomois... [240]

A SALMON MACRIN [1]

SUR LA MORT DE SA GELONIS [2]

Tout ce qui prend naissance
Est perissable aussi :
L'indomptable puissance
Du sort le veut ainsi.
  Les fleurs et la peinture
De la jeune saison
Monstrent de la nature
L'inconstante raison.
  La rose journaliere
Mesure son vermeil
A l'ardente carriere
Du renaissant soleil... [36]
  La constance immuable
De ta douce moitié,
Sa chasteté louable,
Son ardente amitié,
  O Macrin, n'ont eu force
Contre la fiere loy,
Qui a fait le divorce
De ta femme et de toy.
  La mort blesme d'envie,
En la venant saisir
A troublé de ta vie
Le plus heureux plaisir... [48]
  Macrin, ta douce lyre,

1. Jean-Salmon Macrin, poëte latin, né en 1490 et mort en 1557.

2. Guillone Boursault, que le poëte chanta sous le nom de Gelonis.

La mignonne des dieux,
Ne peut surmonter l'ire
Du sort injurieux.
  Il faut que chacun passe
En l'eternelle nuit :
La mort qui nous menasse
Comme l'ombre nous suit.
  Le temps qui tousjours vire,
Riant de nos ennuis,
Bande son arc qui tire
Et nos jours et nos nuits.
  Ses flesches empennées
Des siecles revolus
Emportent nos années
Qui ne retournent [1] plus.
  N'avance donc le terme
De tes jours limitez :
La vertu qui est ferme
Fuit les extremitez.
  Trop et trop tost la Parque
T'envoira prisonnier
Dedans l'avare barque
Du vieillard nautonnier.
  Adonc ira ton ame
Sa moitié retrouver,
Pour ta première flame
Encores esprouver.
  L'amour, ta douce peine,
T'ouvrira le pourpris [2],
Où la mort guide et meine
Les amoureux esprits.
  Là, sous le saint ombrage
Des myrtes verdoyans
S'appaisera l'orage
De tes yeux larmoyans.

---

1. Reviennent*. B.   2. Enclos, jardin*. R. B.

CONTRE LES ENVIEUX POËTES

A P. DE RONSARD

L'or n'est point si precieux,
Si ferme n'est point encore
Le metal audacieux
Qui tous ses freres devore,
Comme un vers qui nous honore.
Les vers sont plus doux que miel,
Les vers sont enfans du ciel.
Heureux qui, par un Homere,
A donté la mort amere!
Heureux qui pour guide ont eu
La louange qui est mere
Et fille de la vertu... [48]
   Peletier[1] me fit premier
Voir l'ode, dont tu es prince,
Ouvrage non coustumier
Aux mains de nostre province.
Le ciel voulut que j'apprinse[2]
A le raboter ainsi,
A toy me joignant aussi,
Qui cheminois par la trace
De nostre commun Horace,
Dont un demon bien apris
Les traits, la douceur, la grace
Grava dedans tes escrits.
   La France n'avoit qui peust,
Que toy, remonter de cordes

---

1. Pelletier du Mans. *Voy.* ci-dessus, p. 68.

2. J'apprisse. Forme encore usitée au comm. du XVII° s.

De la lyre le vieil fust,
Où bravement tu accordes
Les douces thebaines odes ;
Et humblement je chantay
L'Olive, dont je plantay
Les immortelles racines.
Par moy les Graces divines
Ont fait sonner assez bien,
Sur les rives angevines,
Le sonnet italien... [96]

Volez, bien heureux oyseaux,
Messagers de la victoire,
Sur les eternelles eaux
Des filles de la memoire.
Je voy venir la gent noire,
Mille corbeaux envieux,
Qui du bord oblivieux [1],
Et des chauds rivages mores
Ici revolant encores,
Troublent d'un son eclatant
Les nouveaux cygnes qui ores
Par la France vont chantant... [48]

DESCRIPTION DE LA CORNE D'ABONDANCE

PRÉSENTÉE A UNE MOMMERIE

Acheloys cest amoureux fleuve,
Se faisant taureau mugissant,
Contre Hercule au combat se treuve,

---

1. Où l'on trouve l'oubli*.

Mais à son dam ¹ il fit espreuve
De l'ennemy le plus puissant.

De cornes sa teste embellie
De l'une eut le front desarmé.
Les Naiades l'ont recueillie,
Et des plus beaux thresors remplie,
Dont le cours de l'an soit semé.

Là sont les vermeillettes roses,
Des lys la royale blancheur,
Là les œillets, là sont encloses
Mille marguerites decloses ²
A la matinale frescheur.

Là est la pomme colorée,
Là est le citron verdissant,
Là l'olive tant honorée,
Là l'orange jaune dorée,
Là le beau grenad ³ rougissant.

La riche pomme enluminée,
Pris de la plus belle des trois,
De ce cor ⁴ soit exterminée :
Trop dure fut sa destinée,
Qui fut la mort de tant de roys.

Celles par qui la Cyprienne
D'Atalante tarda le cours,
Soient dedans ceste corne mienne ;
Et face Amour qu'il m'en advienne
Contre vous semblable secours.

Ces fleurs je voue à la plus belle,
Mon œil la voit, mon cœur la sent ;
Mais je ne diray le nom d'elle :
Chacune se peut juger telle,
Puis qu'à toutes j'en fay present.

De mille autres icy cachées,

---

1. A son préjudice (L.; N.; Malh., p. 64).
2. Ouvertes*.
3. Grenade; confus. de genre par suite de confus. des mots grenade et grenat.
4. Corne (L.; hist. et étym. de Corne et Cors; Lab. Gl.).

Les champs de Cypre sont fournis :
Pour vous y furent arrachées
Celles qui sont du sang tachées
D'Hyacinth', Narcisse, Adonis.
 Venus qui cognoist vos merites,
En son verger les fit cueillir
Par les mains de ses trois Carites :
Ses faveurs ne sont pas petites,
Vueillez en gré les recueillir.
 La riche corne florissante
Je la compare à vos valeurs :
La fleur des ans est perissante,
Et puis la saison ravissante
Pallist les vermeilles couleurs.
 Les fruicts qui les beautés nourrissent
Ne laissez en l'arbre secher :
Cueillir les faut quand ils meurissent,
Aussi sans meurir ils fletrissent,
S'on¹ les veut trop verds arracher.

AUX DAMES ANGEVINES

 Plume, qui as d'une aile inusitée
Depuis deux ans la France visitée,
Chantant des rois les louanges à gré,
Et l'arbre sainct à Minerve sacré,
Baisse ton vol, razant la fresche rive
Où près d'Angers le cours de Maine arrive.
 Va saluer d'un son melodieux
De mon Anjou les domestiques dieux :
Qui m'ont souvent, de leurs manoirs sauvages,

---

1. Si on*. R. B.

Ouy chanter sur les prochains rivages
Le nom, qu'Amour, de ma force vainqueur,
A erigé pour trophée en mon cœur.
  Ne cerche point la tourbe murmurante
Des professeurs de sagesse ignorante;
Mon nom aussi, par la France loué,
Ne quiert[1] le bruit du palais enroué,
Ne[2] le sourcil trop superbe et severe
Qui le pouvoir des Muses ne revere.
  Le docte dieu qui inspire en mon cœur
Du sainct ruisseau la feconde liqueur,
Mon sort fatal, et mon dieu domestique,
Qui m'a voué au labeur poétique,
Sçachant combien j'y prenois de saveur,
M'ont destiné à plus douce faveur.
  Va, plume, donc voir les troupes divines
Des demi-dieux et nymphes Angevines,
Où je seray (peut être) bien receu,
Par ton moyen, quand la France aura sceu
Que leur haut bruit je fay sonner à Loyre,
Qui ay chanté des grands princes la gloire... [12]
  Les doctes sœurs qui parmi l'univers
Feront voler vostre nom par mes vers,
Tant que vivray, Dames bien fortunées,
Seront par moy pour vous importunées,
Qui feray bien, si j'en veux prendre esmoy,
Vivre deux fois ensemble vous et moy.
  Si vous eussiez de l'onde oblivieuse[3]
Tiré vos noms, que la parque envieuse
Et nos escripts y ont fait devaller[4],
Quel bruit[5] pourroit au vostre s'egaler?
Toute vertu des Graces ignorée
N'est longuement entre nous honorée.

---

1. Ind. tombé en désuétude de quérir (L., rem. et hist.; N., Gr. p. 29; Burg., I, p. 373; Bart. Chr., p. 515).
2. Ni*. R. B.
3. Qui fait oublier*.
4. Descendre*. R. B.
5. Renom*.

Mais maintenant je voy le temps changer,
Qui vous souloit ¹ sous sa force ranger :
Puis que desja commencent à vous plaire
Les doctes vers, vous n'aurez plus affaire,
Pour vos honneurs rendre à jamais vivans,
De mendier la main des escrivans.

3. Avoit coutume *.

VERS LYRIQUES

ET POÉSIES DIVERSES [1]

AU LECTEUR

Je n'ay (lecteur) entremeslé fort superstitieucement les vers masculins avecques les feminins, comme on use en ces vaudevilles et chansons, qui se chantent d'un mesme chant par tous les couplets, craignant de contraindre et geiner ma diction pour l'observation de telle chose. Toutesfois, à fin que tu ne penses que j'aye desdaigné ceste diligence [2], tu trouveras quelques odes, dont les vers sont disposez avecques telle religion...

LES LOUANGES D'ANJOU

AU FLEUVE DE LOYRE

O (de qui la vive course
Prend sa bien heureuse source

---

1. Publiés à la suite de *l'Olive*.   2. Soin, *accurativ*. (L.; N.).

D'une argentine fontaine ;
Qui d'une fuite lointaine,
Te rens au sein fluctueux
De l'Océan monstrueux)
Loyre, hausse ton chef ores [1]
Bien haut et bien haut encores,
Et jette ton œil divin
Sur ce pays Angevin,
Le plus heureux et fertile,
Qu'autre où ton onde distille [2].
Bien d'autres dieux que toy, Pere,
Daignent aimer ce repaire [3]
A qui le ciel fut donneur
De toute grace et bon-heur.

   Cerès, lorsque vagabonde
Alloit querant [4] par le monde
Sa fille dont possesseur
Fut l'infernal ravisseur,
De ses pas sacrez toucha
Ceste terre, et se coucha
Lasse sur ton verd rivage,
Qui luy donna doux bruvage [5].

   Et celuy-là, qui pour mere
Eut la cuisse de son pere,
Le dieu des Indes vainqueur,
Arrosa de sa liqueur
Les monts, les vaulx et campaignes
De ce terroir que tu baignes.

   Regarde, mon fleuve, aussi
Dedans ces forests icy,
Qui leurs chevelures vives
Haussent autour de tes rives,

---

1. Maintenant*.
2. Coule.
3. Lieu où l'on se retire, retraite (L.; N.; le céleste repaire pour le paradis, Rayn., I, Lex. rom., V, p. 86, cité par Gach. Gl.; Jean de Meung, Trés., 981).
4. Part. prés. de querir. Voy. p. 100.
5. Breuvage*. B

Les Faunes aux pieds soudains,
Qui après bisches et dains,
Et cerfs aux testes ramées,
Ont leurs forces animées.
  Regarde tes nymphes belles
A ces demi-dieux rebelles,
Qui à grand course les suyvent,
Et si près d'elles arrivent,
Qu'elles sentent bien souvent
De leurs haleines le vent.
Je voy desja hors d'aleine
Les pauvrettes qui à peine
Pourront atteindre ton cours,
Si tu ne leur fais secours.
Combien (pour les secourir)
De fois t'a-lon [1] veu courir
Tout furieux en la plaine!
Trompant l'espoir et la peine
De l'avare laboureur,
Helas! qui n'eust point d'horreur
Blesser du soc sacrilege
De tes nymphes le college,
College qui se recrée
Dessus ta rive sacrée.
  Nymphes des jardins fertiles,
Hamadryades gentiles [2],
Toy, Priape, qui tant vaulx
Avecq' ta lascive faux,
Palès, qui sur ces rivages
Possedés tant beaux herbages,
Que Flore va tapissant
De mainte fleur d'eux yssant [3],

---

1. Devant *on* l'*l* remplaçait le *t* employé devant les autres voyelles ou diphthongues (Gén. var., p. 107); et *l'on* s'écrivait *lon**. B.
2. L'ancienne langue ne mouillait pas l'*l**. B. Cf. dans Baïf, le *Tabl. de la pron.*, p. 381.
3. Part. prés. de yssir ou mieux issir, sortir (L., hist. et étym. de Issu; N.; Burg., I, p. 353).

Toy, pasteur Amphrysien,
Chacun de vous garde bien
Ses richesses de l'injure
Du chaud et de la froidure.
Ces masses laborieuses,
Que les mains industrieuses
Quasi egalent aux cieux,
Ne sont-elles pas aux dieux?
  Qui voudra donc, loue et chante
Tout ce dont l'Inde se vante,
Sicile la fabuleuse,
Ou bien l'Arabie heureuse.
Quant à moy, tant que ma lyre
Voudra les chansons eslire
Que je luy commanderay,
Mon Anjou je chanteray.
  O mon fleuve paternel,
Quand le dormir eternel
Fera tomber à l'envers
Celuy qui chante ces vers,
Et que par les bras amis
Mon corps bien près sera mis
De quelque fontaine vive,
Non gueres loing de ta rive,
Au moins sur ma froide cendre
Fay quelques larmes descendre,
Et sonne mon bruit fameux
A ton rivage escumeux.
N'oublie le nom de celle,
Qui toute beauté excelle,
Et ce qu'ay pour elle aussi
Chanté sur ce bord icy.

DES MISERES ET FORTUNES HUMAINES

 Bellone seme sang et rage
Parmy les peuples cà et là,
Et chasse à la mort maint courage
De ce fouet[1] tortu qu'elle a.
 Son ame cestuy-ci ottroye[2]
A un venin froid et amer;
Cestuy-là est donné en proye
Aux flots avares de la mer.
 Aucuns d'une main vengeresse
Veulent par la mort esprouver
Si du mal qui tant les oppresse
Pourront la guarison trouver.
 Quelques autres venans de naistre,
Avant qu'ils aillent rencontrant
Ce qui malheureux nous fait estre,
Sortent du monde en y entrant.
 Mercure des mains de la Parque
Prend nos ombres, et les conduit
Au bord, où la fatale barque
Nous passe en l'eternelle nuict... [4]
 Le chemin est large et facile
Pour descendre en l'obscur sejour·
Pluton tient de son domicile
La porte ouverte nuict et jour.
 Là gist l'œuvre, là gist la peine,
Ses pas de l'Orque[3] retirer,
A l'estroit sentier qui nous meine

---

1. Jusqu'au xviie s. on regarda fouet comme ayant deux syllabes (L.; Quich. versif., p. 311).

2. Octroie*. B.

3. L'enfer, *orcus* (Acc. Rim.; Roquef.).

Où tout mortel doit aspirer.
Le nombre est petit de ceux ores
Qui sont les bien aimez des dieux,
Et ceux que la vertu encores
Ardente a eslevez aux cieux... [12]

DE L'INCONSTANCE DES CHOSES

AU SEIGNEUR PIERRE DE RONSARD

Nul, tant qu'il ne meure,
Heureux ne demeure :
Le sort inconstant
Or' se hausse, et ores
S'abbaisse et encores
Au ciel va montant.
La nuict froide et sombre
Couvrant d'obscure ombre
La terre et les cieux,
Aussi doux que miel,
Fait couler du ciel
Le sommeil aux yeux.
Puis le jour luisant
Au labeur duisant[1]
Sa lueur expose,
Et d'un tein divers
Ce grand univers
Tapisse et compose.
Quand l'hyver tremblant,
Les eaux assemblant

---

1. Qui convient, part. du verbe duire'. R. B.

De glace polie,
Des austres [1] puissans,
De dueil gemissans,
La rage deslie.
 La terre, couverte
De sa robbe verte,
Devient triste et nue.
Le vent furieux
Vulturne en tous lieux
Les forests denue.
 Puis la saison gaye
A la terre essaye
Rendre sa verdure,
Qui ne doit durer,
Las, mais endurer
Une autre froidure.
 Ainsi font retour
D'un successif tour
Le jour et la nuict :
Par mesme raison
Chacune saison
L'une l'autre suit.
 Le puéril aage [2],
Lubric et volage,
Au prin-temps ressemble :
L'esté vient après,
Puis l'automne est près,
Puis l'hyver qui tremble.
 O que peu durable
(Chose miserable)
Est l'humaine vie,
Qui, sans voir le jour,
De ce clair sejour
Est souvent ravie !... [72]

1. Des vents austraux, de l'auster.
2. Pron. âge. C'est l'orthographe habituelle de du Bellay.

DU PREMIER JOUR DE L'AN

AU SEIGNEUR BERTRAND BERGIER

Voici le pere au double front,
Le bon Janus, qui renouvelle
Le cours de l'an, qui en un rond
Ameine la saison nouvelle.
    Renouvellons aussi
    Toute vieille pensée
    Et tuons le souci
    De fortune insensée.

Sus donc, que tardons-nous encore ?
Avant que vieillars devenir,
Chassons le soin qui nous devore,
Trop curieux de l'advenir.
    Ce qui viendra demain,
    Jà pensif ne te tienne :
    Les dieux ont en leur main
    Ta fortune et la mienne... [8]

Veux-tu attendre les frimas
De l'hyver qui desja s'appreste
Pour faire de neige un amas
Sur ton menton et sur ta teste ?
    Que tes membres transis,
    Privez de leur verdeur,
    Et les nerfs endurcis
    Tremblent tous de froideur ?... [8]

Mon fils, c'est assez combatu
(Disoit la mere au fort Gregeois) :

Pourquoy ne te resjouis-tu
Avecq' ces filles quelquesfois?
  Les vins, l'amour, consolent
  Le triste cœur de l'homme;
  Les ans legers s'en volent
  Et la mort nous assomme.

Je te souhaitte, pour t'esbatre
Durant ceste morte saison,
Un plaisir, voire trois ou quatre,
Que donne l'amie maison,
  Bon vin en ton celier,
  Beau feu, nuict sans souci,
  Un ami familier
  Et belle amie aussi,

Qui de son lut, qui de sa voix
Endorme souvent tes ennuis,
Qui de son babil quelquefois
Te face moins durer les nuicts,
  Au lit follastre autant
  Que ces chevres lascives
  Lors qu'elles vont broutant
  Sur les herbeuses rives.

DU RETOUR DU PRINTEMPS

A JAN DORAT

De l'hyver la triste froidure
Va sa rigueur adoucissant,
Et des eaux l'escorce tant dure

Au doux Zephyre amollissant [1].
   Les oiseaux par les bois
   Ouvrent à ceste fois
   Leurs gosiers estrecis :
   Et plus sous durs glassons
   Ne sentent les poissons
   Leurs manoirs racourcis.

La froide humeur [2] des monts chenus
Enfle desja le cours des fleuves,
Desja les cheveux sont venus
Aux forests si longuement veuves.
   La terre au ciel riant
   Va son teint variant
   De mainte couleur vive :
   Le ciel, pour luy complaire,
   Orne sa face claire
   De grand'beauté naïve.

Venus ose jà sur la brune
Mener danser, gayes et cointes [3],
Aux pasles rayons de la lune,
Ses Graces aux Nymphes bien jointes [4].
   Maint satyre outrageux
   Par les bois ombrageux,
   Ou du haut d'un rocher
   (Quoy que tout brusle et arde [5]),
   Estonné les regarde,
   Et n'en ose approcher.

   Or' est temps que l'on se couronne
   De l'arbre à Venus consacré,
   Ou que sa teste on environne

---

1. La forme n. pour la forme réfléchie.
2. Eau, *humor*. R. B.
3. Jolies, gracieuses (N.; Roquef.; Palsgr., p. 512; Gach. Gl., p. 95; St Alexis).
4. Horace, *Od.*, I, IV.
5. Ind. prés. de ardre, brûler.

Des fleurs qui viennent de leur gré,
   Qu'on donne au vent aussi
   Cest importun soucy,
   Qui tant nous fait la guerre :
   Que l'on voise [1] sautant,
   Que l'on voise hurlant [2]
   D'un pié libre [3] la terre.

Voy-cy, desja l'esté qui tonne
Chasse le peu durable ver,
L'esté le fructueux autonne,
L'autonne le frileux hyver ;
   Mais les lunes volages
   Ces celestes dommages
   Reparent, et nous hommes,
   Quand descendons aux lieux
   De nos ancestres vieux,
   Ombre et poudre nous sommes.

Pourquoy donc avons-nous envie
Du soing qui les cœurs ronge et fend ?
Le terme bref de nostre vie
Long espoir avoir nous defend.
   Ce que les destinées
   Nous donne de journées
   Estimons que c'est gain.
   Que sais-tu si les dieux
   Ottroyront [4] à tes yeux
   De voir un lendemain ?

Dy à ta lyre qu'elle enfante
Quelques vers, dont le bruit soit tel
Que ta Vienne à jamais se vante
Du nom de Dorat immortel.
   Ce grand tour violent

---

1. Aille*.
2. Heurtant* R.
3. Horace, *Od.*, I, xxxvii.
4. Octroieront*.

De l'an leger-volant
Ravit et jours et mois,
Non les doctes escrits
Qui sont de nos esprits
Les perdurables [1] voix.

AU SEIGNEUR PIERRE DE RONSARD

Chante l'emprise [2] furieuse
Des fiers géans trop devoyez
Et par la main victorieuse
Du pere tonnant foudroyez ;
Ou bien les labeurs envoyez
Par Junon, déesse inhumaine,
A l'invincible enfant d'Alcmène.
Chante les martiaux alarmes [3]
D'un son heroïc et haut stile ;
Chante les amoureuses larmes,
Ou bien le champ gras et fertile,
Ou le clair ruisseau qui distile
Du mont pierreux, ruisseau qui baigne
Prez et spacieuse campaigne.
Chante donc les biens de Cerès
Et de Bacchus les jeux mistiques ;
Chante les sacrées forests,
Séjour des demi-dieux rustiques ;
Chante tous les dieux des antiques,

---

1. Qui dure toujours*. R.
2. Entreprise*. R. B.
3. Du Bellay, comme ses con-temporains, fait ce mot tantôt masc., tantôt fém. (L., hist. et étym.; fém. dans N.).

Pluton, Neptune impetueux
Et les austres[1] tempestueux.
Bref, chante tout ce qu'ont chanté
Homere et Maron tant fameux,
Pindare, Horace tant vanté,
Afin d'estre immortel comme eux,
En despit du dard venimeux
De celle qui ne peut deffaire
Ce qu'un esprit divin sçait faire... [7]
Quant à moy, puis que je n'ay beu,
Comme toy, de l'onde sacrée,
Et puis que songer je n'ay peu
Sur le mont double, comme Ascrée :
C'est bien force que me recrée
Avec Pan, qui sous les ormeaux
Fait resonner les chalumeaux... [14]

DE PORTER LES MISERES

ET LA CALOMNIE

Rien n'est heureux de tous poincts en ce monde ;
L'air et le feu, le ciel, la terre et l'onde
Nous font la guerre, et les justes dieux mesmes
N'ont pardonné à leurs palais supresmes... [36]
O malheureux qui bastit esperance
Sur fondement d'incertaine asseurance !
De tous estats, de tout sexe et tout age
Sollicitude est le propre heritage.
Ell' suit des roys les palais sumptueux.

---

1. Les vents*.

Couvents sacrez, parquets tumultueux.
Le laboureur la porte en sa charrue,
Et du pasteur aux toicts elle se rue.
L'homme de guerre aussi la porte en croupe,
Et le marchand avare dans la poupe.
Rien que vertu ne donte la fortune :
Comme le roc, quand la mer importune
En çà et là contre luy se courrousse,
Rompt les gros flots et de soy les repousse,
O bien heureux qui de rien ne s'estonne,
Et ne pallist, quand le ciel iré [1] tonne !
O bien heureux, que les torches ardentes
Et des trois sœurs les couleuvres pendantes
N'excitent point ! qui n'entrerompt [2] le fruit
De son repos pour quelque petit bruit !
Cest homme-là pour vray jamais ne tremble,
Bien que le ciel à la terre s'assemble :
Et ont les dieux sa forteresse [3] munie
Contre fortune et contre calomnie.
Le ciel vangeur, protecteur d'innocence,
Donne aux pervers souvent longue licence
De nuire aux bons ; puis, contre eux irrité,
Commande au temps, pere de verité,
Descouvrir tout : lors la cause plus forte
Devient soudain la plus foible, de sorte
Que la grandeur de la peine compense
La tardité [4] de la juste vengeance.
Espere, amy, espere, dure, attens
Ceste faveur et du ciel et du temps.
Et quand le ciel n'auroit aucun soucy
De tout cela que nous faisons icy,
Mais bien seroyent toutes humaines choses
Sous le pouvoir de la fortune encloses,

---

1. Irrité.
2. Interrompt*. R.
3. Forteresse, syncope (L., Acc. Rim.; Pougens; Vaugelas, hist.; Burg., I, p. 183). Voy. Nouv. Rem., p. 256).
Baïf, Tabl. de la pron., p. 579.
4. Tardiveté, sync. (L., étym.;

Ne vaut-il mieux (veu qu'elle fait son tour)
Avoir espoir de son heureux retour
Qu'estre tousjours en peur de la ruïne?
Cest air couvert d'une obscure bruïne
S'esclarcira, ces ondes courroussées
Jusques au ciel par l'aquilon poussées
S'appaiseront, et par l'ancre jettée
Au port sera la navire arrestée.
O combien doux sera le souvenir
Des maux passez! Pour donq' là parvenir,
Endure, amy, ces peines douloureuses
Et te reserve aux choses plus heureuses.

DE L'IMMORTALITÉ DES POETES

AU SEIGNEUR BOUJU [1]

Sus, Muse, il faut que l'on s'esveille,
Je veux sonner un chant divin.
Ouvre doncques ta docte oreille,
O Bouju, l'honneur Angevin,
Pour escouter ce que ma lyre accorde
Sus sa plus haute et mieux parlante corde

Cestuy quiert par divers dangers
L'honneur du fer victorieux :
Cestuy-là par flots estrangers
Le soin de l'or laborieux;

---

1. Jacques Bouju, angevin, 1515-1578, auteur de poésies grecques, latines, françaises, dont beaucoup sont restées inédites. — Cette ode est imitée d'Horace, *Odes*, II, xx.

L'un aux clameurs du palais s'estudie,
L'autre le vent de la faveur mendie :

   Mais moy que les Graces cherissent,
   Je hay les biens que l'on adore,
   Je hay les honneurs qui perissent,
   Et le soin qui les cœurs devore :
Rien ne me plait, fors ce qui peut deplaire
Au jugement du rude populaire.

   Les lauriers pris des fronts sçavans
   M'ont jà fait compagnon des dieux :
   Les lascifs satyres suyvans
   Les nymphes des rustiques lieux
Me font aimer, loing des cognus rivages,
La saincte horreur de leurs antres sauvages.

   Par le ciel errer je m'attens
   D'une aile encor non usitée,
   Et ne sera gueres long temps
   La terre par moy habitée.
Plus grand qu'envie, à ces superbes villes
Je laisseray leurs tempestes civiles.

   Je voleray depuis l'Aurore
   Jusqu'à la grand'mère des eaux,
   Et de l'Ours à l'espaule more,
   Le plus blanc de tous les oiseaux.
Je ne craindray, sortant de ce beau jour,
L'espesse nuict du tenebreux sejour.

   De mourir ne suis en esmoy
   Selon la loy du sort humain,
   Car la meilleure part de moy
   Ne craint point la fatale main :
Craigne la mort, la fortune et l'envie,
A qui les dieux n'ont donné qu'une vie.

Arriere tout funebre chant,
Arriere tout marbre et peinture,
Mes cendres ne vont point cerchant
Les vains honneurs de sepulture,
Pour n'estre errant cent ans à l'environ
Des tristes bords de l'avare Acheron.

Mon nom du vil peuple incognu
N'ira sous terre inhonoré;
Les Sœurs du mont deux fois cornu
M'ont de sepulchre decoré
Qui ne craint point les Aquilons puissans,
Ne¹ le long cours des siecles renaissans.

DISCOURS AU ROY

SUR LA POÉSIE

Encores que chacun, sire, volontiers prise
La science qu'il pense avoir la mieux aprise,
Si n'ay-je toutefois jamais beaucoup prisé
L'art où mon naturel m'a plus favorisé,
Fors seulement d'autant que je puis vos louanges
Porter par ce moyen aux nations estranges²,
Et monstrer par ce peu qui peut sortir de moy
Que je ne suis du tout³ inutile à mon roy.
Sire, de vos sujets qui tous à vous se doyvent,
Selon que plus ou moins de graces ils reçoyvent,
Les uns sont employez en une faction⁴,

1. Ni*.
2. Étrangères*.
3. Tout à fait*.
4. Emploi, sens propre.

Les autres en une autre, et chacune action,
Selon qu'elle dessert [1], se doit tenir certaine
De recevoir de vous son loyer ou sa peine.
 Or entre ceux qui ont tant de felicité
Que de faire service à vostre majesté,
Ceux qui sont employez aux affaires belliques
Sont ceux, comme aussi sont tous ministres publiques.
Qui meritent le plus d'estre recompensez,
Et qui auprès de vous sont les plus avancez.
Mais les biens et honneurs que de vostre service
Reçoyvent ceux qui font dignement leur office
Ne doyvent pas suffire à ceux qui sont bien nez,
Et qui, outre les dons desquels ils sont ornez,
Outre vostre faveur et le bruit populaire,
Ont quelque chose en eux par dessus le vulgaire.
Ils attendent encor', pour avoir ce bon heur
De vivre après leur mort, un immortel honneur,
Honneur, le seul loyer qui la vertu guerdonne [2],
Loyer qu'à la vertu la seule Muse donne.
 Car, veu que la nature a d'un si petit cours
A l'homme limité le terme de ses jours,
Pourquoy de tant d'ennuis, de travaux, de traverses,
De voyages lointains et fortunes diverses,
Fol, se priveroit-il de ce peu de plaisir,
S'il n'avoit en son cœur cest honneste desir
D'allonger par vertu le cours de sa memoire
Et gaigner par sa mort une immortelle gloire?
 Ce genereux desir de l'immortalité
Tous l'apportent ici dès leur nativité,
Chacun ou plus ou moins, selon que de nature
Il est favorisé ou de sa nourriture.
Ce qui nous monstre bien que tout on ne meurt pas,
Mais qu'il reste de nous, après nostre trespas,
Je ne sçay quoy plus grand et plus divin encore
Que ce que nous voyons et que la mort devore... [70]

---

1. Mérite (L., étym.). 2. Recompense. R. B.

LE POËTE COURTISAN

Je ne veux point ici du maistre d'Alexandre,
Touchant l'art poétic, les preceptes t'apprendre
Tu n'apprendras de moy comment jouer il faut
Les miseres des rois dessus un eschaffaut :
Je ne t'enseigne l'art de l'humble comœdie
Ni du Méonien la muse plus hardie :
Bref je ne monstre ici d'un vers horacien
Les vices et vertus du poëme ancien :
Je ne depeins aussi le poëte du Vide :
La court[1] est mon auteur, mon exemple et ma guide[2].
Je te veux peindre ici, comme un bon artisan,
De toutes ses couleurs l'Apollon courtisan,
Où la longueur sur tout il convient que je fuye,
Car de tout long ouvrage à la court on s'ennuye.

Celuy donc qui est né (car il se faut tenter[3]
Premier que[4] l'on se vienne à la court presenter)
A ce gentil mestier, il faut que de jeunesse
Aux ruses et façons de la court il se dresse.
Ce precepte est commun, car qui veut s'avancer
A la court, de bonne heure il convient commencer.

Je ne veux que long temps à l'estude il palisse,
Je ne veux que resveur sur le livre il vieillisse,
Fueilletant studieux tous les soirs et matins
Les exemplaires grecs et les autheurs latins.
Ces exercites[5]-là font l'homme peu habile,
Le rendant catarreux, maladif et débile,
Solitaire, fascheux, taciturne et songeard[6],

---

1. Jusqu'au xvii° siècle, ce mot prit régulièrement un *t*; voy. Malherbe, p. 126.
2. Fémin. jusqu'au xvii° siècle*. R.
3. Mettre à l'épreuve, essayer (L., hist.; N.).
4. Avant que*.
5. Exercices (L., hist.).
6. Songeur (L., étym.; N.).

Mais nostre courtisan est beaucoup plus gaillard,
Pour un vers allonger ses ongles il ne ronge¹.
Il ne frappe sa table, il ne resve, il ne songe,
Se brouillant le cerveau de pensemens² divers,
Pour tirer de sa teste un miserable vers,
Qui ne rapporte ingrat qu'une longue risée
Par tout où l'ignorance est plus authorisée.
 Toy donc qui as choisi le chemin le plus court
Pour estre mis au rang des scavans de la court,
Sans mascher le laurier ne³ sans prendre la peine
De songer en Parnasse et boire à la fontaine
Que le cheval volant de son pied fit saillir,
Faisant ce que je di, tu ne pourras faillir.
 Je veux en premier lieu que, sans suivre la trace
(Comme font quelques uns) d'un Pindare et Horace,
Et sans vouloir, comme eux, voler si hautement,
Ton simple naturel tu suives seulement.
Ce procez tant mené, et qui encore dure,
Lequel des deux vaut mieux ou l'art ou la nature⁴,
En matiere de vers, à la court est vuidé :
Car il suffit ici que tu soyes guidé
Par le seul naturel, sans art et sans doctrine,
Fors cest art qui apprend à faire bonne mine.
Car un petit sonnet qui n'a rien que le son,
Un dizain à propos, ou bien une chanson,
Un rondeau bien troussé, avec une ballade
(Du temps qu'elle couroit), vaut mieux qu'une Iliade.
Laisse moy doncques là ces Latins et Gregeois,
Qui ne servent de rien au poëte françois,
Et soit la seule court ton Virgile et Homere,
Puisqu'elle est (comme on dit) des bons esprits la mere.
La court te fournira d'argumens suffisans,
Et seras estimé entre les mieux disans,
Non comme ces resveurs, qui rougissent de honte
Fors entre les sçavans, desquels on ne fait compte.

1. Horace, *Sat.*, 1, x.   3. Ni*.
2. Pensées (L.; N.; J. Gl.).   4. Horace, *Ars*, 408.

Or si les grands seigneurs tu veux gratifier,
Argumens à propos il te faut espier :
Comme quelque victoire ou quelque ville prise,
Quelque nopce et festin, ou bien quelque entreprise
De masque ou de tournoy : avoir force desseins
Desquels à ceste fin tes coffres seront pleins.
Je veux qu'aux grands seigneurs tu donnes des devises,
Je veux que tes chansons en musique soyent mises,
Et à fin que les grands parlent souvent de toy,
Je veux que lon les chante en la chambre du roy.
Un sonnet à propos, un petit epigramme
En faveur d'un grand prince ou de quelque grand' dame,
Ne sera pas mauvais, mais garde toy d'user
De mots durs ou nouveaux, qui puissent amuser
Tant soit peu le lisant : car la douceur du stile
Fait que l'indocte vers aux oreilles distile;
Et ne faut s'enquerir s'il est bien ou mal fait,
Car le vers plus coulant est le vers plus parfait [1].

Quelque nouveau poëte à la court se presente,
Je veux qu'à l'aborder [2] finement on le tente [3] ·
Car, s'il est ignorant, tu sçauras bien choisir
Lieu et temps à propos pour en donner plaisir.
Tu produiras par tout ceste beste, et, en somme,
Aux despens d'un tel sot tu seras gallant homme.
S'il est homme sçavant, il te faut dextrement
Le mener par le nez, le louer sobrement,
Et d'un petit sous-ris et branslement de teste
Devant les grands seigneurs luy faire quelque feste :
Le presenter au Roy, et dire qu'il fait bien
Et qu'il a merité qu'on luy face du bien.
Ainsi tenant tousjours ce pauvre homme sous bride,
Tu te feras valoir, en luy servant de guide;
Et combien que [4] tu sois d'envie espoinçonné [5],
Tu ne seras pour tel toutefois souspçonné.

1. Comp. pour superl.
2. A l'abord, à la première rencontre.
3. Mette à l'épreuve*.
4. Bien que*.
5. Excité*. R.

Je te veux enseigner un autre poinct notable :
Pource que de la court l'eschole c'est la table,
Si tu veux promptement en honneur parvenir,
C'est où plus sagement il te faut maintenir.
Il faut avoir tousjours le petit mot pour rire,
Il faut des lieux communs, qu'à tout propos on tire,
Passer ce qu'on ne sçait et se monstrer sçavant
En ce que lon a leu deux ou trois jours devant.
   Mais qui de grands seigneurs veut acquerir la grace
Il ne faut que les vers seulement il embrasse ;
Il faut d'autres propos son stile desguiser,
Et ne leur faut tousjours des lettres deviser.
Bref, pour estre en cest art des premiers de ton aage,
Si tu veux finement jouer ton personnage,
Entre les courtisans du sçavant tu feras,
Et entre les sçavans courtisan tu seras.
   Pource te faut choisir matiere convenable,
Qui rende son autheur aux lecteurs agréable,
Et qui de leur plaisir t'apporte quelque fruict.
Encores pourras-tu faire courir le bruit
Que si tu n'en avois commandement du prince
Tu ne l'exposerois aux yeux de ta province,
Ains[1] te contenterois de le tenir secret :
Car ce que tu en fais est à ton grand regret.
   Et, à la verité, la ruse coustumiere,
Et la meilleure, c'est rien ne mettre en lumiere :
Ains, jugeant librement des œuvres d'un chacun,
Ne se rendre sujet au jugement d'aucun,
De peur que quelque fol te rende la pareille,
S'il gaigne comme toy des grands princes l'oreille.
   Tel estoit de son temps le premier estimé
Duquel si on eust leu quelque ouvrage imprimé,
Il eust renouvellé (peut estre) la risée
De la montagne enceinte : et sa muse prisée
Si haut au paravant eust perdu (comme on dit)

1 Mais*.

La reputation qu'on luy donne à credit.
Retien doncques ce poinct, et si tu m'en veux croire.
Au jugement commun ne hazarde ta gloire.
Mais, sage, sois content du jugement de ceux
Lesquels trouvent tout bon, auxquels plaire tu veux,
Qui peuvent t'avancer en estats et offices,
Qui peuvent te donner les riches benefices,
Non ce vent populaire et ce frivole bruit
Qui de beaucoup de peine apporte peu de fruict.

Ce faisant, tu tiendras le lieu d'un Aristarque,
Et entre les sçavans seras comme un monarque :
Tu seras bien venu entre les grands seigneurs,
Desquels tu recevras les biens et les honneurs,
Et non la pauvreté, des Muses l'heritage,
Laquelle est à ceux-là reservée en partage,
Qui desdaignant la court, fascheux et malplaisans,
Pour allonger leur gloire accourcissent leurs ans

RECUEIL DE POÉSIE

PRÉSENTÉ A TRÈS ILLUSTRE PRINCESSE

MADAME MARGUERITE, SŒUR UNIQUE DU ROY

PROSPHONEMATIQUE [1]

AU ROY HENRY II [2]

. . . . [30]
Comme la mere au rivage lamente [3],
Rie et fait vœus pour son desiré fils,
Qu'un vent contraire en haute mer tourmente
Outre le terme à son retour prefix :
Paris ainsi languissoit avant l'heure
Qui a mis fin à ta longue demeure.
La grand' Cerès, qui ces murs environne,
A ton passer [4] de beaux espics dorez
Enceint le tour de sa riche couronne,
Et par les champs de jaune colorez
Fait ondoyer sa chevelure blonde

---

1. Salutation, allocution, mot tiré du grec.
2. A son entrée à Paris le 14 juin 1549.
3. Horace, *Odes*, IV, v; Ronsard, p. 255.
4. Inf. pris subst., à ton passage.

Pour honorer le mesme honneur [1] du monde.
  Bacchus aussi orne teste et visage
De nouveau pampre et d'odorantes fleurs :
Prez, monts et plains [2] à ton heureux passage
Vestent habits de diverses couleurs :
Et la forest branslant sa teste armée
Donne le frais de sa neuve ramée.
  Les demi-dieux et nymphes se retirent
Aux plus hauts lieux, pour à l'aise te voir :
Les plus doux vents tant seulement souspirent,
Les ruisselets ne font moins leur devoir
Et les oiseaux à l'envy te saluent
Sur les sommets qui un peu se remuent... [6]
  Qui a peu voir les mousches mesnageres
Sur le prin-temps de leurs manoirs saillir,
Faire un grand bruit et s'en voler legeres,
Puis cà et là l'honneur des champs cueillir :
Celuy a veu les milliers qui se rendent
Dessus les murs et portes, qui t'attendent... [24]
  Seine dormoit au plus creux de ses ondes,
Mais, te sentant de sa rive approcher,
A mis dehors ses belles tresses blondes
Et s'est assise au coupeau [3] d'un rocher.
Ses filles lors, qui à my-corps y nouent [4],
Diversement à l'entour d'elle jouent.
  Marne peignoit ses beaux cheveux liquides,
Qui luy armoyent et l'un et l'autre flanc ;
Oyse au soleil seichoit les siens humides,
Les separant sur son col net et blanc ;
Et de ces joncs, Yonne, que tu portes,
Tu en tissois chapeaux [5] de mille sortes... [30]
  Mere des arts, ta hauteur je salue,
Je vous salue aussi, vous tous les dieux,
Qui avez là vostre demeure esleue

1. L'honneur même*.   4. Nagent*. R. B.
2. Plaines*. B.   5. Guirlandes, couronnes*. P.
3. Sommet*.   B. Malherbe.

Pour y semer les grands thresors des cieux :
Pallas y est, et les Muses sacrées
Sur Seine ont fait leurs rivages Ascrées.
   Comment te peut assez chanter la France,
O grand François, des neuf Sœurs adoré :
Tu as desfait ce vil monstre Ignorance,
Tu as refait le bel aage doré :
Par toy premier au monde est revenue
La belle vierge aux vieux siecles cogneues... [6]
   De ton François, qu'un autre n'eust peu suivre,
En ton Henry à mesme vertu né,
France, tu vois l'excellence revivre,
Dont les hauts dieux rien meilleur n'ont donné,
Ny donneront, bien qu'ils facent renaistre
Sept et sept fois le temps du premier estre... [60]

A MADAME MARGUERITE

D'ESCRIRE EN SA LANGUE

   Quiconque soit, qui s'estudie
En leur langue imiter les vieux,
D'une entreprise trop hardie
Il tente la voye des cieux,
   Croyant en des ailes de cire
Dont Phœbus le peut deplumer.
Et semble, à le voir, qu'il desire
Nouveaux noms donner à la mer[1].
   Il y met de l'eau, ce me semble,
Et pareil (peut estre) encor' est

---

1. Horace, *Odes*, IV, II.

A celuy qui du bois assemble,
Pour le porter en la forest.

Qui suyvra la divine Muse,
Qui tant sceut Achille extoller [1]?
Où est celuy qui tant s'abuse
De cuider [2] encores voler

Où, par regions incogneues,
Le cygne Thebain [3] si souvent
Dessous luy regarde les nues,
Porté sur les ailes du vent?

Qui aura l'haleine assez forte,
Et l'estomac pour entonner
Jusqu'au bout la buccine [4] torte,
Que le Mantuan [5] fit sonner?

Mais où est celuy qui se vante
De ce Calabrois [6] approcher,
Duquel jadis la main sçavante
Sceut la lyre tant bien toucher?

Princesse, je ne veux point suyvre
D'une telle mer les dangers,
Aymant mieux entre les miens vivre,
Que mourir chez les estrangers.

Mieux vaut que les siens l'on precede,
Le nom d'Achille poursuyvant,
Que d'estre ailleurs un Diomede,
Voire un Thersite bien souvent.

Quel siecle esteindra ta memoire,
O Boccace! et quels durs hyvers
Pourront jamais seicher la gloire,
Petrarque, de tes lauriers verds?

Qui verra la vostre muette,
Dante, Bembe, à l'esprit hautain?
Qui fera taire la musette

---

1. Élever, vanter, *extollere* (Roquef.; Rabel.). — Homère.
2. S'imaginer*. R. B.
3. Pindare.
4. Trompette, *Buccina* (N.). Voy. Buccinateur.
5. Virgile.
6. Horace.

Du pasteur néopolitain[1]?
   Le Lot, le Loir, Touvre[2] et Garonne.
A vos bords vous direz le nom
De ceux que la docte couronne
Eternise d'un haut renom :
   Et moy (si la douce folie
Ne me deçoit) je te promets,
Loyre, que ta lyre abolie,
Si je vy, ne sera jamais.
   Marguerite peut donner celle
Qui rendoit les enfers contens,
Et qui bien souvent après elle
Tiroit les chesnes escoutans[3].

CONTRE LES AVARICIEUX

. . . . [22]
   Venus et la forte liqueur
Qui arrache le soin du cœur,
Les viandes élabourées[4],
Avec sauces bien savourées,
Le son du lut, et sur les eaux
Le doux ramage des oiseaux,
N'ostent de l'or la faim sacrée
Au cœur ambitieux ancrée,
Qui jamais ne sent en son œil
Couler l'emmiellé sommeil :
Le doux sommeil plustost habite
La maisonnette humble et petite

---

1. Sannazar.
2. Rivière de l'Angoumois.
3. Celle d'Orphée.
4. Travaillées, préparées*. B.

Du berger où du laboureur,
Que le palais d'un empereur.
 La mer qui est tempestueuse
Par la descente impetueuse
De l'Arcture, ou par le lever
Du Bouc, ne sceut oncques grever
Celuy qui d'assez se contente.
La gresle qui deçoit l'attente
Du vigneron, le champ trompeur,
L'arbre sans fruict ne luy font peur[1] :
Soit que la terre soit bruslée
Du chaut ou par l'hyver gelée,
Pourquoy en auroit-il ennuy,
Puisqu'immortels ainsi que luy
Sont les biens où son cœur il fiche?
Ô l'homme heureux! ô l'homme riche!... [32]

DES CONDITIONS DU VRAY POËTE

 Bouju, celuy que la Muse
D'un bon œil a veu naissant,
De l'espoir qui nous abuse
Son cœur ne va repaissant.
 La faveur ambitieuse
Des grands, volontiers ne suit,
Ny la voix contentieuse
Du palais, qui tousjours bruit.
 Sa vertu n'est incitée
Aux biens que nous admirons,

---

1. Horace, *Odes*, III, 1.

Et la mer sollicitée
N'est point¹ de ses avirons.
 La vieille au visage blesme²
Jamais grever ne le peut,
Qui se tourmente elle-mesme,
Quand tourmenter elle veult.
 Son estoille veut qu'il vive
Tousjours de l'amour ami,
Mais la volupté oisive
Ne l'a oncques endormi.
 Il fuit volontiers la ville,
Il hait en toute saison
La faulse tourbe civile
Ennemie de raison.
 Les superbes Colisées,
Les palais ambitieux
Et les maisons tant prisées
Ne retiennent point ses yeux;
 Mais bien les fontaines vives
Meres des petis ruisseaux
Autour de leurs verdes rives
Encourtinez³ d'arbrisseaux,
 Dont la fraischeur, qui contente
Les bœufs venant du labeur,
De la canicule ardente
Ne sentit oncques la peur.
 Il tarde⁴ le cours des ondes,
Il donne oreilles aux bois,
Et les cavernes profondes
Fait rechanter sous sa voix :
 Voix que ne feront point taire
Les siecles s'entresuyvans,
Voix qui les hommes peut faire
A eux mesmes survivans.

1. N'est point sollicitée.
2. L'envie.
3. Au fig. ombragés'. R. B.
4. Retarde (L.).

Ainsi ton bruit qui s'escarte,
Bouju, tu feras parler ;
Ainsi ta petite Sarte
Au mesme Pau[1] s'egaler.
  O que ma Muse a d'envie
D'ouïr (te suivant de près)
La tienne des bois suivie
Commander à ces forests !
  En leur apprenant sans cesse,
Et à ces rochers icy,
Le nom de nostre Princesse,
Pendant que ma lyre aussi
  Ceste belle Marguerite
Sacre[2] à la posterité,
Et sa vertu, qui merite
Plus d'une immortalité.
  O l'ornement delectable
De Phœbus ! ô le plaisir,
Que Jupiter à la table
Sur tous a voulu choisir !
  Lut, qui esteins la memoire
De mes ennuis, si ces doigts
Ont rencontré quelque gloire,
Tienne estimer tu la dois.
  Où me guidez-vous, pucelles,
Race du pere des dieux,
Où me guidez-vous, les belles,
Et vous, nymphes aux beaux yeux ?
  Fuyez l'ennemi rivage,
Gaignez le voisin rocher :
Je voy de ce bois sauvage
Les satyres approcher.

1. Au Pô même*.   2. Consacre*. R.

A HEROËT

Les Thraces chantent leur Orphée,
La Grece encores se debat
De cil¹ qui du troyen combat
Dressa le superbe trophée.

Thebes encor' est glorieuse
Du lut sur tous le mieux appris,
Qui donne en Olympe le pris
De la palme victorieuse.

Paris, mais bien la France toute,
De Seine oit tous les jours le son
Qui fait de toy mainte chanson
Que nostre siecle heureux escoute.

Heroët, aux vers heroïques
(Sujet vrayment digne du ciel),
Qui en douceur passent le miel
En gravité les fronts stoïques,

Ta Muse, des Graces amie,
La mienne à te louer semond²,
Qui sur le haut du double mont
As erigé l'Académie³.

Si l'on doit croire à Pytagore,
Qui les corps fait réanimer,
On peut, Heroët, estimer
En toy celuy revivre encore

A qui jadis dedans la bouche
Les abeilles alloyent formant

---

1. Celui*. La Bruyère, *Car.*,
XIV : « *Cil* a été dans ses beaux
jours le plus joli mot de la langue française, il est douloureux
pour les poëtes qu'il ait vieilli. »

2. Invite, de semondre (L.; N.;
Roquef.; Burguy, Glos.).

3. Heroet s'est beaucoup inspiré de Platon dans ses poésies
françaises; aussi Du Verdier l'appelle-t-il « l'heureux illustrateur
du haut sens de Platon. »

Le miel, lors qu'il estoit dormant,
Encor' enfant, dedans sa couche... [8]
  Sus, Muses, que l'on environne
Le front sçavant de cestuy-ci,
Qui a bien merité aussi
De vos mains recevoir couronne.
  Vos mains donques la luy composent
Non du victorieux laurier,
Mais du pacifique olivier
Dessous qui les lois se reposent.

ODE PASTORALE

A BERTRAND BERGIER DE MONTEMBEUF, NATIF DE BOICTIERS [1]

POETE BEDONNIQUEBOUFFONNIQUE [2]

Bergers couchez à l'envers,
A l'ombre des saules verds,
Bergers, qui, au près des ondes
Du Clain lentement fuyant,
Arrestez le cours oyant
De ses nymphes vagabondes :
  Desmanchez vos chalumeaux
Et dictes à ces ormeaux,
A ces antres et fontaines :
N'escoutez plus nos chansons,
Ny ces ruisseaux, ny leurs sons,
Enfans des roches hautaines :

---

1. Bergier (1550) est l'auteur du dithyrambe attribué à Ronsard et inséré dans les *Gaités*. Voy. Cl. Binet, *Vie de Ronsard*

2. Poëte champêtre (bedon, tambourin, L.; N.) et bouffon.

Mais oyez le son divin
Du chalumeau poictevin
Renouvellant la memoire
Du pasteur sicilien [1],
Et du grand Italien [2]
La vive et durable gloire.
  N'a gueres [3] nostre berger,
Traversant d'un pié leger
Le dos chenu des montagnes,
Ramena les doctes Sœurs,
Abreuvant de leurs douceurs
Les poictevines campagnes.
  C'est luy, premier des bergers,
Qui, dedaignant les dangers
De l'envieuse ignorance,
A ses vers osta le frein,
Les faisant d'un libre train
Galopper parmy la France.
  Ses vers, de fureur guidez
Comme fleuves debridez,
D'une audacieuse fuyte
Nos campagnes vont foulant;
Mais les ruisseaux vont coulant
Tousjours d'une mesme suyte.
  O qu'ils ont tardé [4] souvent
Et les ondes et le vent,
Quand les nymphes poictevines
Et les dieux aux pieds de bouc
Trepignoient dessous le joug
De ses cadences divines!
  Mais bien les trouppeaux barbus
Oyant des sommets herbus
Ses aubades nompareilles,
Ont faict mille et mille sauts,
Et les plus lourds animaux

1. Théocrite.
2. Le Tasse.
3. Naguères (L., hist.)
4. Retardé *.

En ont chauvi [1] des oreilles.
  Ainsi le grand Thracien [2],
De son lut musicien
Tiroit les pierres oyantes,
Les fleuves esmerveillez,
Et des chesnes oreillez [3]
Les testes en bas ployantes.
  Heureux berger, desormais,
Tu seras pour tout jamais
L'honneur des champs et des prées [4],
L'honneur des petits ruisseaux,
Des bois et des arbrisseaux,
Et des fontaines sacrées,
  Pour sonner si bien tes vers,
Sur les chalumeaux divers,
Dont la douceur esprouvée
Aux oreilles de bon goust
Coule plus doux que le moust
De la premiere cuvée.
  L'amour se nourrit de pleurs,
Et les abeilles de fleurs :
Les prés aiment la rosée
Phœbus ayme les neuf Sœurs,
Et nous aymons les douceurs
Dont ta Muse est arrousée [5].
  Ores, ores il te faut,
Avec un style plus haut,
Pousser la royale plainte
Jusqu'aux oreilles des rois,
Sacrant [6] du pré navarrois
La fleur nouvellement saincte [7].
  Ainsi l'arcadique dieu [8],

1. Bougé des oreilles (L.; Roquef.; Favre, Glos. du Poitou).
2. Orphée.
3. Qui prêtent l'oreille*. R. Cf. Ronsard, p. 525.
4. Prés, au fém*. R.
5. Arrosée ; voy. Rons., p. 55.
6. Consacrant*.
7. La princesse Marguerite.
8. Pan.

favorise en tout lieu,
Et tes brebis camusettes;
Ainsi à toy seulement
Demeure eternellement
L'honneur des vieilles musettes.

DIALOGUE D'UN AMOUREUX ET D'ECHO

Piteuse [1] Echo, qui erres en ce bois,
Respons au son de ma dolente voix.
D'où ay-je peu ce grand mal concevoir,
Qui m'oste ainsi de raison le devoir?
De voir.
Qui est l'auteur de ces maulx avenus?
Venus.
Comment en sont tous mes sens devenus?
Nuds.
Qu'estoy-je avant qu'entrer en ce passage?
Sage.
Et maintenant, que sens-je en mon courage?
Rage.
Qu'est-ce qu'aymer, et s'en plaindre souvent?
Vent.
Que suis-je doncq lors que mon cœur en fend?
Enfant.
Qui est la fin de prison si obscure?
Cure [2].
Dy moy, quelle est celle pour qui j'endure?
Dure.
Sent-elle bien la douleur qui me poingt?
Point.

---

1. _Compatissante_.   2. Souci, *cura*.

O que cela me vient bien mal à poinct.
Me faut-il doncq (ô debile entreprise!)
Lascher ma proye avant que l'avoir prise?
Si vault-il mieux avoir cœur moins hautain
Qu'ainsi languir sous espoir incertain.

AU SEIGNEUR ROBERT DE LA HAYE[1]

POUR ESTRENE

Ores que l'an dispos,
Qui tourne sans repos
Par une mesme trace,
Nous figure en son rond
Du père au double front
Et l'une et l'autre face :
  Amy, pour toy je veux
En poétiques vœux
De la nouvelle année
Le jour solenniser,
A fin d'eterniser
Nostre amour nouveau-née.
  Je t'offriroy les dons,
Qui furent les guerdons[2]
Des plus vaillants de Grece :
Ou l'or malicieux,
Qui tenteroit les yeux
D'une chaste Lucrece :
  Je t'offriroy encor
L'ambitieux thresor,

---

1. Conseiller au parlement.   2. Récompenses*. R. B.

Que le marchand avare
Au plus près du matin
Pille pour son butin
Au rivage barbare.

Mais tant et tant de biens,
Que je desire tiens,
Ne sont en ma puissance :
Et l'avare soucy
N'appauvrit point aussi
Ta riche suffisance.

Si ma main eust acquis
Le savoir tant exquis
D'un Lysippe ou Apelle,
Tu devrois au pinceau,
Au marbre et au ciseau,
Ta louange plus belle.

Je n'oubliroy icy
Ton Sybilet [1] aussi,
Dont le docte artifice
Nous rechante si bien
Du roy mycenien
Le triste sacrifice.

Mais la muse et les dieux
Ne t'ont fait studieux
D'une peinture morte,
Et puis contre le temps
En mes vers tu attens
Une image plus forte.

Mais que dis-je en mes vers ?
Les tiens, qui l'univers
Rempliront de leur gloire,
Sur le marbre des cieux
Engraveront trop mieux [2]
Le vif de ta memoire.

1. Thomas Sibilet (1512-1589), auteur d'un *Art poétique*, imprimé avec l'ouvrage de Ch. Fontaine, et d'une traduction de l'*Iphigénie* d'Euripide.

2. Beaucoup mieux*. R.

Tes phaleuces¹ tant doux
Qui coulent entre nous
Mille graces infuses
De nous sont adorez,
Pour² estre redorez
Du plus fin or des Muses.

Tu vivrois par les sons
De plus hautes chansons,
Si je sçavois eslire
L'inimitable voix,
Que le grand Vandomois³
Accorde sur la lyre.

Quels parfaits artisans
N'ont bien donné dix ans
Au rond⁴ de leur science?
Qui veut ravir le pris
Doit estre bien appris
Par longue experience.

DISCOURS AU ROY

SUR LA TRÊVE DE L'AN 1555

Comme on voit de chasseurs une bande peureuse,
Trouvant du fier lyon la femme⁵ genereuse,
Avecques ses petits, de la frayeur qu'elle a,
Sans passer plus avant, se retirer de là,
Et puis, se rasseurant d'une tremblante audace,

---

1. Vers latins, hendecasyllabes.
2. A cause qu'ils*. R.
3. Ronsard.
4. A la perfection*.
5. Pour femelle (L., 16ᵉ, ex. de Chateaubriant).

S'approcher peu à peu pour luy donner la chasse,
Faire une longue enceinte, et de cris et d'abbois
Ressonner tout autour les antres et les bois :
   Et comme à ce grand bruit la magnanime beste,
Craintive pour les siens, vient à lever la teste,
D'un horrible regard rouant[1] ses yeux ardents,
Et d'un horrible son faisant cracquer ses dents,
S'eslance tout à coup, et du premier encontre[2]
Renverse en foudroyant tout ce qu'elle rencontre,
Desmembre les veneurs, rompt les espieux ferrez
Et deschire en passant les toiles et les rets,
Puis tourne en sa tesniere[3], et sent en son courage
Combattre en mesme temps et l'amour et la rage :
   La rage, qui la poingt d'une juste fureur,
Veut qu'elle emplisse tout et de sang et d'horreur,
Mais l'amour la retient ; et bien que sa nature,
Genereuse de soy, mal-volontiers endure
Qu'on ose de si près sa caverne approcher,
Se contient toutefois au creux de son rocher,
Remasche[4] sa fureur, et quoy qu'elle desire,
Regarde ses petits au milieu de son ire... [52]
   Celuy vraiment celuy est doublement vainqueur,
Vainqueur de son haineux, et de son propre cœur,
Qui peut durant le cours de sa bonne fortune
Suivre de la vertu la trace non commune.
Fascheuse de nature est toute adversité,
Mais trop[5] plus dangereuse est la félicité.
Le cheval furieux ayant le mors pour guide,
Toujours en sa fureur ne dédaigne la bride ;
Le navire[6], agité des vents impetueux,
Ne succombe toujours aux flots tempestueux,
Et le cours du torrent tombant de la montagne

1. Roulant*. R. B.
2. De la première rencontre (L., hist. de A l'encontre ; N. : « Encontre aussy est nom substantif pour rencontre »).
3. Taniere (L., hist.; les deux formes dans N.).
4. Rumine*. R.
5. Beaucoup*.
6. Ex. du masc.; *voy.* p. 44.

S'allente [1] quelquefois au plain [2] de la campagne.
Mais voir un jeune roy heureusement vaillant,
Contre un autre grand roy pour l'honneur bataillant,
Refrener sa fureur, sire, c'est une chose
Qui d'un moindre que vous au pouvoir n'est enclose... [2.]
　Doncques autant de fois qu'en nos vers ou histoires
Nos nepveux reliront vos heureuses victoires.
Ils s'esmerveilleront, et de quelle vertu
Et de quel heur encor' vous aurez combatu
Contre un tel ennemi. Mais autant de fois, sire,
Que vos sujets viendront, je ne dis pas à lire,
Mais sentir la pitié dont vous avez usé,
Sans avoir, inhumain, de leur sang abusé,
Ils vous adoreront, et en chaque province
Serez tenu pour dieu et non pas pour un prince.
On vous tiendra pour dieu, car quelle chose aux dieux
Approche de plus près qu'un roy victorieux,
Un roy sage, constant, fort, magnanime et juste,
Plus humain que Trajan et plus heureux qu'Auguste ? [116]

―∞―

EXECRATION SUR L'ANGLETERRE

　Mânes, Ombres, Esprits, et si l'antiquité
A donné d'austres noms à vostre déité,
Erebe, Phlegeton, Styx, Acheron, Cocyte
Le Chaos et la Nuict, et tout ce qui habite
A la gueule d'enfer, la Rage, la Fureur,
Et tout ce qui est plein d'une eternelle horreur,
A fin que vous mettiez une peur, une fuyte,

---

1. Se modère*. B.　　　　　sur la surface plane de la cam-
2. A la plaine, au plan, c.-à-d.　pagne*.

Et tout ce que la peur traine encor à sa suyte,
Aux Anglois, en leur royne, en tous les ennemis
Qui contre les François en armes se sont mis :
Et à fin que les forts, les villes, les villages,
Les temples, les maisons, les sexes et les aages,
De ceux-là que j'entens, vous soient à ceste fois
Par toutes maudissons[1] et execrables loix
Vouez et consacrez, je les consacre et voue,
Et du vœu que je fais la France m'en advoue.
   Je les consacre donc pour le bien de mon roy,
Pour tous ses alliés, pour la France et pour moy :
A fin que tout le mal, l'orage, la tempeste,
Qui nous peut menacer, tombe dessus leur teste :
Que nous demeurions saufs, nos femmes, nos enfans.
Que nous en retournions vainqueurs et triomphans,
Et chargez de butin, et que nostre victoire
Soit pour jamais sacrée[2] au temple de Memoire :
Qu'Angleterre, et sa royne, et tous ses alliés
Ayant les bras au dos honteusement liez,
Marchent la teste bas prisonniers de mon prince :
Que tributaire soit à jamais leur province[3],
Et regnent à jamais nos enfans et nepveux
Sur les fils de leurs fils et ceux qui naistront d'eux.
   Si vous faites ainsi, Styx, Acheron, Cocyte,
L'Erebe, le Chaos, et tout ce qui habite
A la gueule d'enfer, la Rage, la Fureur,
Et tout ce qui est plein d'une eternelle horreur,
Je vous promets et voue, à la mode romaine,
Immoler trois aigneaux frisez de noire laine.

1. Féminin avec juste raison (Ducange; L., étym.).
2. Consacrée*.
3. Pays*. R.

LA COMPLAINTE DU DESESPERÉ

. . . . [54]
Ainsi que la fleur cueillie
Ou par la bize assaillie
Perd le vermeil de son teint,
En la fleur du plus doux aage
De mon palissant visage
La vive couleur s'esteint.

Une languissante nue
Me sille¹ desja la veue,
Et me souvient en mourant
Des douces rives de Loyre
Que les chansons de ma gloire
Allait jadis murmurant... [12]

Les bleds ayment la rousée²
Dont la plaine est arrousée;
La vigne ayme les chaleurs,
Les abeilles les fleurettes.
Et les vaines amourettes
Les complaintes et les pleurs.

Mais la douleur vehemente,
Qui maintenant me tourmente,
A repoussé loin de moy
Belle fureur insensée,
Pour entrer en ma pensée
Le traict d'un plus juste esmoy... [50]

Qu'ay-je depuis mon enfance,
Sinon toute injuste offense,
Senti de mes plus prochains?
Qui ma jeunesse passée

---

1. Me ferme*. R. B.   2. Rosée, arrosée*. R.

Aux tenebres ont laissée,
Dont ores mes yeux sont pleins.
   Et de puis que l'aage ferme
A touché le premier terme
De mes ans plus vigoureux,
Las ! hélas ! quelle journée
Fut onq' si mal fortunée,
Que mes jours les plus heureux !
   Mes os, mes nerfs et mes veines,
Tesmoins secrets de mes peines,
Et mille soucis cuisans
Avancent de ma vieillesse
Le triste hyver, qui me blesse
Devant l'esté de mes ans... [162]
   Jadis la tourbe sacrée,
Qui sur le Loyr se recrée,
Me daignait bien quelquefois
Guider autour des rivages
Et par les antres sauvages,
Imitateurs de ma voix :
   Mais or' toute espouvantée
Elle fuit d'estre hantée
De moy despit et felon,
Indigne que ma poitrine
Reçoive sous la courtine[1]
Les saints presens d'Apollon... [196]
   Maudite donq' la lumiere
Qui m'esclaira la premiere,
Puis que le ciel rigoureux
Assujettit ma naissance
A l'indontable puissance
D'un astre si malheureux.
   O dieux vengeurs que l'on jure,
Dieux, qui punissez l'injure
D'une rompue amitié,

---

1. Sous l'ombrage*. R. *Voy.* Encourtiné.

Si les devotes prieres
Pour les injustes miseres
Vous esmeuvent à pitié !
   Las ! pourquoy ne se retire
De moy ce cruel martyre,
Si mes innocentes mains,
Pures de sang et rapines,
Ne furent onques inclines[1]
A rompre les droits humains ?... [48]
   Heureuse la créature
Qui a fait sa sepulture
Dans le ventre maternel !
Heureux celuy dont la vie
En sortant s'est veu ravie
Par un sommeil eternel !
   Il n'a senti sur sa teste
L'inevitable tempeste
Dont nous sommes agitez,
Mais asseuré du naufrage
De bien loin sur le rivage
A veu les flots irritez.
   Sus, mon ami, tourne arriere,
Et borne ici la carriere
De tes ingrates douleurs,
Il est temps de faire espreuve
Si après la mort on treuve
La fin de tant de malheurs... [18]

---

1. Enclin, *inclinis*.

A PHŒBUS

O race Latonienne,
Saincte clarté Delienne,
Dieu en Cyrene adoré,
A qui pendent en echarpe
Et le carquois et la harpe,
Apollon au crin doré,
   Pere, ne mets en arriere
Le souspir de ma priere,
Puis que tes saintes douceurs,
M'allectant des mon enfance,
M'ont fait nommer par la France
Le nourrisson des neuf Sœurs.
   Tu sçais toutes medecines,
Herbes, plantes et racines,
Qui chassent le mal des corps :
Tu sçais toutes les sciences,
Les arts, les experiences
Des augures et des sorts.
   Ton grand œil, qui tout regarde,
D'en haut ses fleches nous darde,
Dont tu vas l'ame inspirant
Au sein de la Toute-mere,
Toy, nommé du bon Homere
Apollon le loing-tirant.
   C'est toy des astres le pere,
Qui le cours de l'an tempere,
Et d'une brave roideur,
Forçant le grand tour du monde,
Vois de la terre et de l'onde
L'universelle rondeur.

Sous les accords de ta lyre,
Qui des dieux appaise l'ire,
Les cieux tournent par compas¹ :
Et l'aonienne danse,
Au rapport de ta cadence,
En rond mesure ses pas.

   Or' ta lampe retournée
Nous rameine la journée,
Et or' s'escartant de nous
Pour se plonger dedans l'onde,
Laisse recouler au monde
Des dieux le présent plus doux².

   Alors ta sœur, coustumiere
De luire par ta lumiere,
Nous monstre tout son beau front,
Ou, si la terre la garde
Qu'à plein ell' ne te regarde,
Nous esclaire en demi-rond.

   La terre, par toy fertile,
Nous rend d'une usure utile
Le gain de nostre labeur,
Qui de la faim miserable,
Si tu luy es favorable,
Ne sentit oncques la peur.

   Cecy sçachant, le bon homme
Son esperance te nomme,
Te fait offrandes et vœus,
A fin que son bien champestre
Puisse donner à repaistre
A ses enfans et neveus.

   Escoute nos plaintes doncques,
Si de nous te chalut⁵ oncques,
Pere, escoute nos clameurs,
Ou soit que le champ verdoye,

---

1. En mesure*. R.
2. Comp. pour superl.

5. Il t'importa, passé déf. de chaloir (L.; N.; Burg., II, p. 28).

Ou soit que jaune il ondoye,
En espics ja demi-meurs [1].
　Fay que l'humeur savoureuse
De la vigne planteureuse,
Aux rays [2] de ton œil divin,
Son nectar nous assaisonne,
Nectar tel comme le donne
Mon doux vignoble angevin.
　Chasse loin de nostre terre
La faim, la peste et la guerre,
Aux Turcs, ou plus loin encor,
A fin qu'en nostre province [3]
Le regne d'un si bon prince
Rameine le siecle d'or.

―◇―

A SON LUTH

Luth qui soulois adoucir les ennuis
Qu'ores le sort qui me [4] tournoit sans cesse,
Ores l'amour d'une belle maistresse
M'a fait souvent souspirer jours et nuits :
　Puis que sans toy, luth, vivre je ne puis,
Comme tu as consolé ma jeunesse,
Console aussi, je te pry, ma vieillesse,
M'ostant l'ardeur de la fièvre où je suis.
　Si tu me fais ce bien pour recompense
Quand cest esprit (qui doit, comme je pense,
Pour vivre au ciel bien tost partir d'ici)

---

1. Rime permise alors (Acc. Rim., 151 a; Quich. Versif., p. 355). *Voy.* Baïf, p. 137.
2. Rayons*.
3. Pays*.
4. A moi.

Près d'Apollon ira prendre sa place,
Je te promets de te planter aussi
Au près du luth du grand prestre de Thrace [1].

A MADAME MARGUERITE

Bien que de Mars le dedaigneux orgueil,
Bien que le feu que Cupidon attise,
Bien que de l'or l'infame convoitise
Ait mis l'honneur des lettres au cercueil :
  Si [2] ne croiray-je un eternel sommeil
Devoir presser si louable entreprise,
Tant que la fleur que le ciel favorise
Nous daignera contempler d'un bon œil.
  Voyla pourquoy, quelque vent qui s'appreste,
Je ne crains point l'horreur de la tempeste
Ni des rochers le dangereux abord :
  Puis que vostre œil, seul phare de nostre aage,
Au plus obscur du perilleux orage
Guigne [3] ma nef pour la tirer au port.

1. Orphée.
2. Pourtant *. R.
3. Guette, alors poétique ainsi qu'aguigner.

VERS TRADUITS[1]

EPISTRE

AU SEIGNEUR JEAN DE MOREL, AMBRUNOIS
GENTILHOMME ORDINAIRE DE LA MAISON DE LA ROYNE

Je n'avoy jamais experimenté la douceur des bonnes lettres, cher amy Morel, sinon depuis que la fortune m'a voulu preparer tant de calamitez que je ne seray jamais las de remercier celuy qui m'a donné la grace de les pouvoir supporter jusques icy. Je ne diray par quelle diversité de malheurs s'est jouée de moy ceste cruelle arbitre des choses humaines, comme celuy qui n'ignore telles complaintes estre aussi usitées comme les occasions en sont ordinaires. Je diray seulement que parmy tant de malheurs (contre lesquels je ne sens ma raison si forte qu'elle m'eust peu armer de suffisante patience) le non moins honneste que plaisant exercice poëtique m'a donné tant de consolation, que je ne puis encores me repentir d'y avoir perdu une partie de mes jeunes ans. Ce qui fait que je porte moins d'envie à la felicité de ceux qui, pour

---

1. La première édition de ce recueil, augmenté posterieurement, est de 1552. Il reçut aussi quelques additions posthumes.

destourner le cours de leurs fascheries ou n'ayant (peut estre) autre occupation, passent le temps en je ne sçais quels exercices, dont pour le mieux ils ne peuvent recueillir qu'un bref plaisir suivy d'une longue repentance. Voila toute la gloire que pour ceste heure je pretens donner à la poésie, à fin que je ne soi' veu trop haut louer l'artifice où j'ay employé une portion de mon industrie. Vray est que n'ignorant combien le champ de poésie est infertile et peu fidele à son laboureur, auquel le plus souvent il ne rapporte que ronces et espines, j'avoy occasion de n'y despendre[1] mon labeur, si après la gloire de celuy qui depart ses graces où bon luy semble, et ne les veut estre inutiles, je me fusse proposé autre fin que l'honneste contentement de mon esprit, accompagné d'un je ne sçay quel desir (je n'auray honte de confesser mon ambition en cest endroit) de tesmoigner à la postérité que j'ay quelquefois et non du tout ocieusement[2] vescu. Je me laisseray encor abuser d'une si douce folie que de penser mes petits ouvrages avoir trouvé quelque faveur en l'endroit de ceux dont le jugement a bien ceste autorité de donner (s'il faut ainsi parler) droit d'immortalité à mes labeurs. Je diray d'avantage que ce n'est une des moindres félicitez, dont les hommes se puissent vanter, que d'avoir peu en quelque liberal exercice faire chose aggreable aux princes. Et quand la conscience de mon peu de merite m'auroit du tout[3] retranché l'esperance d'un si grand bien, si est-ce, cher amy, que pour le droit de nostre amitié je prendray ceste hardiesse de me glorifier (en ton endroit seulement) d'avoir quelquefois par la lecture de mes escripts donné plaisir aux yeux clair-voyans de celle tant rare perle et royale fleur des princesses, l'unique Marguerite de nostre aage : au divin esprit de laquelle est par moy dès longtemps consacré tout ce qui pourra jamais sortir de mon industrie. Ce sont les principales raisons qui m'ont donné cou-

---

1. Depenser (L., rem. de Dependre et Dépenser).
2. Dans l'oisiveté, *otiose*.
3. Tout à fait*. R. B.

rage de continuer jusques ici en l'estude des choses que j'ay suivies, non tant de ma pauvre election que pour ne laisser mon esprit languir en oisiveté, lequel je sentoy (à mon grand regret) assez mal preparé à l'estude des lettres plus severes. C'est pourquoi les moindres occupations que me puissent presenter mes affaires domestiques me retirent facilement de ce doux labeur, jadis seul enchantement de mes ennuis, et qui maintenant de jour en jour se refroidit en moy par l'injure de ceste importune, qui, m'ayant desjà par une infinité de malheurs privé de toute autre consolation, tasche encor' de m'arracher des mains ce seul plaisir, demeuré le dernier en moy comme l'esperance en la boiste de Pandore. A l'occasion de quoy ne sentant plus la premiere ardeur de cest enthusiasme, qui me faisoit librement courir par la carriere de mes inventions, je me suis converty à retracer les pas des anciens, exercice de plus ennuyeux labeur que d'allegresse d'esprit : comme celuy qui, pour me donner du tout en proye au soin de mes affaires, tasche peu à peu à me retirer du doux estude [1] poétique. Toutefois pour n'abandonner si tost le plaisir, qui durant mes infortunes m'a tousjours pourveu de si souverain remede, je veux bien encor' donner à nostre langue quelques miens ouvrages, qui seront (comme je pense) les derniers fruicts de nostre jardin, non du tout si savoureux que les premiers, mais (peut estre) de meilleure garde. Et à fin que le tout puisse rencontrer quelque plus grande faveur, je commenceray, non par œuvres de mon imagination, mais par la translation du quatriesme livre de *l'Énéide*, qu'il n'est besoin recommander d'avantage, puis que sur le front elle porte le nom de Virgile. Je diray seulement qu'œuvre ne se trouve en quelque langue que ce soit où les passions amoureuses soyent plus vivement dépeintes qu'en la personne de Didon. Parquoy si un poëme, pour estre plaisant et profitable, doit contenter les lecteurs de bon esprit, je

---

1. Genre indécis au xvie siècle (L.; Malherbe).

croy que ceshuy-ci ne leur devra pas desplaire. Quant à la translation, il ne faut point que je me prepare d'excuses en l'endroit de ceux qui entendent et la peine et les loix de traduire, et combien il seroit mal aisé d'exprimer tant seulement l'ombre de son auteur, principalement en un œuvre poétique qui voudroit par tout rendre periode pour periode, epithete pour epithete, nom propre, et finablement dire ni plus ni moins, et non autrement que celuy qui a escrit de son propre stile, non forcé de demeurer entre les bornes de l'invention d'autruy. Il me semble, veu la contrainte de la rime et la difference de la proprieté et structure d'une langue à l'autre, que le translateur n'a point mal fait son devoir, qui sans corrompre le sens de son auteur, ce qu'il n'a peu rendre d'assez bonne grace en un endroit, s'efforce de le recompenser[1] en l'autre. Si j'ay essayé de faire le semblable, je m'en rapporte aux benins lecteurs, non que je me vante (je ne suis tant impudent) d'avoir en cest endroit contrefait au naturel les vrais lineaments de Virgile : mais quand je diroy que je m'en suis du tout si eslongné qu'au port et à l'accoustrement de cest estranger naturalisé il ne soit facile de recognoistre le lieu de sa nativité : je croy que les equitables oreilles n'en devront estre offensées. Et si je cognoy que ce mien labeur soit agréable aux lecteurs, je mettray peine (si mes affaires m'en donnent le loisir) de leur faire bien tost voir le sixiesme de ce mesme auteur : car je n'en ay pour ceste heure entrepris l'entiere version, que tous studieux de notre langue doyvent souhaitter d'une si docte main que celle de Louys des Mazures, dont la fidele et diligente traduction du premier et second livre m'ont donné et desir et esperance du reste. Je n'ai pas oublié ce que autrefois j'ay dit des translations poétiques[2]; mais je ne suis si jalousement amoureux de mes premieres apprehensions que j'aye honte de les changer quelquefois, à l'exemple de tant d'excellens auteurs, dont

---

1. Compenser (L.).   2. Voy. p. 10-14.

l'autorité nous doit oster ceste opiniastre opinion de vouloir toujours persister en ses advis, principalement en matieres de lettres. Quant à moy je ne suis pas stoïque jusques là. C'est encor' la raison qui m'a fait si peu regarder à l'orthographie, que je n'eusse laissée à la discretion de l'imprimeur, si je n'eusse préféré l'usage public à ma particuliere opinion, qui n'a telle autorité en mon endroit que pour si peu de chose je me vueille declarer partial et convoiteux de choses nouvelles. Si quelqu'un se fasche que j'aye le plus souvent retranché l's aux premieres personnes et en quelque mots qui, pour la continuelle et longue suite des concurrentes, semblent un peu durs à l'oreille, quand j'entendray telle observation desplaire aux lecteurs, je prendray raison en payement et ne seroy point heretique en mes opinions. J'en di autant de quelques mots composés comme *pié-sonnant*, *porte-loin*, *porte-ciel*, et autres, que j'ay forgez sur les vocables latins, comme *cerve* pour *biche*, combien que [1] *cerve* ne soit usité en terme de venerie, mais assez cogneu de nos vieux romans. C'est pourquoy, ne voulant tousjours contraindre l'escriture au commun usage de parler, je ne crains d'usurper quelquefois en mes vers certains mots et locutions, dont ailleurs je ne voudroy user, et ne pourroy sans affection et mauvaise grace. Pour ceste mesme raison j'ay usé de *gallées* [2] pour *galleres*, *endementiers* [3] pour *en cependant*, *isnel* [4] pour *leger*, *carrollant* [5] pour *dansant*, et autres, dont l'antiquité (suivant l'exemple de mon auteur Virgile) me semble donner quelque majesté aux vers, principalement en un long poëme, pourveu toutesfois que l'usage n'en soit pas immoderé. Je retourne à la translation du quatrième de *l'Énéide*, que j'ay accompagnée d'une

---

1. Bien que*.
2. Usité dans l'ancienne langue (L., étym.; Joinv.; Rabel.; Marot; les deux formes dans N.).
3. Pendant ce temps-là, tandis (N.; Roquef.); en cependant est lui-même tombé depuis longtemps en désuétude*. R.
4. Très en usage encore au XVIe siècle*. B.
5. Ce mot est très-fréquent dans Ronsard*. R.

complainte de Didon à Enée, imitée sur Ovide, ce que j'ay fait tant pour la continuation du propos que pour opposer la divine majesté de l'un de ces auteurs à l'ingenieuse facilité de l'autre. J'ay encor' adjousté un epigramme d'Ausone, declarant la vérité de l'histoire de Didon, pour ce qu'il me sembloit inique de renouveler l'injure qu'elle a receue par Virgile sans luy reparer son honneur, parce qu'autres ont escrit à sa louange. Quant aux œuvres de mon invention, je ne les estimoy dignes de se monstrer au jour pour comparoistre devant ces divins esprits tolosains, masconnois et autres, sentant mon stile tellement refroidi et alteré de sa premiere forme que je commence moy-mesme à la decognoistre ; mais voyant quelques miens escrits par une infinité de copies tellement depravez que je ne les pouvoy ni devoy laisser plus longuement en cest estat, j'ay bien voulu en recueillir une partie des moins mal faits, attendant l'entiere edition de tous les autres, que j'ay deliberé (à fin de ne mesler les choses sacrées avec les prophanes) disposer en meilleur ordre que devant, les comprenant, chacun selon son argument, sous les tiltres de Lyre chrestienne et Lyre prophane. Cependant ceux-ci marcheront les premiers, pour la protection desquels je ne les veux dedier à plus ambitieuse faveur qu'à l'heureuse memoire de nostre immortelle amitié, instituée premierement par quelque bonne opinion que tu as voulu prendre de moy, et depuis entretenue par l'admiration de la vertu, prudence et doctrine, qui me contraignent (toutes les fois que je contemple la philosophique et vrayement chrestienne œconomie de ta maison) estimer ta fortune heureuse qui t'a pourveu d'une femme si entierement conforme à la perfection de ton esprit, et d'un tel ami que ceste incomparable lumiere des loix et des lettres plus douces, Michel de l'Hospital, dont les singulieres vertus, louées de toute la France et particulierement admirées de toy, et de tous ceux qui sont si heureux que de luy estre familiers, seroyent par moy plus laborieusement descrites, si je leur pouvoy donner quelque grace après l'inimitable main de ce Pindare françois Pierre de Ronsard, nostre commun ami : des labeurs duquel (si l'Apollon de France est prospere à ses enfantemens) nostre poésie doit espérer je ne sçay quoy plus grand que l'Iliade.

L'ADIEU AUX MUSES

PRIS DU LATIN DE BUCCANAM

Adieu, ma lyre, adieu les sons
De tes inutiles chansons ;
Adieu la source qui recrée
De Phœbus la tourbe sacrée ;
J'ay trop perdu mes jeunes ans
En vos exercices plaisans ;
J'ay trop à vos jeux asservie
La meilleure part de ma vie :
Cerchez, mes vers, et vous aussi,
O Muse, jadis mon souci,
Qui à vos douceurs nompareilles
Se laisse flatter les oreilles ;
Cerchez qui sous l'oeil de la nuict
Enchanté par vostre doux bruit,
Avec les nymphes honorées
Danse au bal des Graces dorées.
Vous trompez, ô mignardes Sœurs,
La jeunesse par vos douceurs,
Qui fuit le palais pour élire
Les vaines chansons de la lyre ;
Vous corrompez les ans de ceux

Qui sous l'ombrage paresseux
Laissent languir efféminée
La force aux armes destinée... [50]
   O fol, qui haste les années,
Qui ne sont que trop empennées !
Adjouste à ces malheurs ici
De pauvreté le dur souci,
Pesant fardeau que toujours porte
Des Muses la vaine cohorte...[8]
   Sept villes de Grece ont debat
Pour l'autheur du troyen combat ;
Mais le chetif[1] vivant n'eut oncques
Ny maisons ny païs quelconques.
Tityre pauvre et malheureux
Regrette ses champs plantureux ;
Le pauvre Stace à peine évite
De la faim l'importune suite ;
Ovide au gétique séjour,
Fasché de la clarté du jour,
De son bannissement accuse
Ses yeux, ses livres et sa muse...[68]

TRADUIT DE LUCRÈCE[2]

O la mere d'Énée, ancestre des Romains,
La seule volupté des dieux et des humains,
Qui peuples l'air, la terre et la mer navigable,
Et tout cela qui est sous le ciel habitable,

---

1. Le malheureux*. R.
2. Les morceaux suivants furent publiés en 1558, dans les Commentaires de Loys le Roy, qui accompagnaient sa traduction du *Banquet* de Platon.

Saincte et grande Venus, d'autant que ton amour
Fait que tous animaux viennent en ce beau jour,
Les nues et les vents, ô déesse, te fuyent,
La campagne en fleurit et les ondes en rient,
Et la mer, qui par toy douce et calme se rend,
Luit dessous ta clarté, qui sur elle s'estend...

Et pource que toy seule entretiens la nature,
Et que sans toy ne sort aucune créature,
Aux rayons du beau jour, et que rien entre nous
Ne peut estre sans toy, qui soit aymable et doux :
Pource ta déité maintenant je desire
Estre compagne aux vers que je pretens d'escrire.

TRADUIT DE CORNELIUS GALLUS[1]

Esparpillez de toutes parts,
Belle, ces beaux cheveux espars,
Et d'un beau fin or blondoyantes ;
Monstrez ce beau col blanchissant
Sur blanches espaules croissant ;
Monstrez ces deux flammes nuisantes
Sous deux noirs sourcis reluisantes ;
Monstrez ces joues dont le teinct
De couleur de roses est peint ;
Et ceste coraline bouche
D'un long baiser la mienne touche.

1. Corn. Gallus, *Ad Lydiam*.

TRADUIT DU MÊME [1]

J'avois horreur des trop maigres, ainsi
Comme j'avois des trop grasses aussi ;
Point ne me plent la taille racoursie
Et aussi peu la longue mal bastie.
J'y prins plaisir d'embrasser seulement
Celles qui sont grandes moyennement :
Car le moyen, quelque chose qu'on face,
En toute chose est de meilleure grace.
La gresle aussi, pouveu que l'en-bon-poinct
Ne luy faillist, ne me déplaisoit poinct :
L'en-bon-poinct est à tels jeux convenable,
Car à la chair la chair est agréable.
Je ne fis cas aussi de la blancheur,
S'il n'y avoit quelque peu de rougeur
Qui exprimast une couleur pareille
A la couleur d'une rose vermeille.
Les cheveux blonds sur un col tendrelet,
Representant une couleur de laict,
Me rapportoyent en une face belle
Je ne sçay quoy de grace naturelle.
La levre aussi qui s'enfloit un petit [2]
Par sa rougeur me donnoit appétit :
Car je baisois volontiers une bouche
Qu'à plein baiser des deux levres on touche.
Les sourcis noirs, les yeux noirs et le front,
Dont la beauté se descouvre en plein rond,
J'y prenois garde et volontiers mon ame
S'en embrasoit de l'amour d'une dame.

1. Ou de Maximien, *Élég.*, I, 79.   2. Un peu*. B.

TRADUIT D'OVIDE[1]

Le premier soin vous le devez donner
A la beauté de l'esprit façonner[2] :
Par la beauté de l'esprit on s'enflamme
Facilement de l'amour d'une femme.
L'amour basti dessus tel fondement
Comme certain dure éternellement ;
L'autre beauté avec le temps s'efface
Et est sujette aux rides de la face.
Le temps viendra que regret vous aurez
Quand, vous mirant, si laides vous verrez ;
Et ce regret fera que le visage
S'enlaidira encores davantage ;
Mais la vertu se conserve toujours :
Tel amour fait heureusement son cours.

TRADUIT DE VIRGILE[3]

Aux rameaux des forests le prin-temps est utile,
Le champ par le prin-temps se fait gras et fertile :
Adoncques l'air, qui est Jupiter tout puissant,
D'une pluye feconde en terre s'eslançant,
Se jette au large sein de son espouse aimée,
Et se meslant parmi toute chose animée
Nourrist tout ce grand corps. Adoncq'[4] les arbrisseaux

1. Ovide, *Cosmet.*, 43.
2. Inversion, à façonner, etc.
3. Virgile, *Géorg.*, II, 325.
4. Alors*. B. B.

Resonnent à l'escart du doux chant des oiseaux,
Et les troppeaux[1], esmeus de ces chaleurs nouvelles,
En certaines saisons retournent aux femelles :
La terre devient grosse, et le champ qui est plein
A ce doux renouveau se descharge le sein.
Une humeur tendre et molle abonde en toute chose,
La semence qui fut si longuement enclose,
Se fiant maintenant en la douceur du temps,
S'ose bien descouvrir aux chaleurs du prin-temps.
Le tendre sep ne craint ni le vent ni la gresle,
Que le fort aquilon fait tumber[2] pesle mesle,
Ains[3] pousse ses bourgeons et fait sortir au jour
Le pampre verdissant qui s'espand tout autour.
Je ne croy que les jours eussent autre lumière
Lorsque ce monde prist sa naissance première :
Cela fut un prin-temps, et ce grand monde adonq'
Demenoit[4] un prin-temps, le plus doux qui fut oncq'.
Les trouppeaux nouveaux nez et la dure semence
Des hommes qui le fer imitent de naissance,
Les bestes des forests et les flammes des cieux
Tendres ne porteroyent ce fais laborieux,
Si la bonté du ciel, entre chaud et froidure,
N'entremesloit ainsi ceste temperature.

TRADUIT D'OVIDE[5]

Un œuvre j'ay parfait, que le feu ni la foudre,
Ni le fer ni le temps ne pourront mettre en poudre.
Cestuy-là qui sera le dernier de mes jours

1. Troupeaux*. R.
2. Voy. Baïf, Tabl. de la pron., p. 378.
3. Mais*.
4. Agitabat.
5. Ovide, Métam., XV, 872.

De mon aage incertain vienne borner le cours
Quand bon luy semblera : sans plus il a puissance
Dessus ce corps qui est mortel de sa naissance.
Ce qui est le meilleur de moi me portera
Sur les astres bien haut, et mon nom ne pourra
Jamais estre effacé : quelque part où se nomme
Le nom victorieux de l'empire de Romme
Je seray leu du peuple. Et s'il faut donner foy
Aux poëtes devins, qui predisent de soy,
A jamais je vivray et la durable gloire
De mes œuvres sera d'éternelle memoire.

―◇―

TRADUCTION D'UNE EPISTRE LATINE [1]

SUR UN NOUVEAU MOYEN DE FAIRE SON PROFIT DE L'ESTUDE DES LETTRES

MOY A TOY SALUT

Quant à ce que tes vers frissonnent de froidure,
Que tes labeurs sont vains, et que pour ta pasture
A grand'peine tu as un morceau de gros pain,
Voire de pain moisi, pour appaiser ta faim :
Que ton vuide estomac abboye, et ta gencive
Demeure sans mascher le plus souvent oisive :
Comme si le jeusner exprès te fust enjoint
Par les Juifs retaillez [2] : que tu es mal en poinct [3],
Mal vestu, mal couché : amy, ne pren la peine
De faire desormais ceste complainte vaine.

---

1. Cette pièce traduite du latin d'Adrien Turnèbe, le maître d'Henri Étienne, parut en 1559, à Poitiers, sous le pseudonyme de l. Quintil du Tronssay.

2. Circoncis (L., hist., ex. du xii° siècle; Joinville).

3. En mauvais état*. R.

Tu sçais faire des vers, mais tu n'as le sçavoir
De pouvoir par ton chant les hommes decevoir.
Car le dieu Apollon avec le dieu Mercure
S'assemble, ou autrement de ses vers on n'a cure.
Mercure par finesse et par enchantement
Dedans les cœurs humains glisse secrettement :
Il glisse dans les cœurs, il trompe la personne,
Et d'un parler flatteur les ames empoisonne ;
Avec tel truchement peut le dieu delien
(Possible) quelque chose, autrement ne peut rien.
 Celuy qui de Mercure a la science apprise,
En cygne d'Apollon bien souvent se deguise :
Encore que le bray ¹ d'un asne, ou la chanson
D'une importune rane ² ait beaucoup plus doux son.
 Veux-tu que je te monstre un gentil artifice
Pour te faire valoir ? pousse-toy par service :
Par art mercurien trompe les plus rusez,
Et pren à tels appas les hommes abusez.
Tu feras ton profit, et bravement en poinct,
De froid, comme tu fais, tu ne trembleras point.
 Premier ³, comme un marchand, qui par le navigage
S'en va cercher bien loin quelque estrange rivage,
A fin de trafiquer et argent amasser,
Tu dois voir l'Italie et les Alpes passer :
Car c'est de là que vient la fine marchandise
Qu'en béant ⁴ on admire, et que si haut on prise.
Si le rusé marchand est menteur asseuré,
Et s'il sçait pallier d'un fard bien coloré
Mille bourdes qu'il a en France rapportées,
Assez pour en charger quatre grandes chartées :
S'il sçait, parlant de Rome, un chacun estonner,
Si du nom de Pavie il fait tout resoner,
Si des Venitiens, que la mer environne,
Si des champs de la Pouille il discourt et raisonne,

---

1. Braiment (L., hist., et étym.).
2. Raine, grenouille, *rana* (L., rem. de Marot).
3. D'abord*. R. B.
4. Part. prés. de béer, bayer, *inhians*. R.

Si vanteur il sçait bien son art authoriser,
Louer les estrangers, les François mespriser,
Si des lettres l'honneur à luy seul il reserve,
Et dedaigne en crachant la françoise Minerve[1] :
  Il te faut dextrement ces ruses imiter ;
Le sçavoir sans cela ne te peut profiter.
Si le sçavoir te faut, et tu entens ces ruses,
Tu jouiras vainqueur de la palme des Muses ;
Ne pense toutefois, pour un peu l'estranger [2]
De ces bavardes Sœurs, que tu sois en danger
De perdre tant soit peu : tu n'y auras dommage,
Car aux Muses souvent profite un long voyage.
Tu en rapporteras d'un grand clerc le renom,
Et de sage et sçavant meriteras le nom :
Mais si tu veux ici te morfondre à l'estude,
Chacun t'estimera fol, ignorant et rude.
  Doncques en Italie il te convient cercher
La source cabaline et le double rocher,
Et l'arbre qui le front des poëtes honore.
Mais retien ce precepte en ta memoire encore :
C'est que tu pourras bien François partir d'ici,
Mais tu retourneras [3] Italien aussi
De gestes et d'habits, de port et de langage :
Bref d'un Italien tu auras le pelage,
A fin qu'entre les tiens admirable tu sois.
Ce sont les vrais appas pour prendre nos François.
Lors ta Muse sera de cestuy-là prisée,
Auquel auparavant tu servois de risée.
  Il sera bon aussi de te faire advouer
De quelque cardinal, ou te faire louer
Par quelque homme sçavant, à fin que tes louanges
Volent par ce moyen par les bouches estranges [4].
Mais il faut que le livre, où ton nom sera mis,
Tu donnes çà et là à tes doctes amis.

1. Passage que M. Ed. Fournier croit dirigé contre Ch. Fontaine.
2. T'éloigner*. B.
3. Reviendras*.
4. Étrangères*. R.

Ainsi l'exempteras du rude populaire,
Ainsi ton nom partout illustre pourras faire.
Car c'est un jeu certain et quiconque l'a sçeu,
Jamais à ce jeu-là ne s'est trouvé deçeu.
Sur tout courtise ceux auxquels la court venteuse
Donne d'homme sçavant la louange menteuse :
Qui au bout d'une table au disner des seigneurs
Desplient tout cela, dont furent enseigneurs [1],
Les Grecs et les Latins : qui de faulses merveilles
Emplissent, ignorans, les plus grandes oreilles :
Et abusent celuy qui par nom de sçavant
Desire, ambitieux, se pousser en avant.
  Ces gentils reciteurs [2] te loueront à la table,
Non comme au temps passé, aux horloges de sable :
Ils ne dedaigneront avec toy pratiquer,
Et avecques tes vers les leurs communiquer,
Puis que tu as le goust et l'air de l'Italie.
Mais rend leur la pareille, et fay que tu n'oublie
De les contre-louer : aussi, quant à ce poinct,
Le tesmoing mutuel ne se reproche point :
D'en user autrement, ce seroit conscience.
  Sur tout je te conseille apprendre la science
De te faire cognoistre aux dames de la court,
Qui ont bruit de sçavoir, c'est le chemin plus court [3] :
Car si tu es un coup aux dames aggréable,
Tu seras tout soudain aux plus grands admirable.
Par art il te convient à ce poinct parvenir,
Par art semblablement t'y faut entretenir.
Il te faut quelquefois, soit en vers, soit en prose,
Escrire finement quelque petite chose
Qui sente son Virgile et Ciceron aussi,
Car si tu as des mots tant seulement souci,
Tu seras bien grossier et lourdaut, ce me semble,
Si par art tu ne peux en accoupler ensemble

---

1. Mot qui n'est pas tout à fait perdu (L., ex. de Voltaire).

2. Récitateur (L.).

3. Comp. pour le superl.

Quelque peu : car ici par un petit chef-d'œuvre
Assez d'un courtisan le sçavoir se descœuvre ¹.

Je ne veux toutefois qu'on le fasse imprimer :
Car ce qui est commun se fait desestimer,
Et la perfection de l'art est de ne faire,
Ains ² monstrer dedaigner ce que fait le vulgaire.
Mesme ce qui sera des autres imprimé,
A fin que tu en sois plus sçavant estimé,
Il te le faut blasmer; mais il te faut eslire
Des loueurs à propos pour tes ouvrages lire;
Et n'en faut pas beaucoup. Avec telles faveurs
Recite hardiment aux dames et seigneurs :
Tu seras sçavant homme, et les grands personnages
Te feront des presens, et seras à leurs gages.
Mais si tu veux au jour quelque chose eventer,
Il faut premierement la fortune tenter,
Sans y mettre ton nom, de peur du vitupere ³
Qu'un enfant abortif porte au nom de son pere :
Car en celant ton nom, d'un chacun tu peux bien
Sonder le jugement, sans qu'il te couste rien;
D'autant que tels escrits vaguent sans cognoissance,
Ainsi qu'enfans trouvez, publiques de naissance.
Mais ne faut pas aussi, si tu les vois louer,
Maistre, pere et autheur, pour tiens les advouer.

Le plus seur toutefois seroit en tout se taire :
Et c'est un beau mestier, et fort facile à faire,
Le faisant dextrement. Fay courir qu'entrepris
Tu as quelque poëme et œuvre de hault pris;
Tout soudain tu seras monstré parmy la ville,
Et seras estimé de la tourbe civile.

Un vieux ruzé de court nagueres se vantoit
Que de la république un discours il traitoit :
Soudain il eut le bruit ⁴ d'avoir epuisé Rome
Et le sçavoir de Grece, et qu'un si sçavant homme

---

1. Découvre*. R.   3. Blâme (Malherbe, p. 87).
2. Mais*.   4. La réputation.

Que luy ne se trouvoit. Par là il se poussa,
Et aux plus hauts honneurs du palais s'avança,
Ayant mouché[1] les roys avec telle pratique,
Et si n'avoit rien fait touchant la république.
Toutefois ce pendant qu'il a esté vivant,
Il a nourri ce bruit qui le mist en avant,
Jusqu'à tant que la mort sa ruse eut descouverte :
Car on ne trouva rien en son estude[2] ouverte ;
Ains par la seule mort au jour fut revelé
Le fard dont il s'estoit si longuement celé.

Quelque autre dit avoir entrepris un ouvrage
Des plus illustres noms qu'on lise de nostre aage,
Et jà douze ou quinze ans nous deçoit par cest art ;
Mais il accomplira sa promesse plus tard
Que l'an du jugement. Toutefois par sa ruse
Des plus ambitieux l'esperance il abuse ;
Car ceux-là qui sont plus de la gloire envieux
Le flattent à l'envy, et taschent curieux
De gaigner quelque place en ce tant docte livre,
Qui peut à tout jamais leur beau nom faire vivre.
Ce trompeur, par son art, très riche s'est rendu,
Et son silence aux roys cherement a vendu,
Noyant en l'eau d'oubly les beaux noms dont la gloire
Seroit, sans ses escrits, d'eternelle memoire.
Car les Parthes menteurs, faulx, il surmontera,
Et nul (comme il promet) n'immortalisera :
Mais il peindra le nez à tous ; et pour sa peine
De les avoir trompez d'une esperance vaine,
Dessus un cheval blanc ses monstres[3] il fera
Par la ville, et du roy aux gages il sera.

C'est un gentil appas pour les oyseaux attraire[4],
Ce que d'un autre dit le commun populaire,
Qui par les cabarets tout exprès delaissoit
Quatre lignes d'un livre, et outre ne passoit,

---

1. Abusé (L., hist.).
2. Cabinet d'étude*.
3. Preuves (L., hist.; N.).
4. Attirer*. B.

Avec un tiltre au front, qui se donnoit la gloire
D'estre le livre quart de la françoise histoire.
Qui doncques, je te pry, niera que cestuy-ci
Ne soit des plus heureux sans se donner souci :
Qui quatre livres peut de quatre lignes faire,
Qui du doigt pour cela est monstré du vulgaire,
Qui pour cela de France est dit l'historien,
Et auquel pour cela on fait beaucoup de bien ?

J'ay, fils d'un laboureur, discouru brevement
Tout ce fascheux propos, moy qui ay bravement
Delaissé les rateaux, pour m'attacher aux Muses :
Tu pourras par usage apprendre d'autres ruses.
Or adieu, pense en moy : et pour attrapper l'heur,
Suy Mercure, qui est le plus fin oyseleur.

DIVERS POEMES[1]

SONNET

Comme de fleurs le printemps environne
Le gay chappeau[2] de son chef verdissant,
Comme l'esté d'espics est jaunissant,
Comme les fruits enrichissent l'automne ;
Comme en couleurs l'arc céleste foisonne,
Comme en joyaux l'Inde est resplendissant,
Comme en sablons Pactol est blondissant,
Comme le ciel d'estoilles se couronne :
Ainsi j'ay paint de mille nouveautez
Cest œuvre mien : et si telles beautez
Ne sont par tout egalement plaisantes,
Les fleurs, les bleds, les fruits et l'arc des cieux,
Perles, sablons, estoilles reluisantes
Egalement ne plaisent à nos yeux.

---

1. Quelques-unes de ces pièces furent imprimées en 1552 ; les autres après la mort de du Bellay — 2 Guirlande, coiffure*.

HYMNE DE SANTÉ

AU SIEUR ROBERT DE LA HAYE

Jà tes languissantes veines
    Estoient pleines
D'un feu violent et fort,
Jà les pallissantes fievres
    Sur tes levres
Avoyent imprimé la mort.

Jà te conduisoit la Parque
    Vers la barque
De l'horrible nautonnier,
Et jà ton ame craintive
    Sur la rive
Luy presentoit son denier :

Quand le dieu que Cynthe adore,
    Qui t'honore
De son present le plus beau,
Retint le cours de ta fuite
    Jà conduite
Dessus le bord du tombeau.

O combien ceste main palle,
    Main fatale,
Que jà blesme tu suivois
Troubla les bandes compaignes
    Des montaignes,
Des fontaines et des bois !

Elle avoit, la sacrilege,
  Leur college
Violé cruellement,
Saccageant le double feste
  Qui leur teste
Ombrage eternellement.

Le laurier aux tresses vives
  Sur leurs rives
Penchoit demi-sec en bas,
Et la chevaline source
  De sa course
Avoit arresté les pas :

N'oyant plus la voix sacrée
  Qui agrée
Aux bois qui sont toujours verds,
Et la nombreuse cadance
  De la danse
Qui l'animoit sous tes vers.

Mais le medecin de Dele,
  Ce fidèle
Garde des esprits sacrez,
Alors ne mist en arriere
  La priere
De tant de justes regrez :

Ains[1] du jus d'une racine
  Medicine[2]
Te rappellant d'Acheron,
Sur toy fit la preuve encore
  Qui decore[3]
Le disciple de Chyron[4].

1. Mais*.
2. Adjectif (N.).
3. Qui illustre.
4. Esculape.

DIVERS POËMES.

Heureuse soit la recepte,
    Dieu prophete,
Qui fit revoir nostre jour
A celuy qui plus haut prise
    Ce qui brise
Les portes du noir sejour.

N'est-ce pas luy qui les traces
    De tes graces
Si divinement conduit
Qu'ores ta suite compaigne
    Ne desdaigne
Des procez l'enroué bruit?

N'est-il pas de celle¹ bande
    Qui commande
Sur les eaux et sur les bois :
Luy qui mille experiences
    Des sciences
Joinct aux venerables loix?

Sus doncq, pucelles Dryades,
    Sus Naiades,
Sortez de vostre prison :
Dansez, troppes² forestieres,
    Vous rivieres,
Sonnez ceste guerison.

O Santé, saincte déesse,
    O princesse
Nourriciere des humains,
O la plus belle peincture
    Que Nature
Fit oncq' de ses doctes mains!

1. Celle*.   2. Troupes*. R B.

C'est toy qui fais que tout rie ;
    La prairie
Te doit son verd ornement ;
C'est toy qui nourris les plantes
    Où tu entes
Ta force divinement.

De tes sainctes mains divines
    Les racines
Prennent leurs effects divers,
Tu es la celeste flamme,
    Tu es l'ame
Infuse au grand univers.

Sans toy, tout l'honneur qui dore
    De l'Aurore
Les rivages emperlez,
Sans toy, de la gardienne
    Paphienne
Les plaisirs emmiellez,

Le tableau, l'encre et le cuivre,
    Qui font vivre
L'ouvrier[1] après son trespas,
La musique et les viandes[2]
    Plus friandes,
Sans toy, ne nous plairoient pas.

Où tu es, la maladie
    Enlaydie,
Le soing, qui nous ronge et mord,

---

1. Dissyllabe jusqu'à l'époque de Corneille. Voy. Ronsard, p. 8 ; Malherbe, p. 18. Ouvrier est encore de deux syllabes dans Molière (Génin, Lex., p. 275). La véritable prononciation de ce mot reste à fixer (L., rem.).

2. Terme général, tout ce qui se mange, aussi bien la chair que les fruits*. R.

Le chagrin et la vieillesse,
 La foiblesse,
Et le germain [1] de la mort,

Là (dy-je), ô des dieux la fille,
 La famille
D'enfer ne séjourne point :
Mais le plaisir y habite,
 Mais la suite
Du dieu qui les cœurs nous poingt.

Que n'ose l'humaine race ?
 Nostre audace
Ne permet que Jupiter
Les traicts foudroyans retire,
 Que son ire
Fait justement despiter.

De Jappet le fier lignage,
 Tesmoignage
De nos faits ambitieux,
Osa par une finesse
 Larronnesse
Robber [2] la flamme des cieux.

Lors les vertus, qui s'ailerent,
 S'envolerent,
Et la mort, qui lentement
Hastoit sa boiteuse suite,
 Nostre fuite
Talonna premierement.

Lors les fievres incognues
 Sont venues,

---

1. Le frère germain.
2. Voler, dérober (L., étym. de Robe et de Dérober ; N.; Gachet

Gl.; Bartsch, Chrest.; R. de T.; R. de la R.; Ville-Hardouin; Joinville).

Et les malheureux mortels,
Qui d'elles s'espouvanterent,
Inventerent
Premierement les autels,

Pour te rappeler, ô sainte,
Qui, contrainte
De t'en revoler soudain,
Viens reguerir nostre peine
Que r'ameine
Des dieux le juste desdain.

Quel vers doncques, ou quel hymne
Sera digne [2]
De celebrer tes bienfaicts?
Voire celuy mesme encores,
Celuy qu'ores [3],
O déesse, tu nous fais.

Qu'on dresse un autel de terre,
Qu'on l'enserre
De l'yerre [4] et de lauriers verds,
Qu'on y face une ceincture
De verdure,
Qu'on y grave mille vers.

Ce jour me soit toujours feste,
Que ma teste
On entourne [5], car je veux,
Pour ta santé redonnée,

---

1. Prononcez *inne*; voy. Baïf, *Tabl. de la pron.*, p. 381; rangé dans les rimes en *inne* (Acc. Rim.).

2. Double prononciation *digne* et *dine*. R. Les deux mêmes rimes *hymne* et *digne* se rencontrent dans Ronsard (Acc. Rim.).

3. Maintenant.

4. Hierre, forme primitive du mot lierre. R.

5. Forme primitive de entourer (L., étym.; N.).

Ceste année
M'acquitter de mille vœux.

Celle[1] tant douce lumiere
　　　Qui premiere
Destourna ton jour fatal,
Autant, amy, me soit-elle
　　　Solennelle
Que mon propre jour natal.

Courage, amis, je vous prie
　　　Que l'on rie ;
Soient tous regrets endormis,
Puis que le fils de Latonne
　　　Nous redonne
L'ornement de nos amis.

Amy, l'amy des Carites,
　　　Tu merites
D'estre sainctement chanté :
Sus doncq', chacun vienne dire
　　　Sur sa lyre
Un bel hymne de santé.

Pour la premiere j'appelle
　　　La plus belle
Du mont doublement poinctu,
Ta sœur des Graces cherie
　　　Qui marie
Le sçavoir à la vertu.

Io, nymphe de la Haye,
　　　Que lon paye
Ses vœux au dieu gardien.

1. Cette*.

Ton frere ne te demande
    Pour offrande,
Fors un bel hymne chrestien.

Perdriel, et toy encore,
    Que j'honore,
O l'honneur orléannois !
Vien, Audeberd[1], et accorde
    Sur ta corde
Cest ornement champenois ;

Et toy, dont la docte veine
    Nous r'amcine
Le théatre athenien[2]
Ornant de ta douce ryme
    La victime
Du prince mycenien,

Sybilet, je te supplie,
    Qu'on n'oublie
Les vœux que l'on a promis.
Le Philien[3] nous commande
    Que l'on rende
Tel devoir à ses amis.

Ces petis vers que je joue,
    Je les voue
A la seconde moitié
Qui tient ma serve pensée
    Enlacée
D'une immortelle amitié.

O la moitié de ma vie !
    Quelle envie
J'ay d'escouter celle[4] voix,

---

1. Jurisconsulte mort en 1578.   3. Apollon.
2. Voy. p. 139.   4. Cette*.

Voix dont les sainctes merveilles
    Mes oreilles
Ont ravi cent mille fois.

Lors de ta santé premiere
    La lumiere
Te rendra tel à mes yeux
Qu'une sereine journée
    Retournée
Après un temps pluvieux :

Tel que l'escailleuse roue,
    Dont se joue
Le serpent, qui s'est fait beau,
Reprenant nouvelle force
    Sous l'escorce
D'une plus luisante peau :

Tel comme la fleur mouillée,
    Despouillée
De son lustre plus vermeil,
Repeint la premiere grace
    De sa face
Au rais[1] du nouveau soleil.

Alors ta lyre dorée
    Adorée
Et des hommes et des dieux,
Me dira l'horreur qui couche
    A la bouche
Du grand manoir stygieux.

Tu me descriras la rive
    Où arrive
La grand' troppe des espris,

---

1. Rayons.

Ce pendant je t'appareille
La merveille
De mon Sixieme [1] entrepris.

Là tu reliras la tourbe
Qui se courbe
Sous le sceptre gnossien [2],
Et l'autre mieux fortunée
Destinée
Au séjour elysien :

Où le harpeur de Rhodope
Et sa troppe
Font sous les bois verdelets,
Ou dessus les rives molles,
Leurs caroles [3],
Ou par les prés nouvelets.

De ceste bande sacrée
Est Ascrée,
Lyne et le Méonien,
Et Pindare et Sthesichore,
Et encore
Tout le chœur aonien.

Une autre bande romaine
S'y promeine
Par les destours plus secrez :
Là est ta place eternelle
Pres de celle
De Catule aux vers sucrez.

Pendant, avant que ta vie
Soit ravie
D'une plus forte langueur,

1. Le sixième livre de l'Énéide dont il achevait la traduction.
2. De Minos.
3. Danses*. R. *Voy*. Caroller.

Qu'on s'esjouisse, qu'on chante,
  Qu'on enchante
Tout ce qui ronge le cœur.

Jà, jà[1], la Parque felonne
  Nous talonne,
Et Minos n'a point appris
D'ouïr les plaintes des hommes,
  Quand nous sommes
Au rang des palles esprits.

Styx, qui d'une courbe trace
  Les embrasse,
Leur empesche le retour,
Cernant[2] l'horreur du bas monde
  De son onde
Par trois fois d'un triple tour.

Mais si l'homme peut revivre
  Par le livre,
Ton image n'ira pas
Au rang de ces pauvres nues
  Incognues,
Qui se lamentent là bas.

ODE AU PRINCE DE MELPHE

. . . . [36]

Si je voulois suivre Pindare,
Qui en mille discours s'egare
Devant que venir à son poinct,
Obscur je brouillerois ceste ode
De cent propos : mais telle mode

1 Explétif. Rons., p. 20.   2. Entourant*. R.

De louange ne me plaist point.
Il me plaist de chanter ta gloire
D'un vers, lequel se face croire
Par sa seule simplicité,
Sans me distiller la cervelle
Nuict et jour, pour rendre nouvelle
Je ne sçay quelle antiquité.

 Tirant d'une longue fable
Un loz qui n'est veritable,
Pour farder l'honneur de ceux
Qui, peints de telles louanges,
Comme de plumes estranges,
N'ont rien de louable en eux.

 Si j'avais faute de matiere,
Ou que d'une Iliade entiere
En toy je n'eusse l'argument,
J'irois de ton antique race
La vertu, l'honneur et la grace
Recercher sous le monument... [30]
 Mais comme errant par une prée [1],
De diverses fleurs diaprées,
La vierge souvent n'a loisir,
Parmi tant de beautez nouvelles,
De recognoistre les plus belles
Et ne scait lesquelles choisir... [6]
 Ainsi confus de merveilles
Pour tant de vertus pareilles
Qu'en toy reluire je voy,
Je perds toute cognoissance,
Et pauvre par l'abondance
Ne sçay que choisir en toy... [54]

 Allon voir, ma douce compagne,
Les doux plaisirs de la campagne,

---

1. Strophe célèbre. Cf. Malherbe, p. 125.

Ses prez, ses ondes et ses bois :
Là nous menerons une vie
Qui portera bien peu d'envie
Aux delices des plus grands rois.
   Allon voir ce bel edifice
Que la nature et l'artifice
Ont embelly de cent plaisirs :
C'est Aiz dont la belle demeure
Peut arracher en moins d'une heure
Nos plus ambitieux desirs.
   Là d'une plaisante peine
Le cerf fuyant par la plaine
Ou le lièvre nous suyvrons :
Là sainctement solitaires,
Loin de procez et d'affaires,
Heureusement nous vivrons.

   Là d'une musique fournie
Nous orrons la douce harmonie,
Dont les discors[1] melodieux,
De mille douceurs nompareilles
Tirant l'ame par les oreilles,
Nous feront compagnons des dieux.
   Après le plaisir delectable
Du luth, compagnon de la table,
Nous gousterons les doctes sons,
Les accords, la douceur, la grace
Dont mon Caraciol efface
L'honneur des plus vieilles chansons.
   Soit que de sa main divine
Il touche une ode latine,
Soit que d'une Thusque voix
Quelque beau chant il accorde,
Ou soit que changeant de corde
Il touche le luth francois... [54]

---

1. Sons qui ne vibrent pas à l'unisson (L., hist., ex. identique).

LES AMOURS[1]

Lorsqu'Apollon vient troubler sa prestresse
De son divin et sainct affollement,
Son teint, sa voix, il change horriblement,
Et de mortel en elle rien ne laisse :
Mais aussi tost que ceste fureur cesse,
Son estomac enflé divinement
Devient rassis, et tout soudainement
Sa déité sous silence elle presse.
Et nul ne peut de l'amour bien chanter
Si quelque objet ne se vient presenter.
Donc s'il vous plaist que vos beautez je vante,
Affollez-moy de ceste douce erreur,
Et m'inspirant une saincte fureur,
Ouvrez ma bouche afin qu'elle vous chante.

Si des nœuf Sœurs j'avois l'art mieux appris,
Plus sobrement je voudrois en escrire,
Pour ne donner occasion de dire
Que mon sçavoir je mets à trop haut pris.

---

1. Publiés en 1552 avec les *Divers poëmes*.

Je diray donc, sans peur d'estre repris
De me vanter, qu'au mestier de la lyre
Je ne suis pas le meilleur, ny le pire,
De ceux qu'on nomme entre les bons esprits.
   Mais si j'avois en l'art de poésie
Pour argument une beauté choisie,
Qui fust autant que la vostre louable,
   Je m'oserois promettre de chanter
Je ne sçay quoy, qui pourroit contenter,
Si mon labeur luy estoit aggréable.

~~~

Cinq et cinq ans sont jà coulez derriere,
Que de l'amour argument je n'ay pris,
Et que du tout¹ au cours de tels escrits
Jusques ici j'ay fermé la barriere.
   Et revoici qu'en la mesme carriere,
Sans y penser, je me trouve surpris,
Non moins ardent d'y gaigner quelques pris,
Qu'en la fureur de ma course premiere.
   Il est bien vray que l'aage et les ennuis,
Et les travaux dont chargé je me suis,
Ne tardoient² lors mes deux plantes isnelles³ ;
   Mais de bon cœur j'ay fait un tel recueil,
Que seulement la faveur d'un bon œil
A mes talons adjousterait des ailes.

~~~

Vous avez bien ceste angelicque face,
Ce front serein et ces celestes yeux,

---

1. Tout à fait*.
2. Retardaient*.
3. Légère*. Plantes pour pieds, latinisme.

Que Laure avoit, et si[1] avez bien mieux,
Portant le nom d'une plus noble race.

Mais je n'ay pas ceste divine grace,
Ces hauts discours, ces traits ingenieux
Qu'avoit Petrarque, et moins audacieux
Mon vol aussi tire une aile plus basse.

Pourquoy de moy avous[2] donc souhaité
D'estre sacrée à l'immortalité,
Si vostre nom d'un seul Petrarque est digne ?

Je ne sçay pas d'où vient ce desir-là,
Fors qu'il vous plaist nous monstrer par cela
Que d'un corbeau vous pouvez faire un cygne.

—◇—

Que d'Apollon vous aimiez les douceurs,
Et ceux auxquels nom de sçavans on donne,
Il ne faut pas que cela nous estonne,
Vous le tenez de vos predecesseurs,

Lesquels, combien qu'ils fussent possesseurs
D'un grand estat, n'ont tant suivy Bellonne,
Que sur l'armet ils n'ayent mis la couronne
Qui ceint le front des neuf sçavantes Sœurs.

Et vous suivant le trac[3] de vos ayeux,
Ne desdaignez les sons melodieux
Que nous apprend ceste troppe sçavante.

De là vous vient ce genereux desir,
D'avoir voulu un poëte choisir
Qui vous peust faire à tout jamais vivante.

—◇—

Comme souvent des prochaines fougeres
Le feu s'attache aux buissons, et souvent

---

1. Et encore*. R.
2. Avez - vous. Apocope, d'un bon style au xvie siècle*. B.
3. Trace*. R.

Jusques aux bleds, par la fureur du vent,
Pousse le cours de ces flammes legeres ;
  Et comme encor ces flammes passageres
Par tout le bois trainent, en se suivant,
Le feu qu'au pied d'un chesne au paravant
Avoyent laissé les peu cautes [1] bergeres :
  Ainsi l'amour d'un tel commencement
Prend bien souvent un grand accroissement.
Il vault donc mieux ma plume icy contraindre,
  Que d'imiter un homme sans raison,
Qui se jouant de sa propre maison,
Y met un feu qui ne se peut esteindre.

        ⋄⋄

  Voyez, amants, comment ce petit dieu
Traite nos cœurs. Sur la fleur de mon aage
Amour tout seul regnoit en mon courage,
Et n'y avoit la raison point de lieu.
  Puis quand cest aage, augmentant peu à peu,
Vint sur ce poinct où l'homme est le plus sage,
D'autant qu'en moy croissoit sens et usage,
D'autant aussi decroissoit ce doux feu.
  Ores mes ans tendans sur la vieillesse
(Voyez comment la raison nous delaisse),
Plus que jamais je sens ce feu d'amour :
  L'ombre au matin nous voyons ainsi croistre [2],
Sur le midi plus petite apparoistre,
Puis s'augmenter devers la fin du jour.

        ⋄⋄

  Pour tant d'ennuys que j'ai souffert, Madame,
Pour vostre amour depuis cinq ou six ans,

---

1. Prudentes*. R. B.   2. Prononcez crêtre*. R. B.

Pour tant de pleurs et de souspirs cuisans,
Que j'ai tirez du plus profond de l'ame,
   Je demandois ce baiser, qui sans blasme
Sans jalousie, ou peur des mesdisans
(Faveur commune entre les courtisans),
Se peut donner de toute honneste dame.
   Mais vous m'avez, soit par vostre rigueur,
Soit par pitié, ayant peut estre peur
Qu'en vous baisant mon asme fust ravie,
   Nié ce bien. Helas! si c'est pitié,
N'en usez point envers mon amitié,
Car telle mort me plaist mieux que la vie.

          —∞—

   Bien que le dieu des autres messager,
Avec l'esprit dont il vous fit largesse,
Ait mis en vous sous ce front de déesse,
Je ne sçay quoy d'inconstant et leger;
   Bien que soyez comme ce passager
Oyseau sans pieds, qui volette sans cesse,
Si par la pluye ou par la neige espaisse
Il n'est contraint à terre se ranger :
   Je prieray tant le dieu qui vous a faicte
En tout le reste excellente et parfaicte,
Qu'il ostera ceste imperfection :
   Et verseray de pleurs un tel orage,
Qu'il contraindra vostre amour trop volage
De s'arrester sur mon affection.

          —∞—

   Quand je pouvois (ce qu ores je ne puis)
Gouster le miel de ce tant doux langage,

Vous me cachiez ce celeste visage
Et ces beaux yeux dont esclave je suis.
 Et maintenant que mes tristes ennuis
Me font plus sourd qu'un essourdé[1] rivage,
Vous souhaittez voir une froide image,
Errant au front des éternelles nuicts.
 O quel malheur, ô quelle estrange peine !
Je puis bien voir, comme en peincture vaine,
Ce qui ne sert qu'à me faire mourir ;
 Je puis toucher ceste main blanche et tendre,
Voir ces beaux yeux, mais je ne puis entendre
Ce doux parler qui me peut secourir.

SONNETS DE L'HONNESTE AMOUR

 Ce ne sont pas ces beaux cheveux dorez,
Ni ce beau front, qui l'honneur mesme honore :
Ce ne sont pas les deux archers encore
De ces beaux yeux de cent yeux adorez ;
 Ce ne sont pas les deux brins colorez
De ce coral[2], ces levres que j'adore ;
Ce n'est ce teinct emprunté de l'aurore,
Ni autre object des cœurs enamourez ;
 Ce ne sont pas ni ces lis, ni ces roses,
Ni ces deux rancs de perles si bien closes :
C'est cest esprit, rare present des cieux,
 Dont la beauté, de cent graces pourveue,
Perce mon ame et mon cœur et mes yeux,
Par les rayons de sa poignante veue.

1. Rendu sourd*. B.   2. Corail*. R. B.

Non autrement que la prestresse folle,
En grommelant d'une effroyable horreur,
Secoue en vain l'indomptable fureur
Du Cynthien qui brusquement l'affolle :
 Mon estomac, gros de ce dieu qui vole,
Espouvanté d'une aveugle terreur,
Se fait rebelle à la divine erreur
Qui brouille ainsi mon sens et ma parole.
 Mais c'est en vain : car le dieu qui m'estraint
De plus en plus m'aiguillonne et contraint
De le chanter, quoy que mon cœur en gronde.
 Chantez le donc, chantez mieux que devant,
O vous mes vers, qui volez par le monde
Comme fueillars [1] esparpillez du vent.

1. Rameaux*. B

RECUEIL DE SONNETS[1]

DU PARLEMENT DE PARIS

Rome la grand' et les doctes Athenes[2]
Ne vivent tant par leurs temples dorez,
Par leurs palais de marbre elabourez[3],
Ny par l'orgueil de leurs pointes hautaines ;
 Par tant d'honneurs, par tant de capitaines
Ne sont encor' ces peuples decorez
Si hautement, que les ont honorez
Leurs Cicerons et leurs grands Demosthenes.
 Et ce Paris, qui suit divinement
L'antique honneur de ce double ornement,
De sa grandeur n'est point si fiere encore,
 Comme de ceux dont son palais royal
Bruit[4] l'éloquence et tout ce qui honore
Un orateur disertement loyal.

---

1. Publiés en 1552 avec les *Divers poëmes*.
2. Le plur. est un latinisme.
3. Bâtis*. R.
4. Fait retentir, act. au xviᵉ siècle (L., hist. et étym.).

A MONSIEUR TYRAQUEAU [1]

CONSEILLER EN PARLEMENT

Pallas, Lucine et les trois Destinées,
Par leur sçavoir, par leurs mains, par leurs sorts,
Voulant combler de leurs plus beaux thresors
Ton nom, ta race et tes forces bien nées :
  D'esprit, de sang, d'humeurs bien ordonnées,
Firent en toy trois merveilleux accords,
Ornant ta plume, et ta femme, et ton corps,
D'œuvres, d'enfans et de longues années.
  Heureux vieillard, heureux si tu l'entens
Riche d'escrits, de famille et de temps,
Contente-toy : car le ciel qui t'honore
  De cent vertus pour ton siecle estonner,
T'a mieux donné que ne sçauroient donner
Pallas, Lucine et les trois Sœurs encore.

A P. DE RONSARD

Si quelquefois de Petrarque et d'Horace
J'ay contrefait les sons melodieux,
O saint troppeau [2] ! ô mignonnes des dieux !
Ceste faveur me vient de vostre grace.
  Mais ce grand bien un plus grand bien efface,
M'ayant acquis un amy que les cieux

---

1. Plus célèbre par le grand nombre de ses enfants que par le mérite de ses ouvrages.
2. Troupeau*.

Guident si haut au sentier des plus vieux
Que son sçavoir le vostre mesme passe.
 Doncques, Ronsard, un vulgaire lien
N'enchaine pas ton cœur avec le mien ;
Des Graces fut telle amour commencée :
 Amour vrayment ouvrage de Pallas,
Et du heraut, facond neveu d'Atlas,
Qui tient mon ame en la tienne enlacée.

A EST. JODELLE

 De quel torrent vint ta fuite soudaine ?
De quel ruisseau ton pied leger courant ?
De quel rocher ton surgeon¹ murmurant ?
O grave, ô douce, ô copieuse veine !
 Soit que ton flot, ton onde, ta fontaine,
Tempeste, glisse ou sourde : le torrent,
Le ruisselet, la source non mourant,
Essourde², arrouse et abbreuve la plaine.
 Tant que bruira d'un cours impetueux,
Tant que fuira d'un pas non fluctueux,
Tant que sourdra d'une veine immortelle
 Le vers tragic, le comic, le harpeur³,
Ravisse, coule, et vive le labeur
Du grave, doux et copieux Jodelle.

1. Jet*. R. B.
2. Rend sourd*.
3. Le vers de la poésie yrique.

A J. A. DE BAIF

Du grand Baïf, qui la France decore,
L'esprit jadis comblé de tout le mieux
Qu'en leur thresor ayent reservé les dieux,
En toy, Baïf, est retourné encore.

Ton vers françois, que le François adore,
Suit de Ronsard le vol audacieux,
Et ton vers grec, l'or le plus precieux
De ton Dorat qui son siècle redore.

Mais si un jour par l'esprit de ta voix
Tu donnes l'ame au théatre françois,
Jusques ici tousjours demeuré vuide,

Asseure toy que je t'ay mal gousté,
Ou tu seras du François escouté
Comme du Grec fut jadis Euripide.

A M. LE SCÈVE, LYONNOIS

Gentil esprit, ornement de la France,
Qui d'Apollon sainctement inspiré
T'es le premier du peuple retiré
Loin du chemin tracé par l'ignorance,

Scève divin, dont l'heureuse naissance
N'a moins encor' son Rosne decoré
Que du Thouscan le fleuve est honoré
Du tronc qui prend à son bord accroissance !

Reçoy le vœu qu'un devot Angevin,

Enamouré de ton esprit divin,
Laissant la France, à ta grandeur dedie :
  Ainsi tousjours le Rosne impetueux,
Ainsi la Sone au sein non fluctueux
Sonne tousjours et Scève et sa Delie.

A P. DE THYARD ET G. DES AUTELS

  Divin Thyard, qui dedaignant la terre,
Par l'aiguillon d'une divine erreur,
Jusques au ciel as poussé la fureur
De ton esprit qui divinement erre :
  Et toy encor' dont le laurier enserre
Le jeune front, ayant jà ce bonheur
De consacrer d'une saincte l'honneur
Sur tels autels encourtinez de l'hyerre [1],
  Si comme vous doucement enchanté
A vostre gré j'ay quelquefois chanté
Et mes ardeurs et l'honneur de l'Olive,
  Priez pour moi l'oyseau cyllenien
Guider mes pas jusqu'à tant que j'arrive
Dessus le bord du Tybre ausonien.

A ANDRÉ THEVET [2], ANGOULMOISIN

Si la premiere nef que veit la plaine humide
De nef fut transformée en astre flamboyant

1. Lierre*. 2. Voyageur célèbre.

Pour avoir voyagé d'un chemin ondoyant
Qui va du thessalique au rivage colchide :
  Combien doit nostre France à cest autre Æsonide,
Qui, comme l'océan, la terre costoyant,
Qui, comme le soleil, le monde tournoyant,
A veu tout ce qu'enceint ce grand espace vuide ?
  C'est Thevet qui sans plus des rocs cyanéans
N'a borné son voyage, ou des champs medéans,
Mais a veu nostre monde et l'autre monde encore :
  Dont il a rapporté, non comme fit Jason,
Des rivages du Phase, une blonde toison,
Mais tout ce qui se voit sur les champs de l'aurore.

COMPLAINTES ET ÉPITAPHES[1]

SUR LA MORT
DE LA SEIGN. SYLVIA MIRANDOLA

Tu es donquès enclose en ce petit tombeau,
Et tout ce que le ciel en toy monstra de beau,
La vertu, le sçavoir, la jeunesse et la grace,
Et la merveille encor' du surnom de ta race,
Les pleurs de ton espoux et de tes sœurs aussi
N'ont sceu mouvoir la Mort ni les dieux à merci.
Mais quiconques voudra egaler ta louange
Par ses vers, o Sylvie! il faudra qu'il se change
En ce divin Picus, honneur de tes ayeux,
Le Phœnyx de son temps, cogneu jusques aux cieux,
Duquel, comme Italie, et tout le monde encore,
Les immortels labeurs lit, apprend et adore,
Ainsi nostre François studieux de ton nom
Envoyra jusqu'au ciel le bruit de ton renom.
Et pour avoir jadis allaicté ton enfance,
Superbe à tout jamais se vantera la France;

1. Publiées avec les *Divers poëmes*.

Ou soit qu'elle raconte avec l'honnesteté
Ta grace egalement joincte à la chasteté,
Soit la grandeur de cœur, la sagesse avant l'aage,
Et dans un corps de femme un virile courage.

EPITAPHE DU SEIGNEUR BONIVET

La France et le Piémont, et les cieux et les arts,
Les soldats et le monde ont fait comme six parts
De ce grand Bonivet : car une si grand' chose
Dedans un seul tombeau ne pouvoit estre enclose.
La France en a le corps, qu'elle avoit eslevé ;
Le Piémont a le cœur, qu'il avoit esprouvé ;
Les cieux en ont l'esprit et les arts la memoire,
Les soldats le regret, et le monde la gloire.

EPITAPHE DE CLEMENT MAROT

Si de celuy le tombeau veux sçavoir,
Qui de Marot avoit plus que le nom,
Il te convient tous les lieux aller voir
Où France a mis le but de son renom.
Qu'en terre soit, je te respons que non,
Au moins de luy c'est la moindre partie :
L'ame est au lieu d'où elle estoit sortie,
Et de ses vers, qui ont donté la mort,
Les Sœurs luy ont sepulture bastie
Jusques au ciel : ainsi la mort n'y mord.

SUR LA MORT DE LA JEUNESSE FRANÇOISE

Que n'ay-je encor la voix qui plus haut tonne
Le bruit de ceux qui d'un cœur indonté
Pour maintenir la grecque liberté
Firent rougir les champs de Maratonne?
Tout ce grand rond, que la mer environne,
Oyroit sonner par l'immortalité
La hardiesse et la fidelité
Qui ont servi la françoise couronne.
Jeunesse heureuse, heureuse pour jamais,
Nous, nos enfans, nos nepveux desormais
Te nommerons l'honneur de ta province [1];
Et si dirons que ton sang espandu
Ne pouvoit pas estre mieux despendu [2]
Qu'en soustenant le droict d'un si bon prince.

1. De ta patrie*.   2. Dépensé*.

LES REGRETS[1]

A MONSIEUR D'AVANSON, CONSEILLER DU ROY

  Si je n'ay plus la faveur de la Muse,
Et si mes vers se trouvent imparfaits,
Le lieu, le temps, l'aage où je les ay faits,
Et mes ennuis leur serviront d'excuse.
  J'estois à Rome au milieu de la guerre,
Sortant desja de l'aage plus dispos,
A mes travaux cerchant quelque repos,
Non pour louange ou pour faveur acquerre[2].
  Ainsi voit-on celui qui sur la plaine
Picque le bœuf, ou travaille au rampart,
Se resjouir et d'un vers fait sans art
S'esvertuer au travail de sa peine.
  Celuy aussi qui dessus la galere
Fait escumer les flots à l'environ,
Ses tristes chants accorde à l'aviron,
Pour esprouver la rame plus legere.
  On dit qu'Achille, en remaschant[3] son ire,
De tels plaisirs souloit s'entretenir,

1. Publiés pour la première fois en 1558.
2. Infin. ancien, acquérir*. B.
3. Repassant en sa mémoire*.

Pour addoucir le triste souvenir
De sa maistresse aux fredons de sa lyre.

Ainsi flattoit le regret de la sienne,
Perdue, helas! pour la seconde fois,
Cil[1] qui jadis aux rochers et aux bois
Faisoit ouyr sa harpe thracienne.

La Muse ainsi me fait sur ce rivage,
Où je languis banni de ma maison,
Passer l'ennuy de la triste saison,
Seule compaigne à mon si long voyage.

La Muse seule, au milieu des alarmes,
Est asseurée et ne pallist de peur :
La Muse seule au milieu du labeur
Flatte la peine et desseiche les larmes[2].

D'elle je tiens le repos et la vie,
D'elle j'apprens à n'estre ambitieux,
D'elle je tiens les saincts presens des dieux,
Et le mespris de fortune et d'envie.

Aussi sçait-elle, ayant dès mon enfance
Tousjours guidé le cours de mon plaisir,
Que le devoir, non l'avare desir,
Si longuement me tient loin de la France... [12]

Celuy qui a de l'amoureux breuvage
Gousté, mal sain, le poison doux amer,
Cognoit son mal et, contraint de l'aymer,
Suit le lien qui le tient en servage.

Pour ce me plaist la douce poësie,
Et le doux traict par qui je fus blessé :
Dès le berceau la Muse m'a laissé
Cest aiguillon dedans la fantasie.

Je suis content qu'on appelle folie
De nos esprits la saincte déité,
Mais ce n'est pas sans quelque utilité
Que telle erreur si doucement nous lie.

Elle esblouit les yeux de la pensée

---

1. Celui*. B.   2. Virgile, *Georg*, I, 23?.

Pour quelquefois ne voir nostre malheur,
Et d'un doux charme enchante la douleur
Dont nuict et jour nostre ame est offensée... [4]

Quelqu'un dira : De quoy servent ces plaintes ?
Comme de l'arbre on voit naistre le fruict,
Ainsi les fruicts que la douleur produict
Sont les souspirs et les larmes non feintes.

De quelque mal un chacun se lamente,
Mais les moyens de plaindre sont divers :
J'ay, quant à moy, choisi celui des vers,
Pour desaigrir l'ennuy qui me tourmente... [28]

SONNETS

Je ne veux point fouiller au sein de la nature,
Je ne veux point cercher l'esprit de l'univers,
Je ne veux point sonder les abysmes couvers,
Ny designer [1] du ciel la belle architecture.

Je ne peins mes tableaux de si riche peinture
Et si hauts argumens ne recerche à mes vers,
Mais suivant de ce lieu les accidens divers
Soit de bien, soit de mal, j'escris à l'adventure.

Je me plains à mes vers, si j'ay quelque regret :
Je me ris avecq eux, je leur dy mon secret,
Comme estant de mon cœur les plus seurs secretaires [2].

Aussi ne veux-je tant les peigner et friser,
Et de plus braves noms ne les veux desguiser,
Que de papiers journaux ou bien de commentaires.

---

1. Figurer, dessiner*. B. 2. Confidents*. R. B.

Un plus sçavant que moy, Paschal, ira songer
Avecques l'Ascréan dessus la double cyme ;
Et pour estre de ceux dont on fait plus d'estime
Dedans l'onde au cheval tout nud s'ira plonger.

Quant à moy, je ne veux, pour un vers allonger,
M'accourcir le cerveau, ni pour polir ma ryme,
Me consumer l'esprit d'une soigneuse lime,
Frapper dessus ma table ou mes ongles ronger.

Aussi veux-je, Paschal, que ce que je compose
Soit une prose en ryme ou une ryme en prose,
Et ne veux pour cela le laurier meriter.

Et peut estre que tel se pense bien habile,
Qui trouvant de mes vers la ryme si facile,
En vain travaillera, me voulant imiter.

N'estant, comme je suis, encor exercité[1]
Par tant et tant de maux au jeu de la Fortune,
Je suivois d'Apollon la trace non commune,
D'une saincte fureur sainctement agité.

Ores ne sentant plus ceste divinité,
Mais picqué du souci qui fascheux m'importune,
Une adresse j'ay pris beaucoup plus opportune
A qui se sent forcé de la necessité.

Et c'est pourquoy (Seigneur) ayant perdu la trace,
Que suit vostre Ronsard par les champs de la grace,
Je m'adresse où je voy le chemin plus batu :

---

1. Exercé, fréq. au XVIe s. (L., étym.; les deux formes dans N.).

Ne me bastant [1] le cœur, la force, ni l'haleine,
De suivre, comme luy, par sueur et par peine,
Ce penible sentier qui meine à la vertu.

———∞———

Je ne veux feuilleter les exemplaires grecs,
Je ne veux retracer les beaux traicts d'un Horace,
Et moins veux imiter d'un Petrarque la grace,
Ou la voix d'un Ronsard, pour chanter mes regrets.
 Ceux qui sont de Phœbus vrais poëtes sacrez
Animeront leurs vers d'une plus grande audace :
Moy, qui suis agité d'une fureur plus basse,
Je n'entre si avant en si profonds secrets.
 Je me contenteray de simplement escrire
Ce que la passion seulement me fait dire,
Sans recercher ailleurs plus graves argumens.
 Aussi n'ay-je entrepris d'imiter en ce livre
Ceux qui par leurs escrits se vantent de revivre,
Et se tirer tout vifs dehors des monumens.

———∞———

Ceux qui sont amoureux leurs amours chanteront,
Ceux qui ayment l'honneur chanteront de la gloire,
Ceux qui sont près du roy publieront sa victoire,
Ceux qui sont courtisans leurs faveurs vanteront :
 Ceux qui ayment les arts les sciences diront,
Ceux qui sont vertueux pour tels se feront croire,
Ceux qui ayment le vin deviseront de boire,
Ceux qui sont de loisir de fables escriront :

---

1. Suffisant, du verbe baster, Th. Fr. Gl.; Jouain, Gl. Saint.; suffire, être en état (L.; Roquef.; Et. Pasqnier, éd. Feug.).

Ceux qui sont mesdisans se plairont à mesdire,
Ceux qui sont moins fascheux diront des mots pour rire,
Ceux qui sont plus vaillans vanteront leur valeur :
  Ceux qui se plaisent trop chanteront leur louange,
Ceux qui veulent flatter feront d'un diable un ange :
Moy, qui suis malheureux, je plaindray mon malheur.

—◆—

  Las ! où est maintenant ce mespris de fortune ?
Où est ce cœur vainqueur de toute adversité,
Cest honneste desir de l'immortalité,
Et ceste honneste flamme au peuple non commune ?
  Où sont ces doux plaisirs qu'au soir, sous la nuict brune,
Les Muses me donnoient, alors qu'en liberté
Dessus le verd tapy d'un rivage esquarté
Je les menois danser aux rayons de la lune[1] ?
  Maintenant la fortune est maistresse de moy,
Et mon cœur, qui souloit estre maistre de soy,
Est serf de mille maux et regrets qui m'ennuyent.
  De la posterité je n'ay plus de soucy,
Ceste divine ardeur, je ne l'ai plus aussy,
Et les Muses de moy, comme estranges[2], s'enfuyent.

—◆—

Ce pendant que la court mes ouvrages lisoit,
Et que la sœur du roy, l'unique Marguerite,
Me faisant plus d'honneur que n'estoit mon merite,
De son bel œil divin mes vers favorisoit,
  Une fureur d'esprit au ciel me conduisoit
D'une aile qui la mort et les siecles evite ;

1. Horace, *Od.*, I, IV. 2. Étrangères*.

Et le docte troppeau qui sur Parnasse habite
De son feu plus divin mon ardeur attisoit.

 Ores je suis muet, comme on voit la prophete [1],
Ne sentant plus le dieu, qui la tenoit sujette,
Perdre soudainement la fureur et la voix.

 Et qui ne prend plaisir qu'un prince luy commande ?
L'honneur nourrit les arts, et la Muse demande
Le théatre du peuple et la faveur des roys.

 Ne t'esbahis, Ronsard, la moitié de mon ame,
Si de ton Du Bellay France ne lit plus rien,
Et si avecques l'air du ciel italien,
Il n'a humé l'ardeur qui l'Italie enflamme.

 Le sainct rayon qui part des beaux yeux de ta dame,
Et la saincte faveur de ton prince et du mien,
Cela, Ronsard, cela, cela merite bien
De t'eschauffer le cœur d'une si vive flamme.

 Mais moy, qui suis absent des rays [2] de mon soleil,
Comment puis-je sentir eschauffement pareil
A celuy qui est près de sa flamme divine ?

 Les costeaux soleillez de pampre sont couvers :
Mais des Hyperborez les eternels hyvers
Ne portent que le froid, la neige et la bruine.

 France, mere des arts, des armes et des lois,
Tu m'as nourry long temps du laict de ta mammelle :
Ores, comme un aigneau qui sa nourrisse appelle,
Je remplis de ton nom les antres et les bois.

 Si tu m'as pour enfant advoué quelquefois,

---

1. Prophétesse (L., étym.).   2. Rayons*.

Que ne me respons-tu maintenant, ô cruelle?
France, France, respons à ma triste querelle [1].
Mais nul, sinon Echo, ne respond à ma voix.
 Entre les loups cruels j'erre parmy la plaine.
Je sens venir l'hyver, de qui la froide haleine
D'une tremblante horreur fait herisser [2] ma peau.
 Las! tes autres aigneaux n'ont faute [3] de pasture,
Ils ne craignent le loup, le vent, ny la froidure :
Si [4] ne suis-je pourtant le pire du troppeau.

Ce n'est le fleuve Thusque au superbe rivage,
Ce n'est l'air des Latins, ni le mont Palatin,
Qui ores, mon Ronsard, me fait parler latin,
Changeant à l'estranger mon naturel langage ;
 C'est l'ennuy de me voir trois ans, et d'avantage,
Ainsi qu'un Promethé, cloué sur l'Aventin,
Où l'espoir miserable et mon cruel destin,
Non le joug amoureux, me detient en servage.
 Et quoy, Ronsard, et quoy, si au bord estranger
Ovide osa sa langue en barbare changer,
Afin d'estre entendu, qui me pourra reprendre
 D'un change [5] plus heureux ? Nul, puis que le François,
Quoy qu'au Grec et Romain égalé tu te sois,
Au rivage Latin ne se peut faire entendre.

Bien qu'aux arts d'Apollon le vulgaire n'aspire,
Bien que de tels thresors l'avarice n'ait soin,

---

1. Plainte, *querela* (L., hist., ex. de Marot; Joinville).
2. Ell. du pron. person. après faire (Godef., Lex. de Corn., II, p. 186).
3. Manque.
4. Et je ne suis. Inversion après *si* du sujet du verbe*. R.
5. Changement (Malh., p. 88, 90).

Bien que de tels harnois le soldat n'ait besoin,
Bien que l'ambition tels honneurs ne desire :
  Bien que ce soit aux grands un argument de rire,
Bien que les plus rusez s'en tiennent le plus loin,
Et bien que Du Bellay soit suffisant tesmoin
Combien est peu prisé le mestier de la lyre :
  Bien qu'un art sans profit ne plaise au courtisan,
Bien qu'on ne paye en vers l'œuvre d'un artisan,
Bien que la Muse soit de pauvreté suyvie :
  Si ne veux-je pourtant delaisser de chanter,
Puis que le seul chant peut mes ennuis enchanter,
Et qu'aux Muses je doy bien six ans de ma vie.

—◦◦—

  Veu le soin mesnager[1], dont travaillé je suis,
Veu l'importun souci, qui sans fin me tourmente,
Et veu tant de regrets, desquels je me lamente,
Tu t'esbahis souvent comment chanter je puis :
  Je ne chante, Magny, je pleure mes ennuis,
Ou, pour le dire mieux, en pleurant je les chante,
Si bien qu'en les chantant, souvent je les enchante :
Voila pourquoy, Magny, je chante jours et nuicts.
  Ainsi chante l'ouvrier[2] en faisant son ouvrage,
Ainsi le laboureur faisant son labourage,
Ainsi le pelerin regrettant sa maison,
  Ainsi l'adventurier en songeant à sa dame,
Ainsi le marinier en tirant à la rame,
Ainsi le prisonnier maudissant sa prison.

—◦◦—

  Maintenant je pardonne à la douce fureur,
Qui me fait consumer le meilleur de mon aage,

---

1. Du ménage. Allusion à ses occupations auprès du Cardinal.
2. Voy. p. 174.
Voy. plus loin p. 211.

Sans tirer autre fruict de mon ingrat ouvrage,
Que le vain passe-temps d'une si longue erreur.

Maintenant je pardonne à ce plaisant labeur,
Puis que seul il endort le souci qui m'outrage,
Et puis que seul il fait qu'au milieu de l'orage,
Ainsi qu'auparavant je ne tremble de peur.

Si les vers ont esté l'abus de ma jeunesse,
Les vers seront aussi l'appuy de ma vieillesse :
S'ils furent ma folie, ils seront ma raison.

S'ils furent ma blessure, ils seront mon Achille,
S'ils furent mon venin, le scorpion utile
Qui sera de mon mal la seule guarison.

—⚬⚬—

Si l'importunité d'un crediteur [1] me fasche,
Les vers m'ostent l'ennuy du fascheux crediteur :
Et si je suis fasché d'un fascheux serviteur,
Dessus les vers, Boucher, soudain je me desfasche.

Si quelqu'un dessus moy sa colere deslache
Sur mes vers je vomis le venin de mon cœur :
Et si mon faible esprit est recreu [2] du labeur,
Les vers font que plus frais je retourne à ma tasche.

Les vers chassent de moy la molle oisiveté,
Les vers me font aymer la douce liberté,
Les vers chantent pour moy ce que dire je n'ose.

Si donc j'en recueillis tant de profits divers,
Demandes-tu, Boucher, de quoy servent les vers
Et quel bien je reçoy de ceux que je compose ?

—⚬⚬—

Panjas, veux-tu sçavoir quels sont mes passe-temps ?
Je songe au lendemain, j'ay soin de la despense [3]

---

1. Créancier (L., étym.; les deux dans N.).
2. Fatigué*. R. B.
3. Voy. p. 208 et p. 211.

Qui se fait chacun jour, et si faut que je pense
A rendre sans argent cent crediteurs contens.

Je vays, je viens, je cours, je ne perds point le temps.
Je courtise un banquier, je prens argent d'avance :
Quand j'ay despesché l'un, un autre recommence,
Et ne fais pas le quart de ce que je pretens.

Qui me presente un compte, une lettre, un memoire,
Qui me dit que demain est jour de consistoire,
Qui me rompt le cerveau de cent propos divers :

Qui se plaint, qui se deult¹, qui murmure, qui crie,
Avecques tout cela, dy, Panjas, je te prie,
Ne t'esbahis-tu point comment je fais des vers ?

—◇◇—

Ce pendant que Magny suit son grand Avanson,
Panjas son cardinal, et moy le mien encore,
Et que l'espoir flatteur, qui nos beaux ans devore
Apaste nos desirs d'un friand hameçon,

Tu courtises les roys, et d'un plus heureux son
Chantant l'heur de Henry, qui son siecle decore,
Tu t'honores toy mesme, et celuy qui honore
L'honneur que tu luy fais par ta docte chanson.

Las ! et nous ce pendant nous consumons nostre aage
Sur le bord incognu d'un estrange² rivage,
Où le malheur nous fait ces tristes vers chanter :

Comme on voit quelquefois, quand la mort les appelle.
Arrangez flanc à flanc parmy l'herbe nouvelle,
Bien loin sur un estang trois cygnes lamenter.

—◇◇—

Après avoir long temps erré sur le rivage,
Où l'on voit lamenter tant de chetifs de court³,

---

1. Ind. prés. du verbe se douloir, se lamenter*. R. B.
2. Étranger*.
3. Voy. ci-dessus, p. 120.

Tu as attaint le bord, où tout le monde court,
Fuyant de pauvreté le penible servage.

Nous autres ce pendant, le long de ceste plage,
En vain tendons les mains vers le nautonnier sourd,
Qui nous chasse bien loin : car, pour le faire court,
Nous n'avons un quatrain pour payer le naulage.

Ainsi donc tu jouys du repos bienheureux,
Et comme sont là bas ces doctes amoureux,
Bien avant dans un bois te perds avec ta dame :

Tu bois le long oubli de tes travaux passez,
Sans plus penser en ceux que tu as delaissez,
Criant dessus le port ou tirant à la rame.

―∞―

Si tu ne sçais, Morel, ce que je fais ici,
Je ne fais pas l'amour, ni autre tel ouvrage ;
Je courtise mon maistre, et si fais davantage,
Ayant de sa maison le principal souci [1].

Mon Dieu (ce diras-tu), quel miracle est-ce ci
Que de voir Du Bellay se mesler du mesnage,
Et composer des vers en un autre langage !
Les loups et les aigneaux s'accordent tout ainsi.

Voyla que [2] c'est, Morel : la douce poésie
M'accompagne partout, sans qu'autre fantasie
Et si plaisant labeur me puisse rendre oisif.

Mais tu me respondras : Donne, si tu es sage,
De bonne heure congé au cheval qui est d'aage,
De peur qu'il ne s'empire et devienne poussif.

―∞―

Ce pendant que tu dis ta Cassandre divine,
Les louanges du roy, et l'heritier d'Hector,

---

1. Voy. les sonnets précéd.   2. Ce que, *quod*. R. B.

Et ce Montmorancy, nostre françois Nestor,
Et que de sa faveur Henry t'estime digne;
   Je me pourmeine [1] seul sur la rive latine,
La France regrettant, et regrettant encor
Mes antiques amis, mon plus riche thresor,
Et le plaisant sejour de ma terre Angevine.
   Je regrette les bois et les champs blondissans,
Les vignes, les jardins et les prés verdissans,
Que mon fleuve traverse : ici pour recompense
   Ne voyant que l'orgueil de ces monceaux pierreux,
Où me tient attaché d'un espoir malheureux
Ce que possede moins celuy qui plus y pense.

—◇—

   Heureux de qui la mort de sa gloire est suyvie,
Et plus heureux celuy dont l'immortalité
Ne prend commencement de la posterité,
Mais devant que la mort ait son ame ravie !
   Tu jouys, mon Ronsard, mesme durant ta vie,
De l'immortel honneur que tu as merité :
Et devant que mourir, rare felicité,
Ton heureuse vertu triomphe de l'envie.
   Courage donc, Ronsard, la victoire est à toy,
Puis que de ton costé est la faveur du roy :
Jà du laurier vainqueur tes tempes ses couronnent,
   Et jà la tourbe espaisse à l'entour de ton flanc
Ressemble [2] ces esprits qui là bas environnent
Le grand prestre de Thrace au long sourpeli [3] blanc

—◇—

   Comte, qui ne fit onc compte de la grandeur,
Ton Du Bellay n'est plus : ce n'est plus qu'une souche,

---

1. Promène*. R. *Prou et pour permutant ensemble*; voy. Baïf, *Tabl. de la pron.*, p. 382.
2. Verbe actif*. R.
3. Surplis (L., hist.; N.; Roquef.).

Qui dessus un ruisseau d'un dos courbé se couche,
Et n'a plus rien de vif qu'un petit[1] de verdeur.

Si j'escri quelquefois, je n'escri point d'ardeur,
J'escri naifvement tout ce qu'au[2] cœur me touche,
Soit de bien, soit de mal, comme il vient à la bouche,
En un stile aussi lent que lente est ma froideur.

Vous autres ce pendant, peintres de la nature,
Dont l'art n'est pas enclos dans une portraicture,
Contrefaites des vieux les ouvrages plus beaux.

Quant à moy, je n'aspire à si haute louange,
Et ne sont mes portraicts auprès de vos tableaux,
Non plus qu'est un Janet auprès d'un Michel-Ange.

—◇◇—

Ores, plus que jamais, me plaist d'aimer la muse,
Soit qu'en françois j'escrive ou langage romain,
Puis que le jugement d'un prince tant humain
De si grande faveur envers les lettres use.

Donc le sacré mestier, où ton esprit s'amuse,
Ne sera desormais un exercice vain,
Et le tardif labeur que nous promet ta main
Desormais pour Francus n'aura plus nulle excuse :

Ce pendant, mon Ronsard, pour tromper mes ennuis,
Et non pour m'enrichir, je suyvray, si je puis,
Les plus humbles chansons de ta muse lassée.

Aussi chacun n'a pas merité que d'un roy
La liberalité lui face, comme à toy,
Ou son archet doré, ou sa lyre crossée.

—◇◇—

Ne lira-t-on jamais que ce dieu rigoureux?
Jamais ne lira-t-on que ceste Idaliene?

1. Un peü*.   2. Élis. de l'*i* (Gén. Var., p 187).

Ne verra-t-on jamais Mars sans la Cyprienne?
Jamais ne verra-t-on que Ronsard amoureux?
   Retistra-lon [1] tousjours, d'un tour laborieux,
Ceste toile, argument d'une si longue peine?
Reverra-t-on tousjours Oreste sur la scène?
Sera tousjours Roland par amour furieux?
   Ton Francus, ce pendant, a beau hausser les voiles,
Dresser le gouvernail, espier les estoiles,
Pour aller où il deust estre ancré desormais:
   Il a le vent à gré, il est en equippage,
Il est encor pourtant sur le troyen rivage,
Aussi croy-je, Ronsard, qu'il n'en partit jamais.

—∞—

Qu'heureux tu es, Baïf, heureux et plus qu'heureux,
De ne suyvre abusé ceste aveugle déesse,
Qui d'un tour inconstant et nous hausse et nous baisse,
Mais cest aveugle enfant qui nous fait amoureux!
   Tu n'esprouves, Baïf, d'un maistre rigoureux
Le severe sourci: mais la douce rudesse
D'une belle, courtoise, et gentile [2] maistresse,
Qui fait languir ton cœur doucement langoureux.
   Moy chetif ce pendant, loin des yeux de mon prince,
Je vieillis malheureux en estrange province [3],
Fuyant la pauvreté: mais, las! ne fuyant pas
   Les regrets, les ennuis, le travail et la peine,
Le tardif repentir d'une esperance vaine,
Et l'importun souci qui me suit pas à pas.

—∞—

Malheureux l'an, le mois, le jour, l'heure et le poinct,
Et malheureuse soit la flatteuse esperance,

---

1. Retissera-t-on*. *Voy.* p. 49
et p. 104.
2. *Voy.* p. 104.
3. En pays étranger*.

Quand pour venir icy j'abandonnay la France,
La France et mon Anjou dont le désir me poingt.

Vrayment d'un bon oyseau guidé je ne fus point,
Et mon cœur me donnoit assez signifiance [1]
Que le ciel estoit plein de mauvaise influence,
Et que Mars estoit lors à Saturne conjoint.

Cent fois le bon advis lors m'en voulut distraire,
Mais tousjours le destin me tiroit au contraire :
Et si mon desir n'eust aveuglé ma raison,

N'estoit-ce pas assez pour rompre mon voyage,
Quand sur le seuil de l'huis, d'un sinistre presage,
Je me blessay le pied sortant de ma maison?

Si celuy qui s'appreste à faire un long voyage
Doit croire cestuy-là qui a jà voyagé,
Et qui des flots marins longuement outragé,
Tout moite et degouttant, s'est sauvé du naufrage,

Tu me croiras, Ronsard, bien que tu sois plus sage,
Et quelque peu encor (ce croy-je) plus aagé,
Puis que j'ay devant toy en ceste mer nagé,
Et que desja ma nef descouvre le rivage.

Doncques je t'advertis que ceste mer romaine,
De dangereux escueils et de bancs toute pleine,
Cache mille perils, et qu'ici bien souvent

Trompé du chant pipeur des monstres de Sicile
Pour Charybde eviter tu tomberas en Scyle,
Si tu ne sçais nager d'une voile à tout vent.

Ce n'est l'ambition, ny le soin d'aquerir,
Qui m'a faict delaisser ma rive paternelle,

---

1. Marque, indice (L.).

Pour voir ces mons couvers d'une neige eternelle
Et par mille dangers ma fortune querir.

Le vray honneur, qui n'est coustumier de perir,
Et la vraye vertu, qui seule est immortelle,
Ont comblé mes desirs d'une abondance telle,
Qu'un plus grand bien aux dieux je ne veux requerir.

L'honneste servitude où mon devoir me lie
M'a fait passer les mons de France en Italie,
Et demeurer trois ans sur ce bord estranger,

Où je vy languissant. Ce seul devoir encore
Me peut faire changer France à l'Inde et au More,
Et le ciel à l'enfer me peut faire changer.

—◆◇◆—

Quand je te dis adieu pour m'en venir ici,
Tu me dis, mon Lahaye[1], il m'en souvient encore :
Souvienne-toy, Bellay, de ce que tu es ore,
Et comme tu t'en vas, retourne-t'en ainsi.

Et tel comme je vins, je m'en retourne aussi :
Hors mis un repentir qui le cœur me devore,
Qui me ride le front, qui mon chef decolore,
Et qui me fait plus bas enfoncer le sourci.

Ce triste repentir, qui me ronge et me lime,
Ne vient (car j'en suis net) pour sentir[2] quelque crime
Mais pour m'estre trois ans à ce bord arresté :

Et pour m'estre abusé d'une ingrate esperance,
Qui, pour venir ici trouver la pauvreté,
M'a fait (sot que je suis) abandonner la France.

—◆◇◆—

Je hay plus que la mort un jeune casanier,
Qui ne sort jamais hors, sinon aux jours de feste,

---

1. Maclou de Lahaye. 2. A cause que je sens.

Et craignant plus le jour qu'une sauvage beste,
Se fait en sa maison luy-mesme prisonnier.

 Mais je ne puis aymer un vieillard voyager¹,
Qui court deçà delà, et jamais ne s'arreste,
Ains², des pieds moins leger que leger de la teste,
Ne sejourne jamais non plus qu'un messager.

 L'un sans se travailler en scureté demeure,
L'autre qui n'a repos jusques à tant qu'il meure,
Traverse nuict et jour mille lieux dangereux :

 L'un passe riche et sot heureusement sa vie,
L'autre, plus souffreteux qu'un pauvre qui mendie,
S'acquiert en voyageant un sçavoir malheureux.

 Quiconques, mon Bailleul, fait longuement sejour
Sous un ciel incognu, et quiconques endure
D'aller de port en port cherchant son adventure,
Et peut vivre estranger dessous un autre jour,

 Qui peut mettre en oubly de ses parens l'amour,
L'amour de sa maistresse, et l'amour que nature
Nous fait porter au lieu de nostre nourriture,
Et voyage tousjours sans penser au retour :

 Il est fils d'un rocher, ou d'une ourse cruelle,
Et digne que jadis ait succé la mamelle
D'une tygre³ inhumaine. Encor ne voit-on poinct

 Que les fiers animaux en leurs forts ne retournent :
Et ceux qui parmy nous domestiques sejournent,
Tousjours de la maison le doux desir les poingt.

 Heureux qui, comme Ulysse, a fait un beau voyage⁴,
Ou comme cestuy là qui conquit la toison,

---

1. Voyageur*. B.
2. Mais*.
3. Fém. de tigre*. R.
4. Cf. Jean D'Aurat, *Carmen de reditu in Italia Joach. Bellaii.*, dans les *Delit. poet. Gall.*, tome I, p. 271, et les vers de du Bellay, *ib.* pp. 435, 438.

Et puis est retourné, plein d'usage et raison,
Vivre entre ses parens le reste de son aage !
  Quand reverray-je, helas ! de mon petit village
Fumer la cheminée, et en quelle saison
Reverray-je le clos de ma pauvre maison,
Qui m'est une province [1], et beaucoup d'avantage !
  Plus me plaist le sejour qu'ont basty mes ayeux,
Que des palais romains le front audacieux ;
Plus que le marbre dur me plaist l'ardoise fine ;
  Plus mon Loyre gaulois que le Tybre latin,
Plus mon petit Liré que le mont Palatin,
Et plus que l'air marin la douceur angevine.

⚬⚬

  « Je me feray sçavant en la philosophie,
« En la mathematique et medecine aussi ;
« Je me feray legiste et d'un plus haut souci
« Apprendray les secrets de la théologie ;
  « Du luth et du pinceau j'en esbatroy ma vie,
« De l'escrime et du bal ! » Je discourois ainsi
Et me vantois en moy d'apprendre tout ceci,
Quand je changeay la France au sejour d'Italie.
  O beaux discours humains ! je suis venu si loin
Pour m'enrichir [2] d'ennuy, de vieillesse et de soin,
Et perdre en voyageant le meilleur de mon aage.
  Ainsi le marinier souvent pour tout thresor
Rapporte des harans au lieu de lingots d'or,
Ayant fait, comme moy, un malheureux voyage.

⚬⚬

  Que feray-je, Morel ? dy-moy, si tu l'entens,
Feray-je encore ici plus longue demeurance,
Ou s' j'iray revoir les campaignes de France,

---

1. Une patrie.   2. Cf. La Font., *Fab.*, VII, 1.

Quand les neiges fondront au soleil du printemps?
Si je demeure ici, helas! je perds mon temps,
A me repaistre en vain d'une longue esperance!
Et si je veux ailleurs fonder mon asseurance,
Je fraude mon labeur du loyer que j'attens.
Mais faut-il vivre ainsi d'une esperance vaine?
Mais faut-il perdre ainsi bien trois ans de ma peine?
Je ne bougeray donc; non, non, je m'en iray.
Je demourray pourtant, si tu me le conseilles.
Helas! mon cher Morel, dy-moy que [1] je feray,
Car je tiens, comme on dit, le loup par les oreilles [2].

—∞—

Comme le marinier que le cruel orage
A long temps agité dessus la haute mer,
Ayant finablement à force de ramer
Garanty son vaisseau du danger du naufrage,
Regarde sur le port, sans plus craindre la rage
Des vagues ni des vents, les ondes escumer :
Et quelqu'autre bien loin, au danger d'abysmer,
En vain tendre les mains vers le front du rivage;
Ainsi, mon cher Morel, sur le port arresté
Tu regardes la mer, et vois, en seureté,
De mille tourbillons son onde renversée :
Tu la vois jusqu'au ciel s'eslever bien souvent,
Et vois ton Du Bellay, à la merci du vent,
Assis au gouvernail dans une nef percée.

—∞—

La nef qui longuement a voyagé, Dillier,
Dedans le sein [5] du port à la fin on la serre :
Et le bœuf qui long temps a renversé la terre,
Le bouvier à la fin luy oste le collier :

1. Ce que, *quod* *.
2. Prov. latin.
5. Latin., *sinus* (L., ex. de Regnard).

Le vieil cheval se voit à la fin deslier,
Pour ne perdre l'haleine, ou quelque honte acquerre[1] :
Et pour se reposer du travail de la guerre,
Se retire à la fin le vieillard chevalier :
    Mais moy, qui jusqu'icy n'ay prouvé[2] que la peine,
La peine et le malheur d'une esperance vaine,
La douleur, le soucy, les regrets, les ennuys,
    Je vieillis peu à peu sur l'onde ausonienne,
Et si n'espere point, quelque bien qui m'advienne,
De sortir jamais hors des travaux où je suis.

—◇◇—

Depuis que j'ay laissé mon naturel sejour,
Pour venir où le Tybre aux flots tortus ondoye,
Le ciel a veu trois fois par son oblique voye
Recommencer son cours la grand' lampe du jour.
    Mais j'ay si grand desir de me voir de retour,
Que ces trois ans me sont plus qu'un siege de Troye,
Tant me tarde, Morel, que Paris je revoye
Et tant le ciel pour moy fait lentement son tour!
    Il fait son tour si lent et me semble si morne,
Si morne et si pesant, que le froid Capricorne
Ne m'accourcit les jours, ni le Cancre les nuicts.
    Voilà, mon cher Morel, combien le temps me dure
Loin de France et de toy, et comment la nature
Fait toute chose longue avecques mes ennuys.

—◇◇—

C'estoit ores, c'estoit qu'à moy je devois vivre
Sans vouloir estre plus que cela que je suis,
Et qu'heureux je devois de ce peu que je puis
Vivre content du bien de la plume et du livre.
    Mais il n'a pleu aux dieux me permettre de suivre

---

1. Acquérir*. B.   2. Éprouvé (L., hist.), lat.

Ma jeune liberté, ni faire que depuis
Je vesquisse¹ aussi franc de travaux et d'ennuis,
Comme d'ambition j'estois franc et delivre².

Il ne leur a pas pleu qu'en ma vieille saison
Je sceusse quel bien c'est de vivre en sa maison,
De vivre entre les siens sans crainte et sans envie.

Il leur a pleu, helas! qu'à ce bord estranger
Je visse ma franchise en prison se changer,
Et la fleur de mes ans en l'hyver de vie.

O qu'heureux est celuy qui peut passer son aage
Entre pareils à soy! et qui sans fiction,
Sans crainte, sans envie, et sans ambition,
Regne paisiblement en son pauvre mesnage³!

Le miserable soin d'acquerir davantage
Ne tyrannise point sa libre affection ;
Et son plus grand desir, desir sans passion,
Ne s'estend plus avant que son propre heritage.

Il ne s'empesche⁴ point des affaires d'autruy,
Son principal espoir ne despend que de luy,
Il est sa court, son roy, sa faveur et son maistre.

Il ne mange son bien en païs estranger,
Il ne met pour autruy sa personne en danger,
Et plus riche qu'il est ne voudroit jamais estre.

Mauny, prenons en gré la mauvaise fortune
Puis que nul ne se peut de la bonne asseurer,
Et que de la mauvaise on peut bien esperer,
Estant son naturel de n'estre jamais une.

Le sage nocher craint la faveur de Neptune,

---

1. Imp. du subj. (L., rem. 2;
Burg., II, p. 234; Bart. Chr.).
2. Libre, affranchi*. B.

3. Cf. Horace, Racan, etc.
4. Il ne s'embarasse (L., ex. de Molière).

Sçachant que le beau temps long temps ne peut durer :
Et ne vaut-il pas mieux quelque orage endurer,
Que d'avoir tousjours peur de la mer importune ?

Par la bonne fortune on se trouve abusé,
Par la fortune adverse on devient plus rusé :
L'une esteint la vertu, l'autre la fait paroistre :

L'une trompe nos yeux d'un visage menteur,
L'autre nous fait l'ami cognoistre du flatteur,
Et si nous fait encor à nous mesme cognoistre.

—◇—

Vivons, Gordes, vivons; vivons, et pour le bruit
Des vieillards ne laissons à faire bonne chere :
Vivons, puis que la vie est si courte et si chere,
Et que mesmes les rois n'en ont que l'usufruit.

Le jour s'esteint au soir et au matin reluit,
Et les saisons refont leur course coustumiere ;
Mais, quand l'homme a perdu ceste douce lumiere,
La mort luy fait dormir une eternelle nuict.

Donc imiterons-nous le vivre[1] d'une beste ?
Non ; mais, devers[2] le ciel levant toujours la teste,
Gousterons quelquefois la douceur du plaisir.

Celuy vrayment est fol, qui changeant l'asseurance
Du bien qui est present en douteuse esperance,
Veut toujours contredire à son propre desir.

—◇—

Je hay du Florentin l'usuriere avarice,
Je hay du fol Sienois le sens mal arresté ;
Je hay du Genevois la rare verité,
Et du Venitien la trop caute[3] malice ;

Je hay le Ferrarois pour je ne sçay quel vice,
Je hay tous les Lombards pour l'infidelité,

---

1. Infinitif pris substantivement, la manière de vivre.
2. Vers*. R. B.
3. Prudente, rusée*.

Le fier Napolitain pour sa grand vanité,
Et le poltron Romain pour son peu d'exercice :
  Je hay l'Anglais mutin et le brave Escossois,
Le traistre Bourguignon et l'indiscret François,
Le superbe Espagnol et l'yvrongne Tudesque :
  Bref, je hay quelque vice en chasque nation,
Je hay moymesme encor' mon imperfection,
Mais je hay par sur tout un sçavoir pedantesque.

———◦◦———

  Je ne descouvre ici les mysteres sacrez
Des saints prestres romains, je ne veux rien escrire
Que la vierge honteuse ait vergongne de lire :
Je veux toucher sans plus aux vices moins secrets.
  Mais tu diras que mal je nomme ces regrets,
Veu que le plus souvent j'use de mots pour rire ;
Et je di que la mer ne bruit[1] tousjours son ire,
Et que tousjours Phœbus ne sagette[2] les Grecs[3].
  Si tu rencontres donc ici quelque risée,
Ne baptise pourtant de plainte desguisée
Les vers que je souspire au bord ausonien.
  La plainte que je fais, Dilliers, est veritable :
Si je ri, c'est ainsi qu'on se rit à la table,
Car je ri, comme on dit, d'un ris sardonien.

———◦◦———

  Je ne te conteray de Boulongne et Venise,
De Padoue et Ferrare, et de Milan encor',
De Naples, de Florence, et lesquelles sont or'
Meilleures pour la guerre ou pour la marchandise.
  Je te raconteray du siege de l'Église,
Qui fait d'oisiveté son plus riche thresor,
Et qui, dessous l'orgueil des trois couronnes d'or,

---

1. Fait retentir*. Cf. Horace.
2. Percé de sagettes*. B.
3. Pron. Grès, comme dans Rons, p. 286, et dans Baïf, p. 4.

Couve l'ambition, la haine et la faintise [1] :
Je te diray qu'ici le bonheur et malheur,
Le vice, la vertu, le plaisir, la douleur,
La science honorable et l'ignorance abonde.

Bref, je diray qu'ici, comme en ce vieil chaos,
Se trouve, Peletier, confusément enclos,
Tout ce qu'on void de bien et de mal en ce monde.

—◆—

Si je monte au palais, je n'i [2] trouve qu'orgueil,
Que vice desguisé, qu'une cerimonie [3],
Qu'un bruit de tabourins [4], qu'une estrange harmonie,
Et de rouges habits un superbe appareil [5] ;

Si je descens en banque, un amas et recueil
De nouvelles je trouve, une usure infinie,
De riches Florentins une troppe [6] bannie,
Et de pauvres Sienois un lamentable dueil ;

Si je vois plus avant, quelque part où j'arrive,
Je trouve de Venus la grand bande lascive
Dressant de tous costez mil'appas amoureux ;

Si je passe plus outre et de la Rome neuve
Entre en la vieille Rome, adonques je ne treuve
Que de vieux monumens un grand monceau pierreux.

—◆—

Il fait bon voir, Paschal, un conclave serré,
Et l'une chambre à l'autre egalement voisine
D'antichambre servir, de salle et de cuisine,
En un petit recoin de dix pieds en carré.

---

1. La dissimulation*. R.
2. Y*. B.
3. Cérémonie (L.; N.).
4. Tambourins*. R. Les deux prononciations étaient usitées ; voy. Baïf, *Tableau de la prononciation*, p. 582.
5. Vers la fin du xvi° siècle les mots en *eil* et en *ueil* rimaient ensemble (Des Accords, *Dict. des rimes*, 1587, p. 104 b).
6. Troupe*.

Il fait bon voir autour le palais emmuré,
Et briguer là dedans ceste troppe divine,
L'un par ambition, l'autre par bonne mine,
Et par despit de l'un estre l'autre adoré !

Il fait bon voir dehors toute la ville en armes
Crier : « Le pape est fait ! » donner de faux alarmes,
Saccager un palais ; mais plus que tout cela

Fait bon voir qui de l'un, qui de l'autre se vante,
Qui met pour cestui-ci, qui met pour cestui-là,
Et pour moins d'un escu dix cardinaux en vente.

―◦◦―

Veux-tu sçavoir, du Thier, quelle chose c'est Rome ?
Rome est de tout le monde un public eschafaut,
Une scene, un théatre, auquel rien ne defaut,
De ce qui peut tomber ès actions de l'homme.

Ici se voit le jeu de la fortune, et comme
Sa main nous fait tourner ores bas, ores haut ;
Ici chacun se monstre, et ne peut, tant soit caut [1],
Faire que tel qu'il est le peuple ne le nomme ;

Ici du faux et vray la messagere court,
Ici les courtisans font l'amour et la court [2],
Ici l'ambition et la finesse abonde ;

Ici la liberté fait l'humble audacieux,
Ici l'oysiveté rend le bon vicieux,
Ici le vil faquin discourt des faits du monde.

―◦◦―

Ne pense, Robertet, que ceste Rome ci
Soit ceste Rome là qui te souloit tant plaire :
On n'y fait plus credit, comme l'on souloit faire,
On n'y fait plus l'amour, comme on souloit aussi.

---

1. Prudent*.   2. *Voy.* Malherbe, p. 126.

La paix et le bon temps ne regnent plus ici.
La musique et le bal sont contraints de s'y taire,
L'air y est corrompu, Mars y est ordinaire,
Ordinaire la faim, la peine et le soucy.

L'artisan desbauché y ferme sa boutique,
L'ocieux advocat y laisse sa pratique,
Et le pauvre marchand y porte le bissac :

On ne voit que soldats, et morrions en teste,
On n'oit [1] que tabourins et semblable tempeste ;
Et Rome tous les jours n'attend qu'un autre sac.

―⟡―

Nous ne faisons la court aux filles de Memoire,
Comme vous qui vivez libres de passion :
Si vous ne sçavez donc nostre occupation,
Ces dix vers ensuivans vous la feront notoire :

Suivre son cardinal au pape, au consistoire,
En cappelle [2], en visite, en congrégation
Et pour l'honneur d'un prince, ou d'une nation,
De quelque ambassadeur accompagner la gloire :

Estre en son rang de garde auprès de son seigneur,
Et faire aux survenans l'accoustumé honneur,
Parler du bruit qui court, faire de l'habile homme,

Se pourmener [3] en housse, aller voir d'huis en huis
La Marthe ou la Victoire, et s'engager aux Juifs :
Voila, mes compagnons, le passe-temps de Rome.

―⟡―

Flatter un crediteur [4], pour son terme allonger,
Courtiser un banquier, donner bonne esperance,
Ne suivre en son parler la liberté de France,
Et pour respondre un mot, un quart d'heure y songer ;

1. On n'entend.
2. Chapelle, ital. *capella*.
3. Promener*.
4. Créancier*.

Ne gaster sa santé par trop boire et manger,
Ne faire sans propos une folle despense,
Ne dire à tous venans tout cela que l'on pense,
Et d'un maigre discours gouverner l'estranger :
 Cognoistre les humeurs, cognoistre qui demande,
Et d'autant que lon a la liberté plus grande,
D'autant plus se garder que l'on ne soit repris :
 Vivre avecques chacun, de chacun faire compte :
Voila, mon cher Morel, (dont je rougis de honte)
Tout le bien qu'en trois ans à Rome j'ay appris.

 Marcher d'un grave pas, et d'un grave souci,
Et d'un grave sousris à chacun faire feste,
Balancer tous ses mots, respondre de la teste,
Avec un *Messer non*, ou bien un *Messer si* :
 Entremesler souvent un petit *è cosi*,
Et d'un *son servitor'*, contrefaire l'honneste,
Et, comme si l'on eust sa part en la conqueste,
Discourir sur Florence et sur Naples aussi :
 Seigneuriser[1] chacun d'un baisement de main,
Et, suivant la façon du courtisan romain,
Cacher sa pauvreté d'une brave apparence ;
 Voila de ceste cour la plus grande vertu,
Dont, souvent mal monté, mal sain et mal vestu,
Sans barbe et sans argent, on s'en retourne en France.

 D'où vient cela, Mauny, que tant plus on s'efforce
D'eschapper hors d'ici, plus le demon du lieu
(Et que seroit-ce donc, si ce n'est quelque dieu)
Nous y tient attachez par une douce force.

1. Honorer; *voy.* Baïf, p. 376.

Seroit-ce point d'amour ceste allechante amorce,
Ou quelque autre venin, dont après avoir beu,
Nous sentons nos esprits nous laisser peu à peu
Comme un corps qui se perd sous une neuve escorce ?

J'ay voulu mille fois de ce lieu m'estranger,
Mais je sens mes cheveux en feuilles se changer,
Mes bras en longs rameaux et mes pieds en racine ;

Bref, je ne suis plus rien qu'un vieil tronc animé,
Qui se plaint de se voir à ce bord transformé
Comme le myrte anglois au rivage d'Alcine

⚬⚬

Ne pense pas, Bouju, que les nymphes latines,
Pour couvrir leur raison d'une humble privauté.
Ni pour masquer leur teint d'une fausse beauté,
Me facent oublier nos nymphes angevines.

L'angevine douceur, les paroles divines,
L'habit qui ne tient rien de l'impudicité,
La grace, la jeunesse et la simplicité
Me desgoustent, Bouju, de ces vieilles Alcines.

Qui les voit par dehors ne peut rien voir plus beau :
Mais le dedans ressemble au dedans d'un tombeau,
Et si [1] rien entre nous moins honneste se nomme.

O quelle gourmandise ! ô quelle pauvreté !
O quelle horreur de voir leur immondicité !
C'est vraiment de les voir le salut d'un jeune homme.

⚬⚬

Heureux celuy qui peut long temps suivre la guerre,
Sans mort ou sans blessure ou sans longue prison !
Heureux qui longuement vit hors de sa maison,
Sans despendre [2] son bien ou sans vendre sa terre !

---

1. Et encore, et même *. 2. Dépenser *

LES REGRETS.

Heureux qui peut en court quelque faveur acquerre[1],
Sans crainte de l'envie ou de quelque traison[2].
Heureux qui peut long temps sans danger de poison
Jouïr d'un chapeau rouge ou des clefs de saint Pierre !

Heureux qui sans peril peut la mer frequenter !
Heureux qui sans procez le palais peut hanter !
Heureux qui peut sans mal vivre l'âge d'un homme !

Heureux qui sans souci peut garder son thresor,
Sa femme sans soupçon, et plus heureux encor
Qui a peu sans peler vivre trois ans à Rome !

On ne fait de tout bois l'image de Mercure,
Dit un proverbe vieil ; mais nous voyons ici
De tout bois faire pape et cardinaux aussi
Et vestir en trois jours tout une autre figure.

Les princes et les rois viennent grands de nature,
Aussi de leur grandeur n'ont-ils tant de souci,
Comme ces dieux nouveaux, qui n'ont que le sourci
Pour faire reverer leur grandeur qui peu dure.

Paschal, j'ay veu celuy qui n'agueres trainoit
Toute Rome après luy, quand il se pourmenoit,
Avecques trois vallets cheminer par la rue ;

Et trainer après luy un long orgueil romain
Celuy de qui le pere a l'ampoulle en la main
Et, l'aiguillon au poing, se courbe à la charrue.

Quand je voy ces messieurs, desquels l'auctorité
Se voit ores ici commander en son rang,
D'un front audacieux cheminer flanc à flanc,
Il me semble de voir quelque divinité.

1. Acquérir*.   2. Trahison*. B.

Mais les voyant paslir lors que sa saincteté
Crache dans un bassin, et d'un visage blanc
Cautement [1] espier s'il y a point de sang,
Puis d'un petit sousris feindre une seureté :
 O combien, dis-je alors, la grandeur que je voy,
Est miserable au pris de la grandeur d'un roy !
Malheureux qui si cher achette tel honneur.
 Vrayment le fer meurtrier [2] et le rocher aussi
Pendent bien sur le chef de ces seigneurs ici,
Puis que d'un vieil filet depend tout leur bonheur.

Voici le carneval, menons chacun la sienne,
Allons basler [3] en masque, allons nous pourmener,
Allons voir Marc Antoine ou Zani bouffonner,
Avec son magnifique [4] à la venitienne ;
 Voyons courir le pal à la mode ancienne,
Et voyons par le nez le sot bufle mener ;
Voyons le fier taureau d'armes environner,
Et voyons au combat l'adresse italienne ;
 Voyons d'œufs parfumez un orage gresler,
Et la fusée ardent' [5] siffler menu par l'air.
Sus donc, despeschons nous, voici la pardonnance [6] ;
 Il nous faudra demain visiter les saincts lieux,
Là nous ferons l'amour, mais ce sera des yeux,
Car passer plus avant, c'est contre l'ordonnance.

Se fascher tout le jour d'une facheuse chasse,
Voir un brave taureau se faire un large tour,

1. A la dérobée*.
2. Dissyl.; cf. ouvrier.
3. Baller, danser*; R.
4. Manteau vénitien.
5. Du Bellay fait l'ellipse de l'*e* muet; mais il n'en est pas moins surabondant. Cette licence était permise du temps de Marot, et Baïf en offre encore de nombreux exemples. *Voy.* Baïf, p. 192.
6. Pardon, grâce, ital. *perdonanza*.

Estonné de se voir tant d'hommes à lentour ¹
Et cinquante picquiers effronter ² son audace ;
  Le voir en s'élançant venir la teste basse,
Fuïr et retourner d'un plus brave retour,
Puis le voir à la fin, pris en quelque destour,
Percé de mile coups ensanglanter la place ;
  Voir courir aux flambeaux, mais sans se rencontrer,
Donner trois coups d'espée, en armes se moustrer,
Et tout autour du camp un rempart de Thudesques ;
  Dresser un grand apprest, faire attendre long temps,
Puis donner à la fin un maigre passetemps,
Voilà tout le plaisir des festes romanesques ³.

※

  Ce n'est pas à mon gré, Carle, que ma navire ⁴
Erre en la mer Tyrrhene : un vent impetueux
La chasse malgré moy par ces flots tortueux,
Ne voyant plus le pol ⁵ qui sa faveur t'inspire.
  Je ne voy que rochers, et si ⁶ rien se peut dire
Pire que des rochers le heurt audacieux :
Et le phare jadis favorable à mes yeux
De mon cours egaré sa lanterne retire.
  Mais si je puis un jour me sauver des dangers,
Que je fuy vagabond par ces flots estrangers,
Et voir de l'Océan les campagnes humides,
  J'arresteray ma nef au rivage gaulois,
Consacrant ma despouille au Neptune françois,
A Glauque, à Melicerte et aux sœurs Neréides.

---

1. Suppression de l'apostrophe suivant l'usage. *Voy.* Baïf, p. 25.
2. Décontenancer (L., étym. de Effronté).
3. Romaines, ital. *romanesca* (les deux formes dans N.). Le xvi° siècle avait une certaine prédilection pour ces adjectifs en *esque*.
4. Fém. au xvi° siècle*. R. B. Et encore dans Malherbe.
5. Pôle (N.; ce mot manque d'hist. dans L.).
6. Et même*.

Je voy, Dilliers, je voy serener¹ la tempeste,
Je voy le vieil Proté son troppeau renfermer,
Je voy le verd Triton s'esgayer sur la mer,
Et voy l'astre jumeau flamboyer sur ma teste :

Jà le vent favorable à mon retour s'appreste,
Jà vers le front du port je commence à ramer ;
Et voy jà tant d'amis que ne les puis nommer,
Tendant les bras vers moy, sur le bord faire feste :

Je voy mon grand Ronsard, je le cognois d'ici,
Je voy mon cher Morel, et mon Dorat aussi,
Je voy mon Delahaye, et mon Pascal encore :

Et voy un peu plus loin, si je ne suis deceu,
Mon divin Mauléon, duquel sans l'avoir veu,
La grace, le sçavoir et la vertu j'adore.

Et je pensois aussi ce que pensoit Ulysse,
Qu'il n'estoit rien plus doux que voir encor' un jour
Fumer sa cheminée et après long sejour
Se retrouver au sein de sa terre nourrice ².

Je me resjouyssois d'estre eschappé au vice,
Aux Circes d'Italie ou sirenes d'amour,
Et d'avoir r'apporté en France à mon retour
L'honneur que l'on s'acquiert d'un fidele service.

Las ! mais après l'ennuy de si longue saison,
Mile soucis mordans je trouve en ma maison
Qui me rongent le cœur sans espoir d'allégeance.

Adieu donques, Dorat. Je suis encor Romain,
Si l'arc que les neufs sœurs te meirent en la main
Tu ne me preste ici, pour faire ma vengeance.

---

1. S'apaiser*. R.   2. *Odyssée*, I, 58.

Morel, dont le sçavoir sur tout autre je prise,
Si quelqu'un de ceux-là que le prince lorrain
Guida dernierement au rivage romain
Soit en bien soit en mal de Rome te devise :
  Di qu'il ne sçait que[1] c'est du siege de l'église,
N'y ayant esprouvé que la guerre et la faim,
Que Rome n'est plus Rome et que celuy en vain
Presume d'en juger, qui bien ne l'a comprise.
  Celuy qui par la rue a veu publiquement
La courtisane en coche, ou qui pompeusement
L'a peu voir à cheval en accoutrement d'homme
  Superbe se monstrer, celuy qui de plein jour
Aux cardinaux en cappe a veu faire l'amour,
C'est celuy seul, Morel, qui peut juger de Rome.

Il fait bon voir, Magny, ces coyons[2] magnifiques,
Leur superbe arsenal, leurs vaisseaux, leur abord,
Leur Saint-Marc, leur palais, leur réalte, leur port,
Leurs changes, leurs profits, leur banque et leurs trafiques.
  Il fait bon voir le bec de leurs chapprons[3] antiques,
Leurs robbes à grand'manche, et leurs bonnets sans bord,
Leur parler tout grossier, leur gravité, leur port,
Et leurs sages advis aux affaires publiques.
  Il fait bon voir de tout leur senat ballotter ;
Il fait bon voir par tout leurs gondoles flotter,
Leurs femmes, leurs festins, leur vivre solitaire :
  Mais ce que l'on en doit le meilleur estimer,
C'est quand ces vieux cocus vont espouser la mer
Dont ils sont les maris et le Turc l'adultere.

1. Ce que*.
2. Sots, poltrons (L.).
3. Chaperon. Syncope de l'e.
Cf. Baïf, *Tab. de la pron.* p. 379.

Scève, je me trouvay comme le fils d'Anchise,
Entrant dans l'Élisée et sortant des enfers,
Quand après tant de monts, de neige tous couverts,
Je vy ce beau Lyon, Lyon que tant je prise.
   Son estroite longueur, que la Sône divise,
Nourrir mille artisans et peuples tous divers :
Et n'en desplaise à Londre, à Venise et Anvers,
Car Lyon n'est pas moindre en fait de marchandise.
   Je m'estonay d'y voir passer tant de courriers,
D'y voir tant de banquiers, d'imprimeurs, d'armeuriers,
Plus dru que l'on ne voit les fleurs par les prairies ;
   Mais je m'estonnay plus de la force des ponts,
Dessus lesquels on passe, allant de là les monts,
Tant de belles maisons et tant de metairies.

De Vaux, la mer reçoit tous les fleuves du monde
Et n'en augmente point : semblable à la grand mer
Est ce Paris sans pair, où l'on voit abysmer [1]
Tout ce qui là dedans de toutes pars abonde.
   Paris est en sçavoir une Grece feconde ;
Une Rome en grandeur Paris on peut nommer ;
Une Asie en richesse on le peut estimer,
En rares nouveautez une Afrique seconde.
   Bref, en voyant, de Vaux, ceste grande cité,
Mon œil qui paravant estoit exercité [2]
A ne s'esmerveiller des choses plus estranges [3],
   Print [4] esbaïssement : ce qui ne me peut plaire
Ce fust l'estonnement du badaud populaire,
La presse des chartiers, les procez et les fanges.

1. Ellipse du pron. pers. après *voir*; voy. Godef., *Lex. de Corn.*, II, p. 195.
2. Exercé*.
3. Comp. pour superl.
4. Prit*. R.

Tu t'abuses, Belleau, si pour [1] estre sçavant,
Sçavant et vertueux, tu penses qu'on te prise :
Il faut, comme lon dit, estre homme d'entreprise,
Si tu veux qu'à la court on te pousse en avant.

Ces beaux noms de vertu, ce n'est rien que du vent :
Donques si tu es sage, embrasse la feintise [2],
L'ignorance, l'envie avec la convoitise ;
Par ces arts jusqu'au ciel on monte bien souvent.

La science à la table est des seigneurs prisée ;
Mais en chambre, Belleau, elle sert de risée :
Garde, si tu m'en crois, d'en acquérir le bruit.

L'homme trop vertueux desplait au populaire :
Et n'est-il pas bien fol, qui s'efforçant de plaire,
Se mesle d'un mestier que tout le monde fuit ?

Ne te fasche, Ronsard, si tu vois par la France
Fourmiller tant d'escrits : ceux qui ont mérité
D'estre advouez pour bons de la posterité
Portent leur sauf conduit et lettre d'asseurance.

Tout œuvre qui doit vivre, il a dès sa naissance
Un dæmon qui le guide à l'immortalité ;
Mais qui n'a rencontré telle nativité,
Comme un fruict abortif, n'a jamais accroissance.

Virgile eut ce dæmon, et l'eut Horace encor,
Et tous ceux qui du temps de ce bon siecle d'or
Estoyent tenus pour bons : les autres n'ont plus vie.

Qu'eussions-nous leurs escrits, pour voir de nostre temps
Ce qui aux anciens servoit de passe-temps,
Et quels estoyent les vers d'un indocte Mevie !

---

1. A cause que tu es*. 2. Dissimulation*.

Vous dites, courtisans : Les poëtes sont fouls,
Et dites verité ; mais aussi dire j'ose
Que tels que vous soyez vous tenez quelque chose
De ceste douce humeur qui est commune à tous.

Mais celle-là, messieurs, qui domine sur vous
En autres actions diversement s'expose :
Nous sommes fouls en rime et vous l'estes en prose,
C'est le seul différent qu'est entre vous et nous.

Vray est que vous avez la court plus favorable,
Mais aussi n'avez-vous un renom si durable ;
Vous avez plus d'honneur et nous moins de souci.

Si vous riez de nous, nous faisons la pareille :
Mais cela qui se dit s'en vole par l'oreille.
Et cela qui s'escrit ne se perd pas ainsi.

Par ses vers teïens[1], Belleau me fait aimer
Et le vin et l'amour ; Baïf, ta challemie[2]
Me fait plus qu'une royne une rustique amie
Et plus qu'une grand'ville un village estimer.

Le docte Pelletier fait mes flancs emplumer
Pour voler jusqu'au ciel avec son Uranie[3] ;
Et par l'horrible effroy d'une estrange harmonie
Ronsard de pied en cap hardi me fait armer[4].

Mais je ne sçais comment ce dæmon de Jodelle
(Dæmon est-il vrayment, car d'une voix mortelle
Ne sortent point ses vers), tout soudain que je l'oy,

M'aiguillonne, m'espoint, m'espouvante, m'affolle,
Et comme Apollon fait de sa prestresse folle,
A moy-mesmes m'ostant, me ravit tout à soy.

---

1. Anacréontiques.
2. Chalumeau*. B.
3. Une partie des *Œuvres poé-*
tiques de Pelletier porte ce titre.
4. Ed. du pron. après *faire*
(Godef., *Lex. de Corn.*, II, 186).

De ce royal palais que bastiront mes doigts,
Si la bonté du roy me fournit de matiere,
Pour rendre sa grandeur et beauté plus entiere,
Les ornemens seront de traicts et d'arcs turquois [1].

Là d'ordre [2] flanc à flanc se verront tous nos rois,
Là se verra maint faune et nymphe passagere,
Sur le portail sera la vierge forestiere,
Avecques son croissant, son arc et son carquois.

L'appartement premier Homere aura pour marque,
Virgile le second, le troisième Pétrarque,
Du surnom de Ronsard le quatrieme on dira.

Chacun aura sa forme et son architecture,
Chacun ses ornemens, sa grace et sa peinture,
Et en chacun, Clagny, ton beau nom se lira.

Ronsard, j'ay veu l'orgueil des colosses antiques,
Les théatres en rond ouvers de tous costez,
Les colomnes, les arcs, les hauts temples voutez,
Et les sommets pointus des carrez obelisques.

J'ay veu des empereurs les grands termes publiques,
J'ay veu leurs monuments que le temps a dontez,
J'ay veu leurs beaux palais que l'herbe a surmontez,
Et des vieux murs romains les poudreuses reliques.

Bref, j'ay veu tout cela que Rome a de nouveau,
De rare, d'excellent, de superbe et de beau :
Mais je n'y ay point veu encores si grand'chose

Que ceste Marguerite, où semble que les cieux,
Pour effacer l'honneur de tous les siècles vieux,
De leurs plus beaux presens ont l'excellence enclose.

---

1. Turcs *. R.   2. Successivement, *ordine* (N.).

Dessous ce grand François, dont le bel astre luit
Au plus beau lieu du ciel, la France fut enceinte
Des lettres et des arts, et d'une troupe sainte,
Que, depuis sous Henry feconde elle a produit.

Mais elle n'eut plutost fait monstre d'un tel fruit,
Et plutost ce beau part [1] n'eut la lumiere attainte
Que, je ne sçay comment, sa clarté fut estainte,
Et vid en mesme temps et son jour et sa nuict.

Helicon est tary, Parnasse est une plaine,
Les lauriers sont seichez et France, autrefois pleine
De l'esprit d'Apollon, ne l'est plus que de Mars.

Phœbus s'enfuit de nous, et l'antique ignorance
Sous la faveur de Mars retourne encore en France,
Si Pallas ne deffend les lettres et les arts.

1. Produit, *partus* (L., hist.).

ANTIQUITÉS DE ROME[1]

Divins esprits, dont la poudreuse cendre
Gist sous le faix de tant de murs couvers,
Non, vostre los, qui vit par vos beaux vers,
Ne se verra sous la terre descendre.
Si des humains la voix se peut estendre
Depuis ici jusqu'au fond des enfers,
Soient à mon cry les abysme ouvers,
Tant que d'embas vous me puissiez entendre
Trois fois cernant sous le voile des cieux
De vos tombeaux le tour devotieux,
A haute voix trois fois je vous appelle :
J'invoque ici vostre antique fureur,
Et ce pendant que d'une sainte horreur
Je vais chantant vostre gloire plus belle.

Le Babylonien ses hauts murs vantera
Et ses vergers en l'air, de son Ephesienne
La Grece descrira la fabrique ancienne,
Et le peuple du Nil ses pointes[2] chantera.

1. La première éd. est de 1558.   2. Ses obélisques.

La mesme Grece encor' vanteuse publira
De son grand Jupiter l'image olympienne,
Le Mausole sera la gloire carienne,
Et son vieux labyrinth'¹ la Crete n'oublira.
L'antique Rhodien eslevera la gloire
De son fameux colosse au temple de Memoire :
Et si quelque œuvre encor digne se peut vanter
De marcher en ce ranc, quelque plus grand'faconde
Le dira : quant à moy, pour tous je veux chanter
Les sept costeaux romains, sept miracles du monde.

—◆—

Nouveau venu, qui cerche Rome en Rome²,
Et rien de Rome en Rome n'apperçois,
Ces vieux palais, ces vieux arcs que tu vois,
Et ces vieux murs, c'est ce que Rome on nomme.
Voy quel orgueil, quelle ruine, et comme
Celle qui mist le monde sous ses lois
Pour donter tout, se donta quelquefois,
Et devint proye au temps qui tout consomme.
Rome de Rome est le seul monument,
Et Rome Rome a vaincu seulement.
Le Tybre seul, qui vers la mer s'enfuit,
Reste de Rome. O mondaine inconstance !
Ce qui est ferme est par le temps destruit,
Et ce qui fuit au temps fait resistance.

—◆—

Celle qui de son chef les estoiles passoit,
Et d'un pied sur Thetis, l'autre dessous l'aurore,
D'une main sur le Scythe et l'autre sur le More,
De la terre et du ciel la rondeur compassoit³ ;

---

1. L'*e* est surabondant. *Voy.*
p. 230.
2. Imité de vers latin d'un auteur incertain. Notes de M.
M.-L.
3. Mesurait.

Jupiter ayant peur, si plus elle croissoit,
Que l'orgueil des Géans se relevast encore,
L'accabla sous ces monts, ces sept monts qui sont ore
Tombeaux de la grandeur qui le ciel menaçoit.

 Il luy mist sur le chef la croppe ¹ Saturnale,
Puis dessus l'estomac assist la Quirinale,
Sur le ventre il planta l'antique Palatin,

 Mist sur la dextre main la hauteur Celienne,
Sur la senestre ² assist l'eschine Exquilienne,
Viminal sur un pied, sur l'autre l'Aventin.

—∞—

 Qui voudra voir tout ce qu'ont peu nature,
L'art et le ciel, Rome, te vienne voir :
J'entens s'il peut ta grandeur concevoir
Par ce qui n'est que ta morte peinture.

 Rome n'est plus, et si l'architecture
Quelque ombre encor de Rome fait revoir,
C'est comme un corps, par magique sçavoir,
Tiré de nuict hors de sa sepulture.

 Le corps de Rome en cendre est devallé ³,
Et ton esprit rejoindre s'est allé
Au grand esprit de ceste masse ronde.

 Mais ses escrits, qui son los le plus beau
Malgré le temps arrachent du tombeau,
Font son idole errer parmi le monde.

—∞—

Telle que dans son char la Berecynthienne ⁴
Couronnée de tours et joyeuse d'avoir
Enfanté tant de dieux, telle se faisoit voir
En ses jours plus heureux ceste ville ancienne :

---

1. Croupe*. R. B.   3. Tombée*.
2. La gauche*. R. B.   4. Cybèle.

Ceste ville qui fut plus que la Phrygienne
Foisonnante en enfans, et de qui le pouvoir
Fut le pouvoir du monde, et¹ ne se peut revoir
Pareille à sa grandeur grandeur sinon la sienne.
 Rome seule pouvoit à Rome ressembler,
Rome seule pouvoit Rome faire trembler :
Aussi n'avoit permis l'ordonnance fatale
 Qu'autre pouvoir humain, tant fust audacieux,
Se vantast d'egaler celle qui fit egale
Sa puissance à la terre et son courage aux cieux.

—◊—

 Sacrez costeaux, et vous sainctes ruines,
Qui le seul nom de Rome retenez,
Vieux monuments, qui encor soustenez
L'honneur poudreux de tant d'ames divines :
 Arcs triomphaux, pointes du ciel voisines,
Qui de vous voir le ciel mesme estonnez,
Las ! peu à peu cendre vous devenez,
Fable du peuple et publiques rapines !
 Et bien qu'au temps pour un temps facent guerre
Les bastimens, si est-ce que le temps
Œuvres et noms finablement atterre².
 Tristes desirs, vivez doncques contens :
Car si le temps finist chose si dure,
Il finira la peine que j'endure.

—◊—

 Astres cruels, et vous dieux inhumains,
Ciel envieux et marastre nature,
Soit que par ordre, ou soit qu'à l'adventure
Voyse³ le cours des affaires⁴ humains,

1. Et de qui, etc. 3. Aille*.
2. Jette à terre, terrasse (L.; 4. Tantôt masc. tantôt fém. au
N.).   xvıᵉ siècle*. B.

Pourquoy jadis ont travaillé vos mains
A façonner ce monde qui tant dure ?
Ou que ne fust de matiere aussi dure
Le brave front de ces palais romains ?
 Je ne di plus la sentence commune,
Que toute chose au dessous de la lune
Est corrompable et subjette à mourir :
 Mais bien je di (et n'en veuille desplaire
A qui s'efforce enseigner le contraire)
Que ce grand Tout doit quelquefois perir.

—◆—

Tels que l'on vid jadis les enfans de la terre,
Plantez dessus les monts pour escheller¹ les cieux,
Combattre main à main la puissance des dieux,
Et Jupiter contre eux qui ses foudres desserre² :
 Puis tout soudainement renversez du tonnerre,
Tomber deçà delà ces squadrons³ furieux,
La terre gemissante et le ciel glorieux
D'avoir à son honneur achevé ceste guerre :
 Tel encore on a veu par dessus les humains
Le front audacieux des sept costeaux romains
Lever contre le ciel son orgueilleuse face :
 Et tels ores on voit ces champs deshonnorez
Regretter leur ruine, et les dieux asseurez
Ne craindre plus là haut si effroyable audace.

—◆—

Ni la fureur de la flamme enragée,
Ni le tranchant du fer victorieux,
Ni le degast du soldat furieux,
Qui tant de fois, Rome, t'a saccagée,

---

1. Escalader avec une échelle (L.; N.).
2. Lance*.
3. Escadrons*.

Ni coup sur coup ta fortune changée,
Ni le ronger des siecles envieux,
Ni le despit des hommes et des dieux,
Ni contre toy ta puissance rangée.

Ni l'esbranler des vents impetueux,
Ni le debord de ce dieu tortueux,
Qui tant de fois t'a couvert de son onde,
Ont tellement ton orgueil abbaissé,
Que la grandeur du rien, qu'ils t'ont laissé,
Ne face encor emerveiller [2] le monde.

Comme on passe en esté le torrent sans danger,
Qui souloit en hyver estre roi de la plaine,
Et ravir par les champs d'une fuite hautaine
L'espoir du laboureur et l'espoir du berger :
Comme on voit les couards animaux outrager
Le courageux lyon gisant dessus l'arene,
Ensanglanter leurs dens, et d'une audace vaine
Provoquer l'ennemi qui ne se peut venger :
Et comme devant Troye on vit des Grecs encor
Braver les moins vaillans autour du corps d'Hector :
Ainsi ceux qui jadis souloient, à teste basse,
Du triomphe romain la gloire accompagner,
Sur ces poudreux tombeaux exercent leur audace,
Et osent les vaincus les vainqueurs desdaigner.

Pales esprits, et vous ombres poudreuses,
Qui jouissant de la clarté du jour
Fistes sortir cest orgueilleux sejour,
Dont nous voyons les reliques cendreuses :

1. Débordement, inondation (L.; J. Gl.; Jônain Dict.).
2. Voy. p. 256, sur la suppression du pronom.

Dites, esprits (ainsi les tenebreuses
Rives de Styx non passable au retour,
Vous enlaçant d'un trois fois triple tour,
N'enferment point vos images ombreuses),
Dites-moy donc (car quelqu'une de vous,
Possible encor, se cache ici dessous),
Ne sentez-vous augmenter vostre peine,
Quand quelquefois de ces costeaux romains
Vous contemplez l'ouvrage de vos mains
N'estre plus rien qu'une poudreuse plaine ?

⁓⚬⸺

Ces grands monceaux pierreux, ces vieux murs que tu vois
Furent premierement le clos d'un lieu champestre
Et ces braves palais, dont le temps s'est fait maistre,
Cassines de pasteurs ont esté quelquefois.
Lors prindrent les bergers les ornemens des roys,
Et le dur laboureur de fer arma sa dextre :
Puis l'annuel pouvoir le plus grand se vit estre,
Et fut encor plus grand le pouvoir de six mois :
Qui, fait perpetuel, creut en telle puissance,
Que l'aigle imperial de luy print sa naissance.
Mais le ciel, s'opposant à tel accroissement,
Mist ce pouvoir ès main du successeur de Pierre,
Qui sous nom de pasteur, fatal[1] à ceste terre,
Monstre que tout retourne à son commencement.

⸺⚬⸺

Celle que Pyrrhe et le Mars de Libye[2]
N'ont sceu donter, celle brave cité
Qui d'un courage au mal exercité[3]
Soustint le choc de la commune envie;

1. Au sens latin, prédestiné.   2. Annibal.
Voy. Malherbe, p. 95.   3. Exercé.

Tant que sa nef par tant d'ondes ravie
Eut contre soy tout le monde incité,
On n'a point veu le roc d'adversité
Rompre sa course heureusement suyvie :
　　Mais defaillant l'object de sa vertu,
Son pouvoir s'est de luy-mesme abbatu :
Comme celuy que le cruel orage
　　A longuement gardé de faire abbord,
Si trop grand vent le chasse sur le port,
Dessus le port se voit faire naufrage.

—◦◦—

O que celuy estoit cautement sage
Qui conseilloit, pour ne laisser moisir
Ses citoyens en paresseux loisir,
De pardonner aux rempars de Carthage !
　　Il prevoyoit que le Romain courage,
Impatient du languissant plaisir,
Par le repos se laisseroit saisir
A la fureur de la civile rage.
　　Aussi voit-on qu'en un peuple ocieux,
Comme l'humeur en un corps vicieux,
L'ambition facilement s'engendre :
　　Ce qui advint, quand l'envieux orgueil
De ne vouloir ny plus grand ny pareil
Rompit l'accord du beau pere et du gendre.

—◦◦—

Que n'ay-je encor la harpe thracienne,
Pour resveiller de l'enfer paresseux
Ces vieux Cesars et les ombres de ceux
Qui ont basti ceste ville ancienne !
　　Ou que je n'ay celle amphionienne,
Pour animer d'un accord plus heureux,

De ces vieux murs les ossemens pierreux,
Et restaurer la gloire ausonienne !
  Peussé-je au moins d'un pinceau plus agile
Sur le patron de quelque grand Virgile
De ces palais les portraicts façonner :
  J'entreprendrois, veu l'ardeur qui m'allume,
De rebastir au compas de la plume
Ce que les mains ne peuvent maçonner.

—⋄⋄—

Qui voudroit figurer la romaine grandeur
En ses dimensions, il ne lui faudroit querre[1]
A la ligne et au plomb, au compas, à l'equiere[2],
Sa longueur et largeur, hautesse et profondeur.
  Il luy faudroit cerner d'une egale rondeur
Tout ce que l'Océan de ses longs bras enserre,
Soit où l'astre annuel eschauffe plus la terre,
Soit où souffle Aquilon sa plus grande froideur.
  Rome fut tout le monde et tout le monde est Rome.
Et si par mesmes noms mesmes choses on nomme,
Comme du nom de Rome on se pourroit passer,
  La nommant par le nom de la terre et de l'onde :
Ainsi le monde on peut sur Rome compasser[3],
Puisque le plan de Rome est la carte du monde.

—⋄⋄—

Toy qui de Rome emerveillé contemples
L'antique orgueil qui menaçoit les cieux,
Ces vieux palais, ces monts audacieux,
Ces murs, ces arcs, ces thermes et ces temples,
  Juge, en voyant ces ruines si amples,
Ce qu'a rongé le temps injurieux,
Puis qu'aux ouvriers[4] les plus industrieux

---

1. Quérir* B.   3. Mesurer*. B.
2. Équerre (L., hist.; N.).   4. *Voy.* p. 174.

Ces vieux fragments encor servent d'exemples.
Regarde après comme de jour en jour
Rome fouillant son antique sejour,
Se rebastit de tant d'œuvres divines :
Tu jugeras que le dæmon romain
S'efforce encor d'une fatale main
Ressusciter ces poudreuses ruines.

Qui a veu quelquefois un grand chesne asseiché [1],
Qui pour son ornement quelque trophée porte,
Lever encor au ciel sa vieille teste morte
Dont le pied fermement n'est en terre fiché,
Mais qui dessus le champ plus qu'à demi penché
Monstre ses bras tous nuds et sa racine torte [2],
Et sans feuille ombrageux, de son poids se supporte
Sur son tronc nouailleux [3] en cent lieux esbranché ;
Et bien qu'au premier vent il doive sa ruine,
Et maint jeune à l'entour ait ferme la racine,
Du devot populaire estre seul reveré :
Qui tel chesne a peu voir, qu'il imagine encores,
Comme entre les cités, qui plus fleurissent ores [4],
Ce vieil honneur poudreux est le plus honoré.

Tout ce qu'Egypte en pointe façonna,
Tout ce que Grece à la corinthienne,
A l'ionique, attique ou doricnne,
Pour l'ornement des temples maçonna :
Tout ce que l'art de Lysippe donna,
La main d'Apelle ou la main Phidienne,
Souloit orner ceste ville ancienne
Dont la grandeur le ciel mesme estonna :

1. Devenu sec (L.).   3. Plein de nœuds*. R.
2. Torse, tordue*. R.   4. Maintenant.

Tout ce qu'Athene eut oncques de sagesse,
Tout ce qu'Asie eut oncques de richesse,
Tout ce qu'Afrique eut oncques de nouveau,
  S'est veu icy, ô merveille profonde !
Rome vivant fut l'ornement du monde,
Et morte elle est du monde le tombeau.

⸻

Comme le champ semé en verdure foisonne,
De verdure se hausse en tuyau verdissant,
Du tuyau se herisse en espic florissant,
D'espic jaunit en grain, que le chaud assaisonne :
  Et comme en la saison le rustique[1] moissonne
Les ondoyans cheveux du sillon blondissant,
Les met d'ordre[2] en javelle, et du blé jaunissant
Sur le champ despouillé mille gerbes façonne :
  Ainsi de peu à peu creut l'empire romain,
Tant[3] qu'il fut despouillé par la barbare main,
Qui ne laissa de luy que ces marques antiques,
  Que chacun va pillant, comme on voit le glenneur[4]
Cheminant pas à pas recueillir les reliques[5]
De ce qui va tombant après le moissonneur.

⸻

De ce qu'on ne voit plus qu'une vague campaigne
Où tout l'orgueil du monde on a veu quelquefois,
Tu n'en es pas coupable, ô quiconques tu sois
Que le Tygre et le Nil, Gange et Euphrate baigne :
  Coupables n'en sont pas l'Afrique ny l'Espaigne,
Ny ce peuple qui tient les rivages anglois,

1. Le paysan (L.).
2. Successivement*.
3. Jusqu'à ce que (L.; A. Chénier, éd. 1872, p. 251).
4. Glaneur (L., hist.; Rabel.; J. Gl. Verm. Gl. Fl.; Favre Gl. Poit).
5. *Voy.* Malherbe, p. 109.

Ny ce brave soldat qui boit le Rhin gaulois,
Ny cest autre guerrier, nourrisson d'Allemaigne,
  Tu en es seule cause, ô civile fureur,
Qui, semant par les champs l'emathienne horreur,
Armas le propre gendre encontre[1] son beau pere :
  A fin qu'estant venue à son degré plus haut,
La romaine grandeur, trop longuement prospere,
Se vist ruer[2] à bas d'un plus horrible saut.

    Esperez-vous que la posterité
Doive, mes vers, pour tout jamais vous lyre ?
Esperez-vous que l'œuvre d'une lyre
Puisse acquerir telle immortalité ?
  Si sous le ciel fust quelque eternité,
Les monumens que je vous ay fait dire,
Non en papier, mais en marbre et porphyre,
Eussent gardé leur vive antiquité.
  Ne laisse pas toutefois de sonner,
Luth, qu'Apollon m'a bien daigné donner :
Car, si le temps ta gloire ne desrobe,
  Vanter te peux, quelque bas que tu sois,
D'avoir chanté le premier des François,
L'antique honneur du peuple à longue robe[3].

1. Contre*. R.
2. Précipiter*. R. Malherbe.
3. Virgile l'a appelé : *Gens togata*.

SONGE OU VISION SUR ROME[1]

C'estoit alors que le présent des dieux
Plus doucement s'escoule aux yeux de l'homme,
Faisant noyer dedans l'oubly du somme
Tout le souci du jour laborieux,
   Quand un dæmon apparut à mes yeux
Dessus le bord du grand fleuve de Rome,
Qui, m'appelant du nom que je me nomme,
Me commanda regarder vers les cieux :
   Puis m'escria : Voy, dit-il, et contemple
Tout ce qui est compris sous ce grand temple,
Voy comme tout n'est rien que vanité :
   Lors cognaissant la mondaine inconstance,
Puisque Dieu seul au temps fait resistance,
N'espere rien qu'en la divinité.

—∞—

Sur la croppe[2] d'un mont je vis une fabrique
De cent brasses de haut : cent colonnes d'un rond
Toutes de diamans ornoient le brave fort,
Et la façon de l'œuvre estoit à la dorique.

1. Publié avec *les Antiquités*.   2. Croupe[*].

La muraille n'estoit de marbre, ni de brique,
Mais d'un luisant cristal, qui du sommet au fond
Elançoit mille rais [1] de son ventre profond
Sur cent degrez dorez du plus fin or d'Afrique.

D'or estoit le lambris, et le sommet encor
Reluisoit escaillé de grandes lames d'or ;
Le pavez fut de jaspe, et d'esmeraude fine.

O vanité du monde ! un soudain tremblement
Faisant crouler du mont la plus basse racine,
Renversa ce beau lieu depuis le fondement.

—◦◦—

Puis m'apparut une pointe aiguisée
D'un diamant de dix pieds en carré,
A sa hauteur justement mesuré,
Tant qu'un archer pourroit prendre visée.

Sur ceste pointe une urne fut posée
De ce metal sur tous plus honoré :
Et reposoit en ce vase doré
D'un grand Cesar la cendre composée.

Aux quatre coins estoient couchez encor
Pour pedestal quatre grans lions d'or,
Digne tombeau d'une si digne cendre.

Las ! rien ne dure au monde que tourment !
Je vi du ciel la tempeste descendre,
Et foudroyer ce brave monument.

—◦◦—

Je vi haut eslevé sur colomnes d'yvoire,
Dont les bases estoient du plus riche metal,
A chapiteaux d'albastre et frizes de crystal,
Le double front d'un arc dressé pour la memoire.

A chaque face estoit pourtraite une victoire,

1. Rayons*.

Portant ailes au dos, avec habit nymphal[1],
Et haut assise y fut sur un char triomphal
Des empereurs romains la plus antique gloire.

L'ouvrage ne monstroit un artifice humain,
Mais sembloit estre fait de celle[2] propre main
Qui forge en aiguisant la paternelle foudre.

Las ! je ne veux plus voir rien de beau sous les cieux,
Puis qu'un œuvre si beau j'ay veu devant mes yeux,
D'une soudaine cheute estre reduict en poudre.

—◆—

Et puis je vi l'arbre dodonien
Sur sept costeaux espandre son ombrage,
Et les vainqueurs ornez de son fueillage
Dessus le bord du fleuve ausonien.

Là fut dressé maint trophée ancien,
Mainte despouille et maint beau tesmoignage
De la grandeur de ce brave lignage
Qui descendit du sang dardanien.

J'estois ravi de voir chose si rare,
Quand de paisans[3] une troppe barbare
Vint outrager l'honneur de ces rameaux ;

J'ouy le tronc gemir sous la congnée,
Et vi depuis la souche desdaignée
Se reverdir en deux arbres jumeaux.

—◆—

Une louve je vi sous l'antre d'un rocher
Allaictant deux bessons : je vis à sa mammelle
Mignardement jouer cette couple jumelle,
Et d'un col allongé la louve les lecher.
Je la vi hors de là sa pasture cercher[4],

---

1. De nymphe (N.).   3. Paysan*. B.
2. Cette*.   4. Chercher*.

Et, courant par les champs, d'une fureur nouvelle
Ensanglanter la dent et la patte cruelle
Sur les menus troppeaux pour sa soif estancher.

Je vi mille veneurs descendre des montagnes
Qui bordent d'un costé les lombardes campagnes,
Et vi de cent espieux luy donner dans le flanc.

Je la vi de son long sur la plaine estendue,
Poussant mille sanglots, se veautrer en son sang,
Et dessus un vieux tronc la despouille pendue.

—◦◦—

Sur la rive d'un fleuve une Nymphe esplorée,
Croisant les bras au ciel avec mille sanglots,
Accordoit ceste plainte au murmure des flots,
Outrageant son beau teinct et sa tresse dorée :

« Las ! où est maintenant ceste face honorée,
Où est ceste grandeur et cest antique los,
Où tout l'heur et l'honneur du monde fut enclos,
Quand des hommes j'estois et des dieux adorée ?

« N'estoit-ce pas assez que le discord mutin
M'eust fait de tout le monde un publique butin,
Si cest hydre nouveau, digne de cent Hercules,

« Foisonnant en sept chefs de vices montrueux
Ne m'engendroit encor à ces bords tortueux
Tant de cruels Nerons et tant de Caligules ? »

—◦—

Je vi sourdre d'un roc une vive fontaine,
Claire comme cristal aux rayons du soleil,
Et jaunissant au fond d'un sablon tout pareil
A celuy que Pactol roule parmi la plaine.

Là sembloit que nature et l'art eussent pris peine
D'assembler en un lieu tous les plaisirs de l'œil :
Et là s'oyoit[1] un bruit incitant au sommeil,

1. S'entendait.

De cent accords plus doux que ceux d'une Sirene.
  Les sieges et relais luysoient d'ivoire blanc,
Et cent nymphes autour se tenoient flanc à flanc,
Quand des mons plus prochains de faunes une suite
  En effroyables cris sur le lieu s'assembla,
Qui de ces villains pieds la belle onde troubla,
Mist les sieges par terre et les nymphes en fuite.

———◇◇———

  Plus riche assez que ne se monstroit celle
  Qui apparut au triste Florentin,
  Jettant ma veue au rivage Latin,
  Je vi de loing surgir une nasselle :
  Mais tout soudain la tempeste cruelle,
  Portant envie à si riche butin,
  Vint assaillir d'un aquilon mutin
  La belle nef des autres la plus belle.
  Finablement l'orage impetueux
  Fit abysmer d'un gouffre tortueux
  La grand' richesse à nulle autre seconde.
  Je vi sous l'eau perdre le beau thresor,
  La belle nef et les rochers encor,
  Puis vi la nef se ressourdre [1] sur l'onde.

———◇◇———

Ayant tant de malheurs gemi profondement,
Je vis une cité quasi semblable à celle
Que vid le messager de la bonne nouvelle ;
Mais basty sur le sable estoit son fondement.
  Il sembloit que son chef touchast au firmament,
Et sa forme n'estoit moins superbe que belle :
Digne, s'il en fut onc, digne d'estre immortelle,
Si rien dessous le ciel se fondoit fermement.

1. Sourdre de nouveau (L., étym. de Ressource).

J'estois esmerveillé de voir si bel ouvrage,
Quand du costé du nord vint le cruel orage,
Qui, soufflant la fureur de son cœur despité,
 Sur tout ce qui s'oppose encontre sa venue,
Renversa sur le champ, d'une poudreuse nue,
Les foibles fondemens de la grande cité.

—∞—

 Finablement sur le point que Morphée
Plus veritable apparoist à nos yeux,
Fasché de voir l'inconstance des cieux,
Je voy venir la sœur du grand Typhée :
 Qui bravement d'un morion coiffée
En majesté sembloit egale aux dieux,
Et sur le bord d'un fleuve audacieux
De tout le monde erigeoit un trophée.
 Cent rois vaincus gemissoient à ses pieds,
Les bras au dos honteusement liez :
Lors effroyé de voir telle merveille,
 Le ciel encor je luy voy guerroyer,
Puis tout à coup je la voy foudroyer,
Et du grand bruit en sursaut je m'esveille.

JEUX RUSTIQUES[1]

A MONSIEUR DUTHIER

CONSEILLER DU ROY ET SECRETAIRE D'ESTAT

. . . . [6]
Encores qu'on ne raisonne
Que de Mars et de Bellonne,
De discorde et de fureur,
De soldats et de gendarmes,
D'assauts, de sieges, d'allarmes,
De feu, de sang et d'horreur,
  Ne laisse pourtant de lire
Les petits vers, que ma lyre
Te vient presenter ici,
Meslant au bruit des trompettes
Le son des douces musettes
Pour adoucir ton souci.
  Les vers qu'ici je te chante,
Duthier, je ne les presente
A ces sourcis renfrongnez,
Auxquels tel jeu ne peut plaire,
Et qui souvent à rien faire
Sont les plus embesongnez.

---

1. La première édition est de 1558.

Mais c'est pour toy que je sonne,
Mais c'est à toy que je donne
Le miel de telles douceurs
Où des affaires plus graves
Souvent le souci tu laves,
Cher nourrisson des neuf Sœurs... [18]

LE MORETUM DE VIRGILE

C'estoit au poinct que la nuict hivernale
Approche plus de l'estoile journale [1],
Et l'eveilleur du rustique sejour
Jà par son chant avoit predit le jour :
Lors que Marsaut, qui pour tout heritage
Ne possédoit qu'un petit jardinage,
Craignant desja la faim du jour suivant,
De son grabat tout beau se va levant,
Et tastonnant avecques main soigneuse
L'obscurité de la nuict sommeilleuse,
Cerche le feu, lequel il a trouvé,
Après l'avoir à son dam esprouvé.
Là d'une souche à demi consumée
Sortoit encor quelque peu de fumée,
Et sous la cendre estoit le feu caché :
Alors Marsaut, avecques front penché
Sur le foyer, vient approcher sa mesche,
Et attirant un peu d'estouppe seiche,
D'un fer pointu souffle tant et si fort,
Qu'il alluma le feu jà demi mort.
L'obscurité fait place à la chandelle :
Marsaut chemine et tousjours autour d'elle
Porte la main, pour la garder du vent,

1. Du jour, du matin (L., hist. ex. du XII° s.).

Puis ouvre un huis qui estoit au devant.
D'un moncelet de fourment[1] il va prendre
Autant que peut la mesure comprendre,
Qui environ seize livres contient.
Il part de là : à la meule s'en vient :
Et sur un aix servant à cest affaire
Met près du mur son petit luminaire.
　Alors il va desplier ses bras nuds,
Ses deux gros bras bien nerveux et charnus,
Portant de chevre une peau herissée
Dessus le flanc rustiquement troussée :
Prend le ballay, et tout à l'environ
Va nettoyant la meule et le gyron[2] :
Et puis il met les mains à l'exercice,
Et à chacune ordonne son office.
Avec la gauche il fait tomber le grain
Dessous la meule, et avec l'autre main
Donne le tour d'un rond qui point ne cesse :
Le blé moulu tombe en farine espesse.
　Aucune fois d'un travail successeur
La gauche tourne et soulage sa sœur :
Luy-mesme aussi quelquefois se soulage,
Chantant des vers et chansons de village.
Alors Catou il huche[3] hautement.
Pour tous servans il avoit seulement
Ceste Catou, qui à sa laide mine
Monstroit assez qu'elle estoit limousine :
Les cheveux roux et le teinct tout haslé,
La lippe enflée et le sein avallé[4],
Le ventre gros, jambe grosse et grands[5] plantes[6],
Et aux talons tousjours mules et fentes.
　Marsaut luy dit qu'elle face du feu,

1. Froment*. B.
2. La partie circulaire dans laquelle se meut la meule (Roquef.).
3. Il appelle (L.).
4. Tombant*.
5. Autrefois grand était des deux genres*. R.
6. Plantes des pieds*. Cet emploi du mot est un latinisme.

Que l'eau soit chaude, et après qu'il a veu
Son blé moulu, il le prend, il le sasse :
Le son demeure et la farine passe.

Puis sur un aix l'agence tout soudain,
Verse l'eau tiede, et en menant la main
Tout au travers, pestrit tout pesle mesle :
Avecques l'eau la farine se mesle,
Des grains de sel il y respand aussi :
L'œuvre se forme et devient espoissi.
Avec la paulme en rond il le façonne,
Presse le moule, et sa marque luy donne,
Le porte au feu (Catou premierement
Avoit le lieu nettoyé proprement) :
D'un test [5] vousté il a faict sa fournaize.
Et ce pendant que la tuile et la braize
Font leur devoir, Marsaut ne chomme pas,
Mais se pourvoit d'autres mets et repas,
Pour ne trouver, à la manger seulette,
Fade saveur au goust de sa galette.

De chair de porc par le sel endurci
Les gros quartiers et les jambons aussi
N'estoient pas là pendus pour son usage,
Mais seulement le rond d'un vieux fourmage [1]
Par le milieu traversé d'un genet,
Et tout au près un vieux fagot d'aneth.
Luy donc ayant le soin de sa pasture,
Pour son disner cerche autre nourriture.

Joingnant la loge où Marsaut habitoit,
Fut un jardin, un jardin qui estoit
D'un peu d'oziers clos devant et derriere,
Et de roseaux à la canne legère :
Petit de lieu, mais d'herbe bien fourni.
Ce jardin là n'estoit pas desgarni
De ce qui sert à un pauvre mesnage :
Souvent le riche y prenoit son usage.

1. Tesson, *testæ* (L. : Têt ; N. : Tests).
2. Fromage. Cf. Fourment, Pourmener, etc.

Quant au labeur, cela ne luy coustoit
Que l'entretien : cest entretien c'estoit,
Quand quelque feste ou saison pluvieuse
Avoient rendu sa charrue ocieuse.

Marsaut sçavoit les plantes disposer,
Marsaut sçavoit semer et arrouser :
Là se trouvoit toute herbe de potage,
Là s'espandoit la bette au grand feuillage,
Et la vinette espessement croissant ;
Avec la mauve, et l'eaule [1] verdissant,
Les chiches-pois y prenoient nourriture,
Oignons, pavots d'endormante nature ;
Là s'estendoit la friande laictue,
Et là s'enfloit la coucourde [2] ventrue.

Cela n'estoit de Marsaut le manger :
Car qui estoit plus que luy mesnager ?
Son revenu au peuple estoit utile :
Il en portoit certains jours à la ville,
Et puis au soir retournoit à grand' joye
Leger d'espaule et chargé de monnoye.
Bien peu souvent de la chair achetoit,
Le rouge oignon son appetit dontoit,
Et le pourreau bien teillant [3] : quelquefois
Il se paissoit de cresson allenois
Qui prend au nez, d'endive, et de roquette
Bonne aux vieillards : voila comment se traite
Le bon Marsaut, qui songeant à son cas
En son jardin va cercher son repas.

Premierement grattant un peu la terre,
Quatre aulx espais de racine il deterre,
Arrache aussi des coriandres gresles,
Et du persil aux petites ombelles,

---

1. Aulnée, « est, dit N., l'herbe autrement appelée *Helennium*, ou *enula campana* ou *inula.* » (L. : Aunée; Cotgrave : Eaulic). Eaule ne se trouve pas.

2. Courge, *cucurbita* (L., hist. et étym.; N.).

3. Se détachant bien, de tiller ou teiller (L.; N. a les deux formes; J. Gl.).

De verde rue il s'est aussi pourveu,
Puis tout joyeux s'assied auprès du feu :
Huche Catou, demande le mortier,
Plume l'oignon, prend ce qui fait mestier,
Jette le reste, et puis en belle eau frotte
Bien nettement la terreuse eschalotte,
Et tout cela vous jette dans le fond
De son mortier qui fut cavé[1] en rond.
Des grains de sel il y met d'avantage,
Il y adjoute encores du fourmage
Dur et salé, et puis ces herbes là,
Dont j'ay parlé, jette sur tout cela :
Et puis dessous ces aynes[2] herissées
De la main gauche a ses robbes troussées,
De l'autre main il va pilant les aulx,
Dont la senteur offense les nazeaux :
Le suc de l'un avec l'autre s'assemble,
Le pilon tourne et brise tout ensemble.
   Lors peu à peu cestuy perd sa valeur,
Et cestuy là : tous n'ont qu'une couleur,
Qui pour le blanc, n'est du tout verdissante,
Ni pour le verd toute aussi blanchissante.
Souvent Marsaut, comme tout courroucé,
Souffle, renifle et d'un nez retroussé
Maudit ses aulx : souvent torche ses yeux
Du bout des doigts, souvent tout furieux
Va maugréant la vapeur innocente.
Deja se fait la matiere plus lente
Qu'auparavant : le pilon, qui tenoit
Dans le mortier, plus lentement tournoit.
   Or' il y mesle un peu d'olif[3] et ores
Un petit fil de vinaigre, et encores
Remesle tout, et puis une autre fois
Le mesle encor' : puis avecques deux doigts
Finablement le mortier environne,

1. Creusé.
2. Aujourd'hui masc.
3. Pour huile d'olive (L.; hist. et étym. de Olive).

Et en tourteau la matiere façonne.
Voyla comment la saulse l'on faisoit,
Qui MORETUM en latin se disoit.
Catou soigneuse avecques la main nette
En ce pendant tire aussi sa galette.
Ainsi Marsaut, ne craignant plus la faim
Pour ce jour là, se despesche soudain,
Prend son chappeau, ses guestres, et se rue
Avec ses bœufs au fait de la charrue.

VŒUX RUSTIQUES[1]

DU LATIN DE NAUGERIUS

A CÉRÈS

Regarde, ô Cerès la grande
Danser la rustique bande
Des laboureurs assemblez
A la semence des bleds.
   Fay que le grain ne pourrisse
Par la pluie, et ne perisse
Par l'hyver trop avancé
Le sillon ensemencé.
   Que la malheureuse avesne[2]
Ne foisonne sur la plaine,
Ni tout autre herbe qui nuit
Au grain dont vient le bon fruict.
   Qu'un fort vent meslé de gresle
Ne renverse pesle mesle

---

1. Les dix pièces qui suivent ont été imitées par du Bellay des *Lusus* d'André Navagero, poëte italien, mort en 1529.

2. Avoine (L.; J. Gl.; les deux formes dans N.).

Le bled sur terre haussé
De telle fureur blessé.

Que les oiseaux qui ravissent,
Du froument ne se nourrissent,
Ni ces monstres d'animaux
Qui font par tout tant de maux.

Mais fay que le champ nous rende
Avec une usure grande
Les grains par nous enserrez
Sous les sillons labourez.

Ainsi sera, qu'on espanche
Un plein pot de cresme blanche,
Et du miel delicieux
Coulant avecques vin vieux.

Que l'hostie inviolée
Avant que d'estre immolée,
Par trois fois d'un heureux tour
Cerne ces bleds à l'entour.

C'est assez, moissons parfaictes
Autres festes seront faictes,
Et seront tes cheveux saints
D'espics couronnez et ceints.

D'UN VANNEUR DE BLED, AUX VENTS

A vous, trouppe legere,
Qui d'aile passagere
Par le monde volez,
Et d'un sifflant mumure
L'ombrageuse verdure
Doucement esbranlez :

J'offre ces violettes,
Ces lis et ces fleurettes,
Et ces roses ici,

Ces vermeillettes roses,
Tout freschement ecloses,
Et ces œillets aussi.
De vostre douce haleine
Eventez ceste plaine,
Eventez ce séjour,
Ce pendant que j'ahanne [1]
A mon bled que je vanne
A la chaleur du jour.

―

A CÉRÈS, A BACCHUS ET A PALÈS

Cerès d'espics je couronne,
Ce pampre à Bacchus je donne,
Je donne à Palès la grande
Deux pots de laict pour offrande
A fin que Cerès la blonde
Rende la plaine feconde,
Bacchus à la vigne rie,
Et Palès à la prairie.

―

SUR LE MESME SUBJECT

De fleurs, d'espics, de pampre je couronne
Palès, Cerès, Bacchus, à fin qu'ici
Le pré, le champ et le terroy [2] aussi
En fein [3], en grain, en vendange foisonne.

1. Que je m'essouffle*. R.
2. Terroir. On prononce encore ainsi en Saintonge (Jonain).
3. Ancienne pron. de foin (L.; hist.). Voy. dans Baïf, le *Tabl. de la pron.*, p. 378.

De chaut, de gresle et de froid qui estonne
L'herbe, l'espic, le sep, n'ayons souci :
Aux fleurs, aux grains, aux raisins adouci
Soit le printemps, soit l'esté, soit l'automne.
Le bœuf, l'oiseau, la chevre ne devore
L'herbe, le blé, ny le bourgeon encore.
Faucheurs, coupeurs, vendangeurs louez doncques
Le pré, le champ, le vignoble angevin :
Granges, greniers, celliers on ne vid oncques
Si plein de foin, de fourment et de vin.

D'UN BERGER, A PAN

Robin par bois et campagnes,
Par boccages et montagnes,
Suivant naguere un taureau
Egaré de son troupeau,
D'un roc eslevé regarde,
Void une biche fuyarde,
D'un dard la fait trébucher :
Trouve en l'antre d'un rocher
Les petits faneaux qu'il donne
A Jeannette sa mignonne :
Puis fait à ses compaignons
Un banquet d'aulx et d'oignons,
Faisant courir par la trouppe
De vin d'Anjou mainte couppe.
Quant au reste, ô dieu cornu,
Au croc de ce pin cogneu
Pour ton offrande j'apporte
La peau de la biche morte.

D'UN CHASSEUR, A PAN

Pan, des forests habitant l'espaisseur,
Pan, pied de bouc, Robinet ton chasseur,
Accoustumé jadis de faire teste
A la fureur de mainte fiere ¹ beste,
Et par lequel à cestuy ² pin sacré
Tu vois encor, s'ils te viennent à gré,
Les pieds des ours et les hures fendues
Des vieux sangliers ³, pour offrandes pendues.
Ores vieillard, et d'aage tout vousté,
De ce grand cerf, que luy-mesme a donté,
Le bois encor il te sacre ⁴ et ordonne,
Digne present d'une vieille personne,
Bien que tel œuvre ait jadis eu l'honneur
D'estre avoué par le thebain veneur.
Reçoy-le-doncq pour œuvre de jeunesse,
Et ne le croy de moindre hardiesse.

D'UN VIGNERON, A BACCHUS

Ceste vigne tant utile,
Vigne de raisins fertile,
Tousjours coustumiere d'estre
Fidèle aux vœux de son maistre,
Ores qu'elle est bien fleurie,
Te la consacre et dédie
Thenot, vigneron d'icelle.

1. Cruelle (N.; L.).
2. Ce (Brachet, *Gram. du XVIᵉ s.*, p. xxix).
3. Alors de deux syllabes*. R. Cf. Ouvrier.
4. Consacre*.

Fay doncq, Bacchus, que par elle
Ne soit trompé de l'attente,
Qu'il a d'une telle plante
Et que mon Anjou foisonne
Par tout en vigne aussi bonne.

—

DE DEUX AMANS, A VÉNUS[1]

Nous deux amans, qui d'un mesme courage
Sommes unis en ce prochain village,
Chaste Cypris, vouons à ton autel
Avec le lis l'amaranthe immortel.
Et c'est à fin que nostre amour soit telle
Que l'amaranthe à la fleur immortelle,
Soit tousjours pure, et de telle blancheur,
Que sont les lis et leur pale fraischeur,
Et que nos cœurs mesme lien assemble,
Comme ces fleurs on void joinctes ensemble

—

D'UNE NYMPHE, A DIANE

Une vierge chasseresse
Pleurant de laisser les bois,
Append ici son carquois,
Ses traits, son arc et sa lesse.
Sa mere l'a condamnée
A rompre son chaste vœu,
La liant d'un autre nœu
Dessous les lois d'hymenée.
Mais, ô fille de Latonne,

1. Cf. Baïf, p. 274.

Qu'encor réclamer je doy,
Si c'est en despit de moy
Que tes forests j'abandonne,
   Autant qu'au bois favorable,
Diane, tu m'as esté,
Sois à ma necessité,
Lucine, autant secourable.

A VÉNUS

   Ayant après long desir
Pris de ma douce ennemie
Quelques arres du plaisir,
Que sa rigueur me denie,
   Je t'offre ces beaux œillets,
Venus, je t'offre ces roses,
Dont les boutons vermeillets,
Imitent les levres closes,
   Que j'ay baisé par trois fois,
Marchant tout beau¹ dessous l'ombre
De ce buisson que tu vois ;
Et n'ay sceu passer ce nombre,
   Pource² que la mere estoit
Auprès de là, ce me semble,
Laquelle nous aguettoit³ :
De peur encores j'en tremble.
   Or' je te donne des fleurs :
Mais si tu fais la rebelle
Autant piteuse⁴ à mes pleurs
Comme à mes yeux elle est belle,
   Un myrthe je dediray

---

1. Sans bruit, à la sourdine*. B.
2. A cause que (L.).
3. Guettait (N.), comme aguigner, formé de guigner.
4. Compatissante*.

Dessus les rives de Loyre,
Et sur l'escorce escriray
Ces quatre vers à ta gloire :
  « Thenot sur ce bord ici,
« A Venus sacre et ordonne
« Ce myrthe, et luy donne aussi
« Ses troppeaux et sa personne. »

ESTRENNE D'UN TABLEAU

Ce tableau que, pour t'estrener,
Isabeau, je te veux donner,
Au vif rapporte mon visage
Autant qu'on vid oncques image.
Qu'ainsi soit, regarde, Isabeau,
Comme je semble à mon tableau :
La couleur du portraict est blesme,
Et la mienne est tousjours de mesme :
Sans cœur il est, sans cœur je suis,
Je n'ay point eu de cœur, depuis
Qu'amour, l'ostant de ma puissance,
Le mit sous ton obéissance :
Il est muet, si suis-je moy,
Quand je me trouve devant toy.
Bref qui nous void, voir il luy semble
Deux amans ou tableaux ensemble,
Nous sommes differens d'un poinct,
C'est qu'Amour ne le brusle point.
Et quand il sentiroit la flamme,
(Comme tout par ton œil s'enflamme)
Ainsi que de moy malheureux
Son mal ne sera langoureux,
Et les flammes continuelles

Ainsi n'ardront point ses moelles.
Au premier feu qu'il sentira,
Soudain en cendres il ira.

◇

VILLANELLE

En ce mois delicieux,
Qu'amour toute chose incite
Un chacun à qui mieux mieux,
La douceur du temps imite,
Mais une rigueur despite
Me fait pleurer mon malheur.
Belle et franche Marguerite,
Pour vous j'ay ceste douleur.
 Dedans vostre œil gracieux
Toute douleur est escrite,
En amertume est confite;
Souvent la couleuvre habite
Dessous une belle fleur.
Belle et franche Marguerite,
Pour vous j'ay ceste douleur.
 Or puis que je deviens vieux,
Et que rien ne me profite,
Desesperé d'avoir mieux,
Je m'en iray rendre hermite;
Je m'en iray rendre hermite,
Pour mieux pleurer mon malheur.
Belle et franche Marguerite,
Pour vous j'ay ceste douleur.
 Mais si la faveur des dieux
Au bois vous avoit conduite,
Où, desperé[1] d'avoir mieux,

1. Forme syncopée, desespérer (Palsgr., p. 514). Cf. Despoir*. B.

Je m'en iray rendre hermite,
Peut estre que ma poursuite
Vous feroit changer couleur.
Belle et franche Marguerite,
Pour vous j'ay ceste douleur..

CHANT DE L'AMOUR

ET DU PRINTEMPS

. . . . [40]
　Si les joyeux oiselets [1]
Dessus les verdes fleurettes
Et par les bois nouvellets [2]
Degoysent leurs amourettes,
　Pourquoy ne diray-je aussi
Le seul plaisir de ma vie,
Puis qu'amour le veut ainsi
Et que le ciel m'y convie ?
　Le flambeau, dont les chaleurs
Ardent l'antique froidure,
De mile sortes de fleurs
Repeint la jeune verdure ;
　Et le dieu, qui mes desirs
Brusle d'une saincte flamme,
Mile sortes de plaisirs
Replante dedans mon ame... [32]
　Amour, si ta déité,
Des déitez la plus saincte,
Fut dès ma nativité
En moy divinement peinte... [4]

1. Dim. de oiseau*. R.　　2. Dim. de nouveau*. R.

De quelle riche couleur
Peindray-je ma poésie
Pour descrire la valeur
Que j'ay sur toutes choisie?
 Tous les verds tresors des cieux,
Riche ornement de la plaine,
Representent à mes yeux
L'object de ma douce peine[1].
 Je voy dedans ces œillets
Rougir les deux levres closes
Dont les boutons vermeillets
Blesmissent le teint des roses... [28]
 Ce vent qui raze les flancs
De la plaine colorée,
A longs souspirs doux soufflans,
Qui rident l'onde azurée,
 M'inspire un doux souvenir
De ceste haleine tant douce
Qui fait doucement venir
Et plus doucement repousse
 Les deux sommets endurcis
De ces blancs cousteaux[2] d'yvoire,
Comme les flots adoucis
Qui baisent les bords de Loyre... [8]
 Vous donq', amoureux oyseaux,
Soit aux bois, soit aux campagnes,
Accordez[3] aux bruits des eaux
Qui tombent de ces montagnes,
 Dont l'immortelle verdeur,
De mille fleurs diaprées,
Embasme de son odeur
Le verd honneur de la prée.
 Ici dedier je veux
Un autel à ma déesse,

---

1. Cf. Ronsard, *Chans.*, p. 40.
2. Côteaux, monts*. R. B.
3. Forme neutre pour la forme réfl.

Pour y consacrer les vœux
Que ma muse luy addresse... [4]
Qu'il n'y ait en ce beau clos
Branche qui ne reverdisse,
Bouton qui ne soit desclos,
Ni herbe qui ne florisse !
Jamais n'y faille[1] le thym,
L'œillet, le lys ni la rose,
Ni la fleur qui au matin
Est ouverte et au soir close !
Jamais n'y faille le miel,
Ni le laict, ni la rosée !
Et de la manne du ciel
Tousjours soit l'herbe arrosée !... [20]

CHANT DE L'AMOUR

ET DE L'HYVER

. . . . [126]
Heureux trois fois, voire quatre,
Le soldat qui va rabattre
D'Espagne le brave effort,
Et qui loin de sa province[2]
Devant les yeux de son prince
S'acquiert une belle mort !
Heureuse, ô heureuse encore
La vive mort qui décore
Les indontez chevaliers,
Qui sur un mont de gendarmes
Tombent sous le fais des armes
Au plus espais des miliers !

---

1. N'y manque.   2. Pays, patrie*.

Vos morts tousjours honorées
Seront des vostres pleurées,
Mon roy vous regrettera :
Desja la France en souspire
Et la vendomoise lyre
Vostre vertu chantera.
   Mais moy, chetif, qui demeure,
Hélas ! il faut que je meure,
Non devant les yeux des rois,
Sur la guerrière campagne
Rouge du sang de l'Espagne,
Mais sous l'horreur de ces bois :
   Bois tristes et solitaires,
De ma peine secretaires [1],
Où l'amour, qui me conduit,
Au plus chaud de ses alarmes.
Baigne souvent de mes larmes
L'humide sein de la nuict.
   Là je resonge sans cesse
L'heureux soir que ma déesse
Lisoit la carte des cieux,
Au doigt me monstrant la face
De mile flambeaux qu'efface
Le double feu de ses yeux... [18]
Là, mes cendres je dedie,
Mais à ces fleurs je supplie [2],
Et à ces herbes aussi,
Au myrthe, au laurier encore,
Et à l'arbre, qui m'honore [3],
Ne croistre jamais ici.
   Jamais n'y croissent les roses,
Ni les fleurettes descloses ;
Jamais le rousoyant [4] miel
N'y coule dessus ma tumbe [5] ;

1. Confidents*.
2. Voy. p. 25.
3. L'olivier.
4. Qui tombe comme une rosée*. R.
5. Voy. p. 162.

Ou, si quelque chose y tumbe,
Que ce soit l'ire du ciel !
Que les oyselets s'y taisent,
Que les ruisseaux s'y appaisent,
Que l'an, veuf de fleurs et fruicts,
Autre saison n'y rameine,
Sinon l'horreur de ma peine
Et l'hyver de mes ennuis... [24]

A OLIVIER DE MAGNY

SUR LES PERFECTIONS DE SA DAME

Quand je contemple les beautez
De tant de rares nouveautez,
Qui en ta nymphe nompareille
Des cieux annoncent la merveille,
Il me semble voir les couleurs
De tant et tant de belles fleurs
Que la jeune saison desserre [4]
Du sein amoureux de la terre.
Ici le lys est blanchissant,
Là est la rose rougissant,
Et là est la plaine parée
De mainte autre fleur bigarrée.
Et comme on voit, la teste bas,
La vierge marchant pas à pas
Despouiller la rive fleurie
Du verd email de la prairie,
Dont ayant son giron remply
Elle d'un tortueux reply
Façonne une belle couronne,

---

4. Jette*.

Dont son beau chef elle environne ;
   Ainsi la muse çà et là,
Soigneuse cueillant tout cela
Qui fleurit en l'esprit de celle
Dont tu sens la vive estincelle,
   Ayant choisi tout le plus beau
Façonne le tour d'un chapeau [1],
Dont une couronne elle appreste,
Éternel honneur de ta teste.
   Là donques, Magny, cependant
Que l'amour va tes yeux bendant,
Chante [2] d'amour et de la dame
Qui est maistresse de ton âme.
   En vain tu tenteras les sons
De ces amoureuses chansons,
N'estant plus ta lire allumée
De son ardeur accoustumée... [12]
   Croy moy, Magny, et je le sçay
Pource que j'en ay faict l'essay,
Mal volontiers chante la bouche
De l'amour qui au cœur ne touche.
   Du temps que j'estois amoureux,
Rien que les soupirs langoureux
Ne me plaisoit, et rien ma lire,
Rien que l'amour ne sçavoit dire.
   Par tout je trouvois argument
De me feindre un nouveau torment ;
Et ne trouvois roc ne [3] fontaine
Qui ne representast ma peine.
   Il me sembloit qu'antres et bois
Piteux [4] respondoyent à ma voix.
Et me sembloit que mes prieres
Arrestoyent le cours des rivieres.
   Il me sembloit que tout l'honneur,
Le beau, la grace, et le bon heur

---

1. Guirlande*.
2. Chanter de (Malh., p. 216).
3. Ni.
4. Compatissants*.

Eust coulé du ciel en la belle
Qui m'estoit doucement rebelle... [28]
　　Mais depuis que l'âge et le soin,
Me faisant regarder plus loin,
M'osta ce voile et que les choses
Veritables se sont décloses,
　　J'ay rougi de me voir deceu;
Et depuis ma lire n'a sceu
Chanter l'amour, et rien ma muse,
Rien tant que l'amour ne refuse... [156]

CONTRE LES PÉTRARQUISTES

J'ay oublié l'art de petrarquiser,
Je veux d'amour franchement deviser,
Sans vous flatter et sans me deguiser.
　　Ceux qui font tant de plaintes
N'ont pas le quart d'une vraye amitié,
Et n'ont pas tant de peine la moitié,
Comme leurs yeux, pour vous faire pitié,
　　Jettent des larmes feintes.

Ce n'est que feu de leurs froides chaleurs,
Ce n'est qu'horreur de leurs feintes douleurs
Ce n'est encor' de leurs soupirs et pleurs
　　Que vent, pluye et orages;
Et, bref, ce n'est à ouïr leurs chansons
De leurs amours, que flammes et glaçons,
Flesches, liens et mille autres façons
　　De semblables outrages.

De vos beautez, ce n'est que tout fin or,
Perles, cristal, marbre et yvoire encor,

En tout l'honneur de l'indique tresor,
    Fleurs, lis, œillet et roses;
De vos douceurs ce n'est que sucre et miel,
De vos rigueurs n'est qu'aloës et fiel,
De vos esprits, c'est tout ce que le ciel
    Tient de graces encloses... [56]

Il n'y a roc qui n'entende leurs voix;
Leurs piteux cris ont fait cent mille fois
Pleurer les monts, les plaines et les bois,
    Les antres et fontaines;
Bref il n'y a ni solitaires lieux,
Ni lieux hantez, voire mesmes les cieux,
Qui çà et là ne montrent à leurs yeux
    L'image de leurs peines.

Cestuy-là porte en son cœur fluctueux [1]
De l'Océan les flots tumultueux,
Cestuy l'horreur des vents impetueux
    Sortans de leur caverne;
L'un d'un Caucase et Montgibel se plaint,
L'autre en veillant plus de songes se peint
Qu'il n'en fut onq' en cest orme qu'on feint
    En la fosse d'Averne... [32]

Quelque autre encor' la terre dedaignant
Va du tiers [2] ciel les secrets enseignant,
Et de l'amour, où il va se baignant,
    Tire une quinte essence.
Mais quant à moy, qui plus terrestre suis
Et n'ayme rien que ce qu'aymer je puis,
Le plus subtil qu'en amour je poursuis
    S'appelle jouissance... [8]

---

1. Agité*. R.   2. Troisième (L.).

Nos bons ayeux, qui cest art demenoyent [1],
Pour en parler Petrarque n'apprenoyent,
Ains franchement leur dame entretenoyent
    Sans fard ou couverture.
Mais aussi tost qu'amour s'est fait sçavant,
Luy, qui estoit françois auparavant,
Est devenu flatteur et decevant
    Et de thusque nature.

Si vous trouvez quelque importunité,
En mon amour, qui vostre humanité
Prefere trop à la divinité
    De vos graces cachées,
Changez ce corps, object de mon ennuy,
Alors je croy que de moy ni d'autruy,
Quelque beauté que l'esprit ait en luy,
    Vous ne serez cerchées.

Et qu'ainsi soit, quand les hyvers nuisans
Auront seiché la fleur de vos beaux ans,
Ridé ce marbre, esteinct ces feux luisans ;
    Quand vous verrez encore
Ces cheveux d'or en argent se changer,
De ce beau sein l'yvoire s'allonger,
Ces lys fanir [2], et de vous s'estranger [3]
    Ce beau teinct de l'aurore.

Qui pensez-vous, qui vous aille cercher,
Qui vous adore ou qui daigne toucher
Ce corps divin que vous tenez tant cher ?
    Vostre beauté passée
Ressemblera [4] un jardin à nos yeux,
Riant naguere aux hommes et aux dieux,
Ores faschant de son regard les cieux
    Et l'humaine pensée.

1. Pratiquaient*. R.
2. Pour se faner*. R. B.
3. S'éloigner*.
4. Voy. p. 212.

N'attendez donq' que la grand' faux du temps
Moissonne ainsi la fleur de vos printemps,
Qui rend les dieux et les hommes contents :
    Les ans, qui peu sejournent,
Ne laissent rien que regrets et souspirs,
Et, empennez de nos meilleurs desirs,
Avecques eux emportent nos plaisirs
    Qui jamais ne retournent.

Je ry souvent, voyant pleurer ces fouls,
Qui mile fois voudroyent mourir pour vous,
Si vous croyez de leur parler si doux
    Le parjure artifice.
Mais quant à moy, sans feindre ni pleurer,
Touchant ce poinct je vous puis asseurer
Que je veux sain et dispos demeurer,
    Pour vous faire service.

De vos beautez, je diray seulement
Que, si mon œil ne juge folement,
Vostre beauté est joincte esgalement
    A vostre bonne grace ;
De mon amour, que mon affection
Est arrivée à la perfection
De ce qu'on peut avoir de passion
    Pour une belle face.

Si toutefois Petrarque vous plaist mieux,
Je reprendray mon chant melodieux,
Et voleray jusqu'au sejour des dieux,
    D'une aile mieux guidée :
Là, dans le sein de leurs divinitez,
Je choisiray cent mile nouveautez,
Dont je peindray vos plus grandes beautez
    Sur la plus belle idée[1].

---

1. Modèle*.

ÉLÉGIE D'AMOUR.

S'il m'en souvient, vous me distes un jour,
En vous tenant quelque propos d'amour,
Que vous n'estiez de si leger courage
Que de juger du cœur par le visage :
Qu'Amour si tost ne se peut enflammer,
Qu'il faut premier cognoistre que [1] d'aimer,
Et que hastif je voulois faire gerbe
D'une moisson qui est encor' en herbe.
Vos argumens sont fort à redouter,
Mais s'il vous plaist mes raisons escouter,
Vous cognoistrez qu'à vaincre ils sont faciles,
Et qu'ils ne sont ni Hectors ni Achilles.
Quant au premier, je ne veux soustenir
Que vous deviez pour oracle tenir
Tout ce qu'on dit, ni que (soit vraye ou feinte)
Dessus le front tousjours l'amour soit peinte.
Les cœurs humains un labyrinthe sont,
Qui maints destours, maintes cachettes ont,
Où l'on se perd, qui n'a le fil pour guide
D'un bon esprit, et jugement solide.
Or avez-vous l'esprit si cler-voyant,
Que nul destour, tant soit-il fourvoyant,
Vos pas certains pourroit tromper, en sorte
Qu'ils n'ayent tousjours la raison pour escorte ?
Vos yeux, Madame, ont pouvoir de percer
La nue espesse, et le ciel traverser,
Passer le roc, sonder le creux de l'onde,
Et voyager sous la terre profonde.
Qui pourroit donc empescher leur vigueur
De penetrer au plus profond d'un cœur,

---

1. Premier que, avant que*.

Et là au vray descouvrir la pensée
D'un amoureux, s'elle¹ est saine ou blessée?
　Quant est de moy, je ne pris oncq plaisir
A contrefaire un amoureux desir,
Comme ceux là qui aiment par la plume,
Et, sans aimer, font l'amour par coustume.
Je ne suis point si subtil artisan
Que de pouvoir, d'un parler courtisan,
D'un faux souspir et d'une larme feinte
Monstrer dehors une amitié contraincte,
Dissimulant mon visage par art,
Car je ne suis ni Thuscan, ni Lombard.
　Qu'Amour si tost en nos cœurs ne s'enflamme,
Certainement je confesse, Madame,
Que qui de soy ne se peut enflammer,
Le temps luy sert de beaucoup à aimer :
Et n'a dit mal, qui dit qu'à sa naissance
L'amour est faible et de peu de puissance.
Mais il s'entend de ces froides amours
Qui sont ainsi qu'on void un petit ours,
Lequel n'est rien qu'une masse difforme,
A qui sa mere en léchant donne forme.
　Le vray amour naist du premier regard,
Et ne veut point se façonner par art :
Et c'est pourquoy ces moitiés separées,
Estant jadis par le monde egarées,
Se retrouvans si bien se rejoignoient,
Que jamais plus elles ne s'esloignoient.
　J'ay plusieurs poincts, que je pourrois induire
A ce propos, si je voulois deduire
Ce fait au long, et demonstrer comment
L'amour s'engendre en nous premierement,
Quelle est sa fin, son essence et nature,
D'où vient souvent qu'on aime à l'adventure
Un incognu, et ne sçait-on pourquoy,

---

1. Si elle*. B.

Fors que l'on trouve en luy je ne sçay quoy,
Qui à l'aimer par force nous incite,
Comme le fer qui suit la calamite.
Je parlerois d'autres sortes d'amours,
Mais ce propos est de trop long discours,
Et me suffit vous avoir fait cognoistre
Que par le temps mon amour ne peut croistre [1].
Quant à vouloir faire preuve de moy,
Si vous vouliez pour gage de ma foy
Ma propre vie, ayant receu tel gage
Vous auriez fait à vous mesme dommage,
Perdant en moy un fidele servant,
Qui ne vous peut servir, s'il n'est vivant.
  Je suis content d'endurer mile peines,
Mile souspirs, mile complaintes vaines,
Mile desdains et refus rigoureux,
Si autrement on n'est point amoureux :
Mais s'il vous plaist imiter la clemence
De cestuy-là dont la bonté immense
Ayant esgard à nostre infirmité
Nous donne plus que n'avons merité,
Vous me ferez de vous mesme la grace
Que sans merite envers vous je pourchasse :
Sans qu'avec peine et longue passion
J'aye vers vous moindre obligation,
Comme j'aurois, et telle jouissance
Ne seroit grace, ains [2] plus tost recompense.
  Quant à vouloir en herbe moissonner
Ce qu'en espic vous me pourriez donner
Avec le temps, si j'avois la science
De le gaigner avecques patience,
Je ne voudrois qu'on me peust reprocher
Que les fruicts verds je voulusse arracher,
Ne que si fol ou si hastif je feusse,
Que les saisons attendre je ne peusse :

1. Pron. crêtre*.   2. Mais*.

Mais ne peut-on l'amour assaisonner
Comme les fruicts, et par art luy donner
Maturité, sans bien souvent attendre
Si longuement, pour le trouver plus tendre,
Que par le temps ou autre deffaveur
Il ait perdu le goust et la saveur ?
 Les fruits d'amour sont de nature telle,
Qu'ils plaisent plus en leur saison nouvelle
Qu'en leur hyver, d'autant que leur verdeur
Ne se meurit jamais par la froideur,
Et n'ont le goust ni la couleur si franche,
Quand de soy mesme ils tumbent de la branche.
 L'amour, Madame, en mon affection
Est arrivée à sa perfection,
Et ne pourroit ni le temps ni l'usage
Y adjouter un seul poinct davantage.
Doncques pourquoy en sont les fruits trop verds ?
Prenez le cas que cinq ou six hyvers
Soient jà passez, et qu'avec longue peine
Ils soient venus en accroissance pleine :
De les cueillir on me peut dispenser,
C'est le moyen pour l'amour avancer.

BAYSER

 Sus, ma petite colombelle,
Ma petite belle rebelle,
Qu'on me paye ce qu'on me doit :
Qu'autant de baisers on me donne,
Que le poëte de Veronne
A sa Lesbie en demandoit.
 Mais pourquoy te fay-je demande
De si peu de baisers, friande,

Si Catulle en demande peu ?
Peu vrayment Catulle en desire,
Et peu se peuvent-ils bien dire
Puis que compter il les a peu [1].

De mille fleurs la belle Flore
Les verdes rives ne colore,
Cerès de mille espics nouveaux
Ne rend la campagne fertile,
Et de mille raisins et mille
Bacchus n'emplit pas ses tonneaux.

Autant donc que de fleurs fleurissent,
D'espics et de raisins meurissent,
Autant de baisers donne-moy :
Autant je t'en rendray sur l'heure,
A fin qu'ingrat je ne demeure
De tant de baisers envers toy.

Mais sçais-tu quels baisers, mignonne ?
Je ne veux pas qu'on me les donne
A la françoise, et ne les veux
Tels que la Vierge chasseresse
Venant de la chasse les laisse
Prendre à son frere aux blonds cheveux :

Je les veux à l'italienne,
Et tels que l'Acidalienne [2]
Les donne à Mars son amoureux :
Lors sera contente ma vie,
Et n'auray sur les dieux envie,
Ni sur leur nectar savoureux.

―◦∞◦―

AUTRE BAYSER

Quand ton col de couleur de rose
Se donne à mon embrassement

---

1. Cf. Catulle, v et vii.   2. Vénus, déesse des soucis.

Et ton œil languist doucement
D'une paupiere à demi close
  Mon ame se fond du desir
Dont elle est ardentement[1] pleine
Et ne peut souffrir à grand'peine
La force d'un si grand plaisir.
  Puis quand j'approche de la tienne
Ma lèvre, et que si près je suis
Que la fleur recueillir je puis
De ton haleine ambrosienne;... [4]
  Il me semble estre assis à table
Avec les dieux, tant suis heureux,
Et boire à longs traits savoureux
Le doux breuvage delectable... [12]

SUR UN CHAPPELET[2] DE ROSES

TRADUIT DU BEMBE

  Tu m'as fait un chappeau de roses
Qui semblent tes deux levres closes,
Et de lis freschement cueillis
Qui semblent les beaux doigts polis,
Les liant d'un fil d'or ensemble
Qui à tes blonds cheveux ressemble.
  Mais si, jeune, tu entendois
L'ouvrage qu'ont tissu tes doigts,
Tu serois peut estre plus sage
A prevoir ton futur dommage.
  Ces roses plus ne rougiront,
Et ces lis plus ne blanchiront :

---

1. Ardemment*. R.
2. Guirlande; couronne*. R. B.

Cf. chapeau, dont il est le diminutif. *Voy.* le premier vers.

La fleur des ans, qui peu sejourne,
S'en fuit et jamais ne retourne :
Et le fil te monstre combien
La vie est un fragile bien.
 Pourquoy donc m'es-tu si rebelle ?
Mais pourquoy t'es-tu si cruelle ?
Si tu n'as point pitié de moy,
Ayes au moins pitié de toy.

ÉPITAPHE D'UN PETIT CHIEN

Dessous ceste motte verte
De lis et roses couverte
Gist le petit Peloton,
De qui le poil foleton[1]
Frisoit d'une toison blanche
Le dos, le ventre et la hanche.
 Son nez camard, ses gros yeux
Qui n'estoient point chassieux,
Sa longue oreille velue
D'une soye crespelue,
Sa queue au petit floquet[2]
Semblant un petit bouquet,
Sa jambe gresle et sa patte
Plus mignarde qu'une chatte
Avec ses petits chattons,
Ses quatre petits tetons,
Ses dentelettes d'ivoyre,
Et la barbelette noire
De son musequin[3] friand :

1. Dimin. de follet.
2. Dimin. de floc, petite houppe (J. Gl.).
3. Dimin. de museau (Marot; Brachet, *Gram. du XVIe s.*, p. xiv).

Bref tout son maintien riant
Des pieds jusques à la teste,
Digne d'une telle beste,
Meritoient qu'un chien si beau
Eust un plus riche tombeau.
   Son exercice ordinaire
Estoit de japper et braire,
Courir en haut et en bas,
Et faire cent mille esbas,
Tous estranges et farouches,
Et n'avoit guerre qu'aux mousches,
Qui luy faisoient maint tourment :
Mais Peloton dextrement
Leur rendoit bien la pareille :
Car, se couchant sur l'oreille,
Finement il aguignoit [1]
Quand quelqu'une le poignoit [2] :
Lors d'une habile souplesse
Happant la mouche traîtresse,
La serroit bien fort dedans,
Faisant accorder ses dens
Au tintin de sa sonnette,
Comme un clavier d'espinette.
   Peloton ne caressoit
Sinon ceux qu'il cognoissoit,
Et n'eust pas voulu repaistre [3]
D'autre main que de son maistre,
Qu'il alloit tousjours suyvant,
Quelque fois marchoit devant,
Faisant ne scay quelle feste
D'un gay branlement de teste.
   Peloton tousjours veilloit
Quand son maistre sommeilloit,
Et ne souilloit point sa couche
Du ventre ni de la bouche,

---

1. Guignait*. B. Cf. Aguetter.
2. Piquait*. R. B.
3. Forme n. pour la forme réfléchie.

Car sans cesse il gratignoit [1]
Quand ce desir le poignoit :
Tant fut la petite beste
En toutes choses honneste.

 Le plus grand mal, ce dit-on,
Que fist notre Peloton,
(Si mal appellé doit estre)
C'estoit d'esveiller son maistre.
Jappant quelque fois la nuict,
Quand il sentoit quelque bruict,
Ou bien, le voyant escrire,
Sauter, pour le faire rire,
Sur la table, et trespigner,
Follastrer et gratigner,
Et faire tomber sa plume,
Comme il avoit de coustume.
Mais quoy ? nature ne fait
En ce monde rien parfait,
Et n'y a chose si belle,
Qui n'ait quelque vice en elle.
Peloton ne mangeoit pas
De la chair à son repas ;
Ses viandes [2] plus prisées
C'estoient miettes brisées,
Que celuy qui le paissoit,
De ses doigts amollissoit :
Aussi sa bouche estoit pleine
Tousjours d'une douce haleine.

 Mon Dieu ! quel plaisir c'estoit,
Quand Peloton se grattoit,
Faisant tinter sa sonnette
Avec sa teste folette.
Quel plaisir quand Peloton
Cheminoit sur un baston,
Ou coiffé d'un petit linge,

---

1. Égratignoit (L., étym.; J. Gl.).   2. Voy. p. 174. Le sens général est ici nettement indiqué.

Assis comme un petit singe,
Se tenoit mignardelet
D'un maintien damoiselet !
  Ou sur les pieds de derriere,
Portant la pique guerriere,
Marchoit d'un front asseuré,
Avec un pas mesuré !
Ou couché dessus l'eschine,
Avec ne sçay quelle mine
Il contrefaisoit le mort !
Ou quand il couroit si fort,
Qu'il tournoit comme une boule,
Ou un peloton qui roule :
Bref, le petit Peloton
Sembloit un petit mouton :
Et ne fut oncq créature
De si benigne nature.
  Las ! mais ce doux passe-temps
Ne nous dura pas longtemps :
Car la mort ayant envie
Sur l'aise de nostre vie,
Envoya devers Pluton
Nostre petit Peloton,
Qui maintenant se pourmeine
Parmy ceste ombreuse plaine,
Dont nul ne revient vers nous.
Que maudictes soyez-vous,
Filandieres de la vie,
D'avoir ainsi par envie
Envoyé devers Pluton
Nostre petit Peloton :
Peloton qui estoit digne
D'estre au ciel un nouveau signe,
Temperant le Chien cruel
D'un printemps perpetuel.

ÉPITAPHE D'UN CHAT

Maintenant le vivre me fasche :
Et à fin, Magny, que tu sçache[1]
Pourquoy je suis tant esperdu,
Ce n'est pas pour avoir perdu
Mes anneaux, mon argent, ma bourse ;
Et pourquoy est-ce doncques ? pource
Que j'ay perdu depuis trois jours
Mon bien, mon plaisir, mes amours :
Et quoy ? ô souvenance gréve[2] !
A peu[3] que le cœur ne me créve
Quand j'en parle ou quand j'en escris :
C'est Belaud, mon petit chat gris,
Belaud, qui fut par aventure
Le plus bel œuvre que nature
Fit onc en matiere de chats.
C'estoit Belaud la mort aux rats,
Belaud, dont la beauté fut telle
Qu'elle est digne d'estre immortelle.
Doncques Belaud premierement
Ne fut pas gris entierement,
Ni tel qu'en France on les voit naistre,
Mais tel qu'à Rome on les voit estre,
Couvert d'un poil gris argentin,
Ras et poly comme un satin
Couché par ondes sur l'eschine,
Et blanc dessous comme une ermine :
Petit museau, petites dents,
Yeux qui n'estoyent point trop ardents,

1. La suppr. de l's à la deux. pers. est une licence fréquente chez les poëtes du xvi⁰ s.* R.
2. Grieve, fém. de gref, forme fréqu. de grief (L., rem.).
3. Il s'en faut de peu*.

Mais desquels la prunelle perse
Imitoit la couleur diverse
Qu'on voit en cest arc pluvieux
Qui se courbe au travers des cieux.
   La teste à la taille pareille,
Le col grosset, courte l'oreille,
Et dessous un nez chenin [1]
Un petit mufle lyonnin,
Autour duquel estoit plantée
Une barbelette argentée,
Armant d'un petit poil folet
Son musequin damoiselet ;
Jambe gresle, petite pate,
Plus qu'une moufle delicate,
Sinon alors qu'il desgueinoit
Cela dont il egratinoit :
La gorge douillette et mignonne,
La queue longue à la guenonne,
Mouchettée diversement
D'un naturel bigarrement ;
Le flanc haussé, le ventre large,
Bien retroussé dessous sa charge,
Et le dos moyennement long,
Vray sourian [2] s'il en fust onq'.
   Tel fut Belaud, la gente beste,
Qui des pieds jusques à la teste
De telle beauté fut pourveu
Que son pareil on n'a point veu.
O quel malheur ! ô quelle perte,
Qui ne peut estre recouverte !
O quel dueil mon ame en recoit !
Vrayment la mort, bien qu'elle soit
Plus fiere qu'un ours, l'inhumaine,
Si de voir elle eust pris la peine,
Un tel chat, son cœur endurci

1. Noir d'ébène (L.).   2. Chat à souris (N. : Souri).

En eut eu, ce croy-je, merci :
Et maintenant ma triste vie
Ne hairoit¹ de vivre l'envie.
 Mais la cruelle n'avoit pas
Gousté les follastres esbas
De mon Belaud, ni la soupplesse
De sa gaillarde gentillesse ;
Soit qu'il sautast, soit qu'il gratast,
Soit qu'il tournast ou voltigeast
D'un tour de chat, ou soit encores
Qu'il print un rat, et or' et ores²
Le relaschant pour quelque temps
S'en donnast mile passetemps.
 Soit que d'une façon gaillarde,
Avec sa patte fretillarde,
Il se frottast le musequin.
Ou soit que ce petit coquin
Privé sautelast³ sur ma couche,
Ou soit qu'il ravist de ma bouche
La viande sans m'outrager,
Alors qu'il me voyoit manger.
 Mon Dieu, quel passe temps c'estoit
Quand ce Belaud vire-voltoit
Follastre autour d'une pelote !
Quel plaisir, quand sa teste sotte,
Suivant sa queue en mile tours,
D'une roue imitoit le cours !
Ou quand, assis sur le derriere,
Il s'en faisoit une jartiere⁴,
Et monstrant l'estomac velu
De panne blanche crespelu⁵,
Sembloit, tant sa trongne estoit bonne,
Quelque docteur de la Sorbonne !

1. Dissyl. (L., hist.).
2. Tantôt (le reprenant) et tantôt le relâchant.
3. Dimin. de sauter*. R.
4. Jarretierre*. R. B. V. dans Baïf le *Tab. de la pron.*, p. 579.
5. Dimin. de crépu (L ; N.; Roquef.).

Ou quand, alors qu'on l'animoit,
A coups de patte il escrimoit [1],
Et puis appaisoit sa colere
Tout soudain qu'on luy faisoit chere.
 Voila, Magny, les passetemps
Où Belaud employoit son temps.
N'est-il pas bien à plaindre donques?
Au demeurant, tu ne vis onques
Chat plus addroit ni mieux appris
A combattre rats et souris... [14]
 Belaud n'estoit point mal-plaisant,
Belaud n'estoit point mal-faisant,
Et ne fit onq' plus grand dommage
Que de manger un vieux fromage,
Une linotte et un pinçon,
Qui le faschoyent de leur chanson.
Mais quoy! Magny, nous mesmes hommes
Parfaits de tous poincts nous ne sommes.
Belaud n'estoit point de ces chats
Qui nuict et jour vont au pourchas [2],
N'ayant souci que de leur panse :
Il ne faisoit si grand despense,
Mais estoit sobre à son repas,
Et ne mangeoit que par compas [3]... [16]
 Belaud (que j'aye souvenance)
Ne me fit onq' plus grand' offense
Que de me resveiller la nuict,
Quand il entr'oyait quelque bruit
De rats qui rongeoyent ma paillasse :
Car lors il leur donnoit la chasse
Et si dextrement les happoit
Que jamais un n'en eschappoit.
 Mais, las! depuis que ceste fiere [4]

1. Forme neutre pour la forme réfléchie.
2. A la chasse, du verbe pourchasser (L.; N.).
3. Avec mesure*.
4. Cette cruelle, cette inhumaine (L.; N.); la mort. *Voy.* ci-dessus, p. 293.

Tua de sa dextre meurtriere
La seure garde de mon corps,
Plus en seureté je ne dors :
Et or', ô douleurs nompareilles !
Les rats me mangent les oreilles :
Mesmes tous les vers que j'escris
Sont rongez de rats et souris... [14]

 Belaud estoit mon cher mignon,
Belaud estoit mon compagnon
A la chambre, au lict, à la table.
Belaud estoit plus accointable [1]
Que n'est un petit chien friand,
Et de nuict n'alloit point criant
Comme ces gros marcoux [2] terribles,
En longs myaulements horribles :
Aussi le petit mitouard [3]
N'entra jamais en matouard [4],
Et en Belaud, quelle disgrace !
De Belaud s'est perdu la race.

 Que pleust à Dieu, petit Belon,
Que j'eusse l'esprit assez bon
De pouvoir en quelque beau stile
Blasonner [5] ta grace gentile [6],
D'un vers aussi mignard que toy :
Belaud, je te promets ma foy
Que tu vivrois tant que sur terre
Les chats aux rats feront la guerre.

---

1. Affable, abordable*. R.
2. Matoux (L., étym); on le dit encore à Rouen, dans l'Orne, à Rheims (Duméril, Gl. norm., ex. de Scarron).
3. Nom qu'on donne au chat, mais qui varie selon les localités, mitouin, mitoux, miton, *mitis* (L. : Miton ; Roquef.).
4. Matouard semble être un dérivé de matou.
5. Célébré poétiquement, louangé*. R. B.
6. Voy. p. 104.

MÉTAMORPHOSE D'UNE ROSE

Comme sur l'arbre sec la veufve tourterelle
Regrette ses amours d'une triste querelle [1],
Ainsi de mon mary le trespas gemissant,
En pleurs je consumois mon aage languissant :
   Quand pour chasser de moy ceste tristesse enclose,
Mon destin consentit que je devinsse rose,
Qui d'un poignant hallier se herisse à l'entour,
Pour faire resistance aux assauts de l'amour.
   Je suis, comme j'estois, d'odeur naive et franche,
Mes bras sont transformez en espineuse branche,
Mes pieds en tige [2] verd, et tout le demeurant
De mon corps est changé en rosier bien fleurant.
   Les plis de mon habit sont escailleuses poinctes,
Qui en rondeur esgalle autour de moy sont joinctes :
Et ce qui entr'ouvert monstre un peu de rougeur
Imite de mon ris la premiere douceur.
   Mes cheveux sont changez en feuilles qui verdoyent,
Et ces petits rayons, qui vivement flamboyent
Au centre de ma rose, imitent de mes yeux
Les feux jadis égaux à deux flammes des cieux.
   La beauté de mon teinct à l'aurore pareille
N'a du sang de Venus pris sa couleur vermeille,
Mais de ceste rougeur que la pudicité
Imprime sur le front de la virginité.
   Les graces, dont le ciel m'avoit favorisée,
Or' que rose je suis, me servent de rosée,
Et l'honneur qui en moy a fleury si long temps,
S'y garde encor entier d'un eternel printemps.
   La plus longue frescheur des roses est bornée
Par le cours naturel d'une seule journée :

---

1. Plainte*.   2. Alors masc*. R. B.

Mais ceste gayeté qu'on voit en moy fleurir,
Par l'injure du temps ne pourra deperir,
   A nul je ne defends ni l'odeur ni la veue,
Mais si quelque indiscret vouloit à l'impourveue [1]
S'en approcher trop près, il ne s'en iroit point
Sans esprouver comment ma chaste rigueur poingt [2].
   Que nul n'espere donc de ravir ceste rose,
Puisqu'au jardin d'honneur elle est si bien enclose,
Où plus soigneusement elle est gardée encor
Que du dragon veillant n'estoient les pommes d'or.
   Celuy qui la vertu a choisi pour sa guide [3],
Ce sera celuy seul qui en sera l'Alcide :
A luy seul j'ouvriray la porte du verger [4],
Où heureux il pourra me cueillir sans danger.
   Qu'autrement on n'espere en mon cœur faire bresche :
Car je ne crains Amour, ni son arc, ni sa flesche :
J'esteins, comme il me plaist, son brandon furieux,
Les ailes je luy couppe et debande les yeux.

※

HYMNE DE LA SURDITÉ

A P. DE RONSARD, VANDOMOYS [5]

Je ne suis pas, Ronsard, si pauvre de raison,
De vouloir faire à toy de moy comparaison,
A toy, qui ne seroit un moindre sacrilege
Qu'aux Muses comparer des pies le college,
A Minerve Arachné, Marsye au Delien,
Ou à nostre grand prince un prince italien.
   Bien ay-je, comme toy, suivi dès mon enfance

---

1. A l'improviste. R.
2. Pique *.
3. Alors féminin *. R.
4. Allus. au *Rom. de la Rose*.
5. Voy. la biographie de Ronsard.

Ce qui m'a plus acquis d'honneur que de chevance [1],
Ceste sainte fureur qui, pour suivre tes pas,
M'a tousjours tenu loin du populaire bas,
Loin de l'ambition et loin de l'avarice,
Et loin d'oisiveté, des vices la nourrice,
Aussi peu familiere aux soldats de Pallas
Comme elle est domestique [2] aux prestres et prelats.
 Au reste, quoy que ceux qui trop me favorisent,
Au pair de tes chansons les miennes autorisent,
Disant, comme tu sçais, pour me mettre en avant,
Que l'un est plus facile et l'autre plus sçavant,
Si ma facilité semble avoir quelque grace,
Si ne suis-je pourtant enflé de telle audace
De la contre-peser avec ta gravité,
Qui sçait à la douceur mesler l'utilité.
Tout ce que j'ay de bon, tout ce qu'en moy je prise,
C'est d'estre comme toy, sans fraude et sans feintise [3],
D'estre un bon compagnon, d'estre à la bonne foy,
Et d'estre, mon Ronsard, demy-sourd, comme toy,
Demy-sourd, ô quel heur ! plust au bon Dieu que j'eusse
Ce bonheur si entier, que du tout [4] je le feusse.
 Je ne suis pas de ceux qui d'un vers triomphant
Deguisent une mouche en forme d'elephant,
Et qui de leurs cerveaux touchent à toute reste [5],
Pour louer la folie ou pour louer la peste :
Mais sans changer la blanche à la noire couleur,
Et sous nom de plaisir deguiser la douleur,
Je diray qu'estre sourd (à qui la difference
Sçait du bien et du mal) n'est mal qu'en apparence.
 Nature aux animaux a cinq sens ordonnez,
Le gouster, le toucher, l'œil, l'oreille et le nez,
Sans lesquels nostre corps seroit un corps de marbre,
Une roche, une souche ou le tronc d'un vieil arbre.
Je laisse à discourir au jugement commun

1. Bien, richesse*. B.
2. Domestique *à* pour *de*.
3. Dissimulation*.
4. Tout à fait*.
5. Alors des deux genres (L., rem et hist.; N.).

L'usage et difference et vertu d'un chacun,
Lesquels pour presider en la part plus insigne,
Sont de plus grand service et qualité plus digne :
Comme l'œil, le sentir et ce nerf sinueux,
Qui par le labyrinth' [1] d'un chemin tortueux
Le son de l'air frappé conduit en la partie,
Qui discourt sur cela dont elle est avertie :
Le pertuis de l'ouye et les trois petits os,
Qui sont à cest effect en nos tempes enclos :
De quel sage artifice et necessaire usage
La nature a basti ce petit cartilage,
Qui, de l'oreille estant le fidele portier,
Droit sur le petit trou du caverneux sentier
Bat eternellement, si d'une humeur espesse,
Qui pour sa grand' froideur resoudre ne se laisse,
Son bat [2] continuel ne se treuve arresté,
D'où vient ce fascheux mal, qu'on nomme surdité :
Fascheux à l'ignorant, qui ne se fortifie
Des divines raisons de la philosophie.
  Je ne veux estre icy de la secte de ceux
Qui disent n'estre mal, tant soit-il angoisseux,
Fors celuy dont nostre ame est atteinte et saisie,
Et que tout autre mal n'est que par fantasie.
Combien que le né sourd est par tel vice exclus
Du sens qu'on dit acquis, ne s'en fasche non plus
(Comme l'on peut juger) que d'estre né sans ailes
Ou n'esgaller au cours les bestes plus isnelles [3],
En force les taureaux, les poissons au nager,
Ou de ne se pouvoir, comme un dæmon, changer :
D'autant que le regret vient de la cognoissance
Du bien duquel on a perdu la jouissance,
Et qu'on ne doit aucun estimer malheureux
Pour ne jouir du bien dont il n'est desireux,
Non plus qu'est un cheval ou autre beste telle

---

1. L'*e* est surabondant ; voy. p. 230.
2. Battement (L. : Bat., 1).
3. Rapides*.

Pour n'avoir comme nous la raison naturelle.
Si est-ce toutefois que pour l'homme estre né
Un animal docile, auquel est ordonné,
Contre le naturel de chacune autre beste,
D'eslever, plus divin, aux estoiles la teste,
Si, par estre né sourd, il ne peut concevoir
Rien plus haut que cela que ses yeux peuvent voir,
Sans cognoistre celuy qui homme l'a fait naistre,
Malheureux je l'estime, or' qu'il ne le pense estre :
Aussi bien que l'on dit (et nous tenons ce poinct)
N'estre plus grand malheur que cil [1] de n'estre point.
Mais cestuy là, Ronsard, qui n'est sourd de nature,
Ains [2] l'est par accident, s'il a par nourriture
Quelque sçavoir acquis, c'est un sourd animal,
Privé d'un peu de bien et de beaucoup de mal.
Car tout le bien qu'on peut recevoir par l'oreille
Procede ou d'un doux son, qui nostre esprit reveille,
Ou d'un plaisant propos, dont nostre entendement
Reçoit en l'escoutant quelque contentement.
Or' celuy qui est sourd, si tel defaut luy nie
Le plaisir qui provient d'une douce harmonie,
Aussi est-il privé de sentir mainte fois
L'ennuy d'un faux accord, une mauvaise voix,
Un fascheux instrument, un bruit, une tempeste,
Une cloche, une forge, un rompement de teste,
Le bruit d'une charrette et la douce chanson
D'un asne qui se plaingt en effroyable son.
Et s'il ne peut gouster le plaisir delectable
Qu'on a d'un bon propos qui se tient à la table,
Aussi n'est-il suject à l'importun caquet
D'un indocte prescheur ou d'un fascheux parquet,
Au babil d'une femme, au long prosne d'un prestre,
Au gronder d'un vallet, aux injures d'un maistre,
Au causer d'un bouffon, aux broquars d'une court,
Qui font cent fois le jour desirer d'estre sourd.

1. Celui*. 2. Mais*.

Mais il est mal venu entre les damoiselles :
O bien heureux celuy qui n'a que faire d'elles,
Ni de leur entretien ! car si de leurs bons mots
Il n'est participant par faute de propos,
Il ne s'estonne aussi et ne se mord la langue,
Rougissant d'avoir fait quelque sotte harangue.
Mais il est soupçonneux, et tousjours dans son cœur
Se fait croire qu'il sert d'argument au mocqueur :
Il ne le doit penser, s'il se pense habile homme,
Ains pour tel qu'il se croit doit croire qu'on le nomme.
Mais il n'est appellé au conseil des seigneurs :
O que cher bien souvent s'achettent tels honneurs
De ceux qui tels secrets dans leurs oreilles portent,
Quand par legereté de la bouche ils leur sortent !
Mais il est taciturne : ô bien heureux celuy,
A qui le trop parler ne porte point d'ennuy,
Et qui a liberté de se taire à son aise,
Sans que son long silence à personne deplaise !
Le parler toutefois entretient les amis
Et nous est de nature à cest effect permis :
Et ne peut-on pas bien à ses amis escrire,
Voire mieux à propos, ce qu'on ne leur peut dire ?
Si est-ce un grand plaisir, dira quelque causeur,
D'entendre les discours de quelque beau diseur :
Mais il est trop [1] plus grand de voir quelque beau livre
Où lors que nostre esprit, du corps franc et delivre [2],
Voyage hors de nous et nous fait voir sans yeux
Les causes de nature et les secrets des cieux :
Pour auxquels penetrer un philosophe sage
Voulut perdre des yeux le necessaire usage,
Pour ne voir rien qui pust son cerveau departir :
Et qui plus que le bruit peut l'esprit divertir ?
La surdité, Ronsard, seule t'a faist retraire [3]
Des plaisirs de la court et du bas populaire,
Pour suyvre par un trac [4] encores non battu

1. Beaucoup*.   3. Te retirer*. R. B.
2. Délivré, affranchi*.   4. Trace*. R.

Ce penible sentier qui meine à la vertu.
Elle seule a tissu l'immortelle couronne
Du myrthe paphien, qui ton chef environne ;
Tu luy dois ton laurier, et la France luy doit
Qu'elle peut desormais se vanter à bon droit
D'un Horace et Pindare et d'un Homere encore,
S'elle ¹ voit ton François, ton François qu'elle adore
Pour ton nom seulement et le bruit qui en court :
Dois-tu doncques, Ronsard, te plaindre d'estre sourd ?

 O que tu es heureux, quand le long d'une rive,
Ou bien loin dans un bois à la perruque ² vive
Tu vas, le livre au poing, meditant les doux sons
Dont tu sçais animer tes divines chansons,
Sans que l'aboy d'un chien ou le cry d'une beste,
Ou le bruit d'un torrent t'élourdisse ³ la teste.
Quand ce doux aiguillon si doucement te poingt,
Je croy qu'alors, Ronsard, tu ne souhaites point
Ny le chant d'un oyseau, ny l'eau d'une montagne,
Ayant avecques toy la surdité compagne,
Qui fait faire silence et garde que le bruit
Ne te vienne empescher de ton ayse le fruit.

 Mais est-il harmonie en ce monde pareille
A celle qui se fait du tintin de l'oreille,
Lorsqu'il nous semble ouir, non l'horreur d'un torrent,
Ains ⁴ le son argentin d'un ruisseau murmurant,
Ou celuy d'un bassin, quand celuy qui l'escoute
S'endort au bruit de l'eau qui tombe goutte à goutte ⁵ ?

 On dit qu'il n'est accord, tant soit melodieux,
Lequel puisse egaler la musique des cieux,
Qui ne se laisse ouïr en ceste terre basse,
D'autant que le fardeau de ceste lourde masse
Hebete nos esprits, qui par la surdité
Sont faits participans de la divinité.

 Regarde donc, Ronsard, s'il y a melodie

1. Si elle*.
2. Au sens poétique et figuré de chevelure*. R.
3. Alourdisse (L., hist.).
4. Mais*.
5. La Font., *S. de Vaux*.

Si douce que le bruit d'une oreille essourdie [1],
Et si la surdité par un double bienfait,
Ne recompense pas le mal qu'elle nous fait.
En quoy mesme les dieux, déesse, elle ressemble [2],
Qui nous versent l'amer et le doux tout ensemble.
O que j'ay de regret en la douce saison
Que je soulois regner paisible en ma maison,
Si sourd que trois marteaux, tombant sur une masse
De fer etincelant, n'eussent rompu la glace
Qui me bouchoit l'ouye, heureux s'il en feut onc :
Las, feusse-je aussi sourd comme j'estois adonc !

  Le bruit de cent vallets, qui mes flancs environnent,
Et qui soir et matin à mes oreilles tonnent,
Le devoir de la court et l'entretien commun
Dont il faut gouverner un fascheux importun,
Ne me fascheroit point : un crediteur [3] moleste [4]
(Race de gens, Ronsard, plus à craindre que peste)
Ne troubleroit aussi l'ayse de mon repos,
Car, sourd, je n'entendrois ne luy ne ses propos.

  Je n'orrois du chastel [5] la fouldre et le tonnerre,
Je n'entendrois le bruit de tant de gens de guerre,
Et n'orrois dire mal de ce bon Pere sainct [6],
Dont ores sans raison toute Rome se plaint,
Blasmant sa cruauté, sa grande convoitise,
Qui ne craint (disent-ils) aux despens de l'Eglise
Enrichir ses nepveux, et troubler sans propos
De la chrestienté le publique repos.

  Je n'orrois point blasmer la mauvaise conduite
De ceux qui tout le jour trainnent une grand' suite
De braves courtisans, et pleins de vanité,
Voyant les ennemis autour de la cité,
Portent Mars en la bouche et la crainte dans l'ame :
Je n'orrois tout cela, et n'orrois donner blasme

---

1. Devenu sourd, d'essourdir, auj. assourdir (L., hist.).
2. Verbe actif*.
3. Créancier*.
4. Adj., qui tourmente, *molestus* (N.).
5. Le château Saint-Ange.
6. Le pape Paul III.

A ceux qui nuict et jour dans leur chambre enfermez
Ayant à gouverner tant de soldats armez,
Font aux plus patiens perdre la patience,
Tant superbes ils sont et chiches d'audience.
Je n'entendrois le cry du peuple lamentant
Qu'on voise[1] sans propos ses maisons abbatant,
Qu'on le laisse au danger d'un sac espouvantable,
Et qu'on charge son dos d'un faix insupportable.
O bien heureux celuy qui a receu des dieux
Le don de surdité! voire qui n'a point d'yeux,
Pour ne voir et n'ouïr en ce siecle où nous sommes
Ce qui doit offenser et les dieux et les hommes.
Je te salue, ô saincte et alme[2] Surdité!
Qui pour throsne et palais de ta grand' majesté
T'es cavé, bien avant sous une roche dure,
Un antre tapissé de mousse et de verdure :
Faisant d'un fort hallier son effroyable tour,
Où les cheutes du Nil tempestent à l'entour.
Là se voit le Silence assis à la main dextre,
Le doigt dessus la levre : assise à la senestre
Est la Melancolie au sourcil enfoncé :
L'Estude, tenant l'œil sur le livre abbaissé,
Se sied un peu plus bas : l'Ame imaginative,
Les yeux levez au ciel, se tient contemplative
Debout devant ta face : et là dedans le rond
D'un grand miroir d'acier te fait voir jusqu'au fond
Tout ce qui est au ciel, sur la terre et sous l'onde,
Et ce qui est caché sous la terre profonde :
Le grave Jugement dort dessus ton giron,
Et les Discours ailez volent à l'environ.
Donc, ô grand' Surdité, nourrice de sagesse,
Nourrice de raison, je te supply, déesse,
Pour le loyer d'avoir ton merite vanté,
Et d'avoir à ton los ce cantique chanté,
De m'estre favorable : et si quelqu'un enrage

---

1. Qu'on aille*.   2. Vénérable, *alma**. B.

De vouloir par envie à ton nom faire outrage,
Qu'il puisse un jour sentir ta grande déité,
Pour sçavoir, comme moy, que c'est de surdité.

ÉPIGRAMME PASTORAL

Un berger, un chevrier et un bouvier, venus
De Sicile, de Thebe et de Smyrne, cognus
Des prez et des costeaux et des loges [1] champestres,
Des brebis, des chevreaux, des bœufs, les meilleurs maistres
Du flageol [2], du rebec et du cornet retors [3],
Moutons, chevres et bœufs gardoient dessus les bords
D'Arethuse, d'Ismene et du phrygien Xanthe.
L'un le hurt [4], l'un les jeux, le tiers [5] les combats chante
Des beliers bien cornus, des folastres chevreaux,
Des taureaux mugissant, l'honneur des pastoureaux,
Des chevriers, des bouviers : aussi sur tous les prise
Palès, le dieu chevrier et le pasteur d'Amphrise,
D'un chappelet [6] de fleurs couronnant le premier,
D'une branche de pin le second, le dernier
D'un tortis [7] de lauriers. Mais Perot [8] l'outrepasse,
Ce berger, ce chevrier et ce bouvier surpasse
D'autant que les moutons, les boucs et les taureaux,
Les aigneaux, les chevreaux et les jeunes bouveaux [9] :
Ou que les bleds, les mons et les maisons royales
Les herbes, les costeaux, les cases pastorales :
Tant Perot fluste bien, fredonne et sonne icy
Du flageol, du rebec et du cornet aussi,
Son Charlot, son Annot, son Henriot, les maistres
Des prés et des costeaux et des loges champestres.

1. Maisonnettes.
2. Flageolet*. R.
3. Recourbé*. R.
4. Le heurt, de hurter*. R. B.
5. Troisième*.
6 Guirlande*.
7. Couronne, guirlande*. R. B.
8. Pierre de Ronsard. Voy. ses *Églogues.*
9. Jeunes bœufs (L.).

A J.-ANT. DE BAIF

Bravime esprit, sur tous excellentime,
Qui mesprisant ces vanimes abois,
As entonné d'une hautime voix,
De sçavantieurs la trompe bruyantime :
De tes doux vers le style coulantime,
Tant estimé par les doctieurs françois,
Justimement ordonne que tu sois,
Pour ton sçavoir, à tous reverandime.
Nul mieux que toy, gentillime poëte,
Heur que chacun grandimement souhaite,
Façonne un vers doucimement naïf :
Et nul de toy hardieurement en France
Va dechassant l'indoctime ignorance,
Docte, doctieur et doctime Baïf.

ÉPITAPHE DE L'ABBÉ BONNET

Cy gyt Bonnet, qui tout sçavoit
Bonnet qui la pratique avoit
De tous les secrets de nature,
Dont il parloit à l'adventure,
Car il eut si subtil esprit,
Qu'oncq il n'en leut un seul escrit :
Bonnet ne leut oncq en sa vie
Un seul mot de philosophie,
Et si en sçavoit, ce dit-on,

---

1. Voy, le sonnet de Baïf, dans ses *Poésies*, p. 255.

Plus qu'Aristote ni Platon.
   Bonnet fut un docteur sans tiltre,
Sans loy, paragraphe et chapitre,
Bonnet avoit leu tous auteurs,
Fors poëtes et orateurs;
D'histoires et mathematiques,
Et telles sciences antiques,
Il s'en mocquoit : au demeurant
De rien il n'estoit ignorant.
Mais sa science principale
Estoit une occulte caballe,
Qui n'avoit rien de deffendu,
Car on n'y eust rien entendu.
   Bonnet entendoit la magic
Aussi bien que l'astrologie :
Bonnet le futur predisoit
Et de tous presages faisoit
Sur mutations de provinces,
Sur guerres et sur morts de princes :
Mais il n'eut oncques le sçavoir
De pouvoir la sienne prevoir.
   Bonnet sceut la langue hebraique
Aussi bien que la caldaique,
Mais en latin le bon abbé
N'y entendoit ny A ny B.
Bonnet avoit mis en usage
Un barragouin de langage
Entremeslé d'italien,
De françois et savoysien.
   Bonnet fut de l'académie
De ceux qui soufflent l'alchemie,
Et avoit soufflé tout son bien,
Pour multiplier tout en rien.
Bonnet sçavoit donner au verre
La couleur d'une belle pierre :
Bonnet sçavoit un grand thresor,
Bonnet sçavoit un fleuve d'or,

Et avoit trouvé des minières,
De metaux de toutes manières.
 Bonnet avoit deux pleins tonneaux
De bagues, de pierres, d'anneaux,
D'or en masse, et parloit sans cesse
De ses biens et de sa richesse.
Bonnet estoit de tous mestiers,
Bonnet frequentoit les moustiers,
Et tousjours barbotoit des levres.
Bonnet sçavoit guerir des fievres
Par billets au col attachez :
Bonnet detestoit les pechez,
Mais en procès et plaidoyrie
C'estoit une droicte furie.
Bonnet fut colere et mutin,
Bonnet ressembloit [1] un lutin,
Qui va, qui tourne, qui tracasse
Toute la nuict parmy la place.
 Bonnet portoit barbe de chat,
Bonnet estoit de poil de rat,
Bonnet fut de moyen corsage [2],
Bonnet estoit rouge en visage,
Avecques un œil de furet
Et sec comme un haran soret [3] :
Bonnet eut la teste pointue,
Et le col comme une tortue.
Bonnet s'accoustroit tous les jours
De deux soutanes de velours,
Et ne changeoit point de vesture
Pour le chaud ni pour la froidure.
Bonnet estoit toujours crotté
En hyver, et poudreux l'esté :
Et tousjours trainoit par la rue
Quelque semelle décousue.

---

1. Verbe actif*.
2. Corpulence*.
3. Sauret, diminutif de saur (L.).

Bonnet, soit qu'il plust ou fist beau,
Portoit tousjours un vieux chappeau,
Et ne porta, tant fust grand' feste,
Qu'après sa mort bonnet en teste :
Bref ce Bonnet fut un Bonnet,
Qui ne porta jamais bonnet.

Bonnet alloit sur une mule
Aussi vieille que pape Jule,
Accompagné d'un gros vallet
Tousjours crotté jusqu'au collet,
Avec la bride et couverture
Digne d'une telle monture.

Bonnet pour la chambre vestoit
Une chamarre[1] qui estoit
De peau de loup. Quant à sa table,
Il usoit pour mets delectable
D'oignons tout cruds et de porreaux,
Et tousjours il sentait les aulx :
Les aulx estoient le musque et l'ambre
Dont Bonnet parfumoit sa chambre,
Bonnet beuvoit grec et latin,
Bonnet s'enivroyt au matin
Pour tout le jour, et apres boyre
Bonnet s'en vouloit faire croyre.

Bonnet en tout se cognoissoit,
Bonnet de tous maux guerissoit,
Et si[2] n'usoit que d'eau de vie :
Mais la mort, qui en eut envie,
Tellement ses forces ravit,
Que son eau rien ne luy servit.

Bonnet faisoit mille trafiques,
Bonnet sçavoit mille prattiques
En procez : et les plus famez
De ces courtisans affamez

---

1. Simarre (L. : Chamarre et hist. de Simarre; Chamarre est masculin dans Nicot).
2. Et pourtant.

En matiere de benefices
Près de luy n'estoient que novices.
  Pour bien emboucher un tesmoin,
Et pour bien s'aider au besoin,
D'une vieille lettre authentique,
Pour trouver quelque tiltre antique,
Pour rendre un procez eternel,
Pour faire un civil criminel,
Et pour donner une traverse
Au droit de sa partie adverse,
Pour estonner de son caquet
Un juge, une court, un parquet,
Pour faire une importune instance
Pour appeller d'une sentence,
Pour cognoistre cela qui poingt,
Et pour soudain prendre le poinct
De quelque matiere profonde,
Il n'estoit qu'un Bonnet au monde.
  Vray est qu'on luy fit maint excez,
Mais il gaigna tous ses procez :
Et fut Bonnet tant habile homme,
Qu'oncq ne perdit en court de Rome,
  Ou fust à droit, ou fust à tort,
Procez, sinon contre la mort :
Dont encores il se lamente
(Ce croy-je) devant Rhadamante :
Mais Bonnet aura beau crier,
S'il peut Rhadamante plier.

PIÈCES DIVERSES

ODE

SUR L'ÉPITHALAME DE HENRI DE MESME ET DE JANE HENNEQUIN [1]

Quel demon à ceste fois
De la fureur la plus doulce
Jusqu'aux estoiles te pousse
Sur les œlles de ta voix ?
De la celeste musique
Ne plaisent tant les doulx sons
Que le miel de tes chansons
Plus doulx que le miel attique.

Heureux son, heureux sonneur,
Heureuse vierge bien née
Et plus heureux hymenée,
De telle vierge l'honneur [2] !

Heureux l'enfant qui doit estre,
S'il est aussi bien sonné
Que tu as bien fredonné
Le dieu qui le fera naistre !

1 Publiée en 1552 et jointe pour la première fois aux œuvres de du Bellay, par M. Marty-Laveaux.

2. La première édition donne *d'onneur* pour *d'honneur*. M. Marty-Laveaux lirait volontiers *donneur*.

A P. DE RONSARD[1]

Comme un torrent qui s'enfle et renouvelle
Par le dégout des hauts sommets chenus,
Froissant et ponts et rivages connus,
Se faict, hautain, une trace nouvelle :
Tes vers, Ronsard, qui par source immortelle
Du double mont sont en France venus,
Courent, hardis, par sentiers inconnus
De mesme audace et de carrière telle.
Heureuses sont tes nimphes vagabondes,
Gastine sainte, et heureuses tes ondes,
O petit Loir, honneur du Vandomois !
Icy le luc[2] qui n'aguere sur Loire
Souloit répondre au mouvoir de mes doigts
Sacre le pris de sa plus grande gloire.

SUR ROME

De voir mignon du roy un courtisan honneste[3],
Voir un pauvre cadet l'ordre au col soustenir,
Un petit compagnon aux Estatz parvenir,
Ce n'est chose, Morel, digne d'en faire feste.
Mais voir un estaffier, un enfant, une beste,
Un forfant[4], un poltron, cardinal devenir,

---

1. En tête des *Amours*.
2. Luth *.
3. Ces trois derniers sonnets font partie des huit sonnets indiqués par M. Paulin Paris, publiés par M. A. de Montaiglon, et joints aux œuvres de du Bellay par M. Marty-Laveaux.
4. Forfonte, fanfaron (L.; forfant dans N.).

Et, pour avoir bien sceu un singe entretenir [1],
Un Ganimede avoir le rouge sur la teste ;
 S'estre veu, par les mains d'un soldat espagnol,
Bien hault sur une eschelle avoir la corde au col,
Celluy que par le nom de Saint-Pere l'on nomme ;
 Un beliste en trois jours aux princes s'esgaller,
Et puis le voir de là en trois jours desvaler :
Ces miracles, Morel, ne se font point qu'à Rome.

SUR LA STATUE DE PASQUIN

Je fus jadis Hercule [2] ; or Pasquin je me nomme,
Pasquin, fable du peuple, et qui fais toutefois
Le mesme office encor que j'ay fait autrefois,
Veu qu'ores par mes vers tant de monstres j'assomme.
 Aussi mon vray mestier, c'est de n'espargner homme,
Mais les vices chanter d'une publique voix :
Et si ne puis encor, quelque fort que je sois,
Surmonter la fureur de cest hydre de Rome.
 J'ay porté sur mon col le grand palais des dieux,
Pour soulager Atlas, qui sous le faix des cieux
Courboit, las et recreu [3], sa grande eschine large :
 Ores, au lieu du ciel, je porte sur mon doz
Un gros moyne espagnol qui me froisse les oz :
Si me poise [4] trop plus que ma premiere charge.

---

1. Allusion à un protégé de Jules III, rencontré par lui dans les rues avec un singe, et promu peu de temps après au cardinalat. C'est encore à lui que s'applique le trait suivant. Note de M. de Montaiglon.
2. La statue de Pasquin qu'on pensait alors avoir été en Hercule. Notes de M. M.-L.
3. Fatigué*
4. Pèse*.

A JACQUES GREVIN

Comme celuy qui a de la course poudreuse
Ou de la luyte[1] huylée, ou du disque eslancé,
Ou du ceste plombé de cuir entrelacé,
Rapporté mainte palme en sa jeunesse heureuse,
  Regarde, en regrettant sa force vigoureuse,
Les jeunes s'exercer, et jà vieil et cassé,
Par un doux souvenir qu'il ha[2] du temps passé,
Resveille dans son cœur sa vertu genereuse :
  Ainsi voyant, Grévin, prochain de ma vieillesse
Au pied de ton Olimpe exercer ta jeunesse,
Je souspire le temps que d'un pareil esmoy
  Je chantay mon Olive, et resens en mon ame
Je ne sçay quelle ardeur de ma premiere flâme
Qui me fait souhaiter d'estre tel comme toy.

1. Lutte*. R.
2. L'*h*, reprise au latin *habet*, se rencontre souvent chez les poëtes du xvie siècle*.

LETTRES

AU CARDINAL DU BELLAY[1]

Monseigneur,
Si mon indisposition et les affaires qui me tiennent par deçà pour la conservation de ma maison m'eussent permis de vous aller trouver pour me purger en vostre presence de ce qu'on m'a calomnieusement imposé envers vous, comme j'ay veu par vos lettres que Monsr de Tolon m'a ces jours passés communiquées, je n'eusse esté contraint de vous ennuier de cette longue et fascheuse lettre, ny vous en peine de la lire, ce que je vous prie très humblement de faire tant pour la memoire de ce peu de service que je vous ay fait que pour la reverence du lieu que vous tenés, qui vous oblige ce me semble d'ouïr un chacun en ses justifications. Ce que je doibs le plus craindre en ceci, ce seroit que l'opinion que vous pourriés avoir conceu de moy et l'impression qu'on vous en auroit donnée m'eust entierement fermé le passage ; mais je m'asseure tant de vostre accoutumée et naturelle bonté que ce prejudice ne me fera condamner *indicta causa*. Et d'autant plus que je m'en asseure que vous mesmes, Mon-

1. Fait partie des lettres conservées à la bibliothèque de Montpellier, publiées par M. Revillout et reproduites dans les œuvres de du Bellay, par M. Marty-Laveaux.

seigneur, avés souvent esprouvé et esprouvés encores touts les jours les traicts de la calumnie, à vostre grand honneur et à la confusion de vos ennemis. Or, pour venir au faict et affin que, mettant toute opinion et toute passion à part, vous puissiés juger si je suis digne d'une telle indignation que celle que vous montrés par vos dittes lettres, je vous supplie très humblement, Monseigneur, de lire patiemment tout ce discours, où si je vous ments d'un seul mot ni si par artifice je vous deguise rien de la verité, je me soubmetz à estre estimé tel de tout le monde et pis encores, si pis se peust imaginer qu'il vous a pleu me despeindre par vos dites lettres. Vous entendrés donc, s'il vous plaist, Monseigneur, qu'estant à vostre service à Romme je passois quelquefois le temps à la poésie latine et françoise, non tant pour plaisir que j'y prisse que pour un relaschement de mon esprit occupé aux affaires que pouvés juger, et quelquefois passionné selon les occurences, comme se peust facilement descouvrir par la lecture de mes escrits, lesquels je ne faisois lors en intention de les faire publier, ains[1] me contentois de les laisser voir à ceux de vostre maison qui m'estoyent plus familiers; mais un escrivain breton que de ce temps là je tenois avec moy en faisoit des coppies secrettement, lesquelles, comme je descouvris depuis, il vendoit aux gentilshommes françois qui pour lors estoyent à Romme, et Monsr de St Ferme mesme fut le premier qui m'en advertyt. Or, estant de retour en France, je fus tout esbahy que j'en trouvay une infinité de coppies[2] tant à Lyon que Paris, dont je mis de ce temps là quelques imprimeurs en procès qui furent condamnés en amendes et reparations, comme je puis monstrer par sentences et jugements donnés contre eux. Voyant donc qu'il n'y avoit autre remede et qu'il m'estoit impossible de supprimer tant de coppies publiées par tout, pource que le feu roy, que Dieu absolve, qui en avoit leu la plus grand part, m'avoit commandé de

1. Mais*.   2. Exemplaires (Malherbe)

sa propre bouche d'en faire un recueil et les faire bien et
correctement imprimer, je les baillay à un imprimeur sans
autrement les revoir, ne pensant qu'il y eust chose qui
deubt offenser personne et aussi que les affaires où de ce
temps là j'estois empesché pour vostre service ne me donnoient beaucoup de loisir de songer en telles resveries,
lesquelles toutefois je n'ay encores entendu avoir esté icy
prises en mauvaise part, ains y avoir esté bien receues des
plus notables et signalés personnages de ce royaume,
dont me suffira pour cette heure alleguer le tesmoignage
de mons' le chancelier Olivier, personnage tel que vous
mesmes cognoissés. Car ayant receu par les mains de
mons' de Morel un semblable livre que celuy qu'on vous a
envoyé, ne se contenta de le louer de bouche, mais encores me fist cette faveur de l'honorer par escript en une
epistre latine qu'il en escrivit audit de Morel. L'extrait de
laditte epitre est imprimé audevant de quelques miennes
œuvres latines que vous pourrés voir avec le temps. Et je
l'ay bien voulu inserer en la presente de mot à mot et que
j'ay encloz ci-dedans. Par là, Monseigneur, vous pourrés
juger si mon livre a esté si mal receu et interpreté des
personnages d'honneur comme de ceux qui le vous ont
envoyé avec persuasion si peu à moi advantageuse. Je ne
sçay à la verité qui me peust avoir presté cette charité, et
ne voudrois obliquement taxer personne, mais il me semble qu'en cela ils ont fort mal noté ce que dit Martial en
une sienne epistre[1] : *Absit ab epigrammatis meis ma-
lignus interpres;* et au mesme lieu : *Pessime facit qui in
alieno libro ingeniosus est.* Or, ne voyant, Monseigneur,
en toute cette belle accusation *aliquod certum aut defini-
tum crimen* auquel je puisse respondre particulierement,
je me contenteray de dire generalement qu'en tout ce
livre il ne se trouvera point *expressè nec tacitè* que j'aye
en rien touché vostre honneur; au contraire se trouvera
qu'en plusieurs endroicts je me suis mis en devoir de le

---

1. Martial, *Épig.*, I, épistre au lecteur. Notes de M. M.-L.

deffendre si quelqu'un l'eust voulu offenser, mesmement au sonnet que j'ay aussi encloz cy dedans auquel en parlant apertement de vous et non par metaphore ou allegorie... Voylà, monseigneur, comment j'ay voulu denigrer vostre honneur, lequel tant s'en fault que je voulusse en rien offenser, qui seroit à moy non une meschanceté mais un vrai parricide et sacrilege, que pour le maintenir je vouldrois s'il en estoit besoing hasarder le mien avec ma propre vie et tout ce que Dieu m'a donné en ce monde. L'on vous a, à ce que je peux juger, voulu persuader que je me plaignois de vous ; je responds que je ne me plainds de vous, mais de mon malheur et de l'ingratitude de quelques-uns, *si surdis liceat maledicere*, qui ayant receu tant de bien et d'honneur de vous l'ont si mal recogneu que vous mesmes pouvés tesmoigner et que tout le monde a peu voir. Et quand en quelque endroict de mes sonnets on vouldroit interpreter que les plainctes que j'y fais se doibvent necessairement referer à vous, comme on voit ordinairement que ceux qui se sentent vrays et fidelles serviteurs sont quelquefois plus prompts à se plaindre et passionnés que les autres, je ne veux pas du tout nyer que voyant beaucoup d'autres qui ne vous atouchent de si près que moy, ny de parenté ni de service, recepvoir tant de bien et d'honneur de vous comme ils ont faict, il ne m'en soit eschappé quelque regret parmy les autres. Mais je pense vous avoir fait assés cognoistre par la continuation du service que je vous ay despuis faict et feray toute ma vie, s'il vous plaist, que telles plaintes ne procedoient de mauvaise volonté, et s'il m'est permis faire comparaison de moy à un si juste personnage, je pourrois alleguer à ce propos l'exemple de Job, lequel en son adversité dispute contre Dieu, alleguant son innocence et la grandeur de ses afflictions qu'il dit n'avoir meritées, et sembleroit de prime face, à qui ne prendroit bien le sens de l'escriture, ce que ses parents mesmes lui reprochent, qu'il blasphemast contre Dieu, qui toutesfois, cognoissant l'intention de Job et son infirmité, à la fin de la dispute approuve la

cause dudit Job et condamne celle de ses cousins : et
Dieu veuille qu'en cette mienne adversité je n'esprouve
encore cette persecution de ceux dont par raison je debvrois attendre toute aide et consolation et non pas recepvoir tant de mal pour le bien que je pense leur avoir fait.
Quant à l'inquisition, qui est le principal point dont l'on
veult me faire peur, je voudrois estre aussi asseuré, Monseigneur, de debvoir regagner vostre bonne grace que j'ay
peu de crainte de tel inconvenient. Je n'ay vescu jusques
icy en telle ignorance que je n'entendisse les points de
nostre foy, et prie Dieu qu'il ne me laisse pas tant vivre
que de penser seullement, non qu'escrire, chose qui soit
contre son honneur et de son eglise. Ce qui m'a fait ainsi
toucher les Caraffes en quelque endroit a esté l'indignité
de quoy ils usoient en vostre endroict, dont je ne pouvois
quelquefois ne me passionner que en deschargeant ma colere sur le papier. Tout le reste ne sont que risées et
choses frivoles, dont personne, ce me semble, ne se doibt
scandalizer s'il n'a les oreilles bien chatouilleuses. Quant
aux belles qualités qu'il vous plaist me donner par vosdittes lettres, je les prens comme de mon seigneur et
maistre, avec lequel, comme dit David, je ne veux entrer
en jugement ; mais je ne craindray point de vous dire,
encores que Démocrite [1] *excludat sanos Helicone poetas*,
que ceux qui me cognoissent et qui m'ont hanté familierement ne m'ont, ce crois-je, en telle reputation, et ne
pense qu'en ma vie ny en mes actions il se soit encores
rien trouvé digne de la cathene [2]. Voyla, Monseigneur, la
grande meschanceté que j'ai commis en vostre endroict,
vous suppliant très humblement au reste de prendre en
bonne part ce qu'en une si juste deffence que celle de
mon honneur j'ay respondu non à vos lettres, mais aux
calumnies de ceux qui m'ont deferé envers vous sans les
avoir jamais, que je sache, offencés ny de faict ny de pa-

---

1. Horace, *Ars. poet.*, 295.　2. Chaîne, *catena* (L., hist. et
Notes de M. M.-L.　　　　etym.).

rolle. Dieu leur pardoint[1], car quant à moy toute la vengeance que j'en desire c'est qu'il me donne la grace de prendre cette persequution en patience et à eux de cognoistre le tort qu'ils m'ont faict. Cependant, Monseigneur, cette lettre portera tesmoignage envers vous et envers tout le monde de mon innocence et de l'obéissance et servitude que je vous ay tousjours porté et porteray toute ma vie.

Monseigneur, je supplie le Créateur, etc.

De Paris, le dernier jour de juillet 1559.

LETTRE DE J. DU BELLAY[2]

AU SIEUR JEAN DE MOREL, AMBRUNOIS, SON PLUS FIDÈLE ET CHER AMI,
SUR LA MORT DU FEU ROY ET LE DEPARTEMENT DE MADAME DE SAVOYE.

Mons. et frere, ne m'ayant, comme vous sçavez, permis mon indisposition de pouvoir faire la reverence à Madame de Savoye, depuis la mort du feu roy, que Dieu absolve, j'ay pensé que pour reparer cette faute, et pour me ramentevoir[3] tousjours en sa bonne souvenance, je ne luy pouvois faire present plus agréable que ce que je vous envoye pour luy presenter, s'il vous plaist, de ma part. C'est le Tumbeau latin et françois du feu roi son frere, basti des ferremens de nostre mestier, sinon de telle etoffe et artifice, qu'il eust bien peu estre d'une meilleure main

---

1. Subj. de pardonner, selon la conjugaison de *donner*, usitée jusqu'au XVIᵉ siècle (Burg., I, p. 293).

2. Publiée dans l'édition de 1559, à la suite du Tombeau du roi Henri II.

3. Me rappeler.

pour le moins de telle reverence et devotion, que pour ce regard il ne doit ceder ny à l'excellence du mausolée, ny à l'orgueil des pyramides egyptiennes. Je l'eusse bien peu enrichir, si j'eusse voulu (et l'œuvre en estoit bien capable, comme vous pouvez penser), de figures et inventions poétiques d'avantage qu'il n'est, et qu'il semblera peut estre à quelques admirateurs de l'antique poésie que je le devois faire : mais il m'a semblé que pour la dignité du sujet, et pour rendre l'œuvre de plus grande majesté et durée, un ouvrage dorique, c'est à dire plein et solide, estoit beaucoup plus convenable qu'un corinthien, ou autre de moindre estoffe, mais plus elabouré[1] d'artifice et invention d'architecture. Or, tel qu'il est, si Madame s'en contente, j'estimeray mon labeur bien employé, ne m'estant, comme vous sçavez mieux qu'homme du monde, jamais proposé autre but ny utilité à mes estudes que l'heur de pouvoir faire chose qui lui fust agréable. J'avois (et peut estre non sans occasion) conceu quelque esperance de recevoir un jour quelque bien et advancement de la liberalité du feu roy, plus par la faveur de Madame que pour aucun merite que je sentisse en moy. Or Dieu a voulu que je portasse ma part de ceste perte commune, m'ayant la fortune, par le triste et inopiné accident de ceste douloureuse mort, retranché tout à un coup, comme à beaucoup d'autres, le fil de toutes mes esperances. Ce desastre, avec le partement de Madame, qui, à ce que j'entens, est pour s'en aller bien tost ès pays de Monseigneur le duc son mary, m'a tellement estonné et fait perdre le cœur, que je suis deliberé de jamais plus ne retenter la fortune de la court, m'ayant, *nescio quo fato*, esté jusques icy tousjours si marastre et cruelle : mais *abdere me in secessum aliquem*, avec ceste brave devise pour toute consolation : **spes et fortuna valete.** Et qui seroit si fol de se vouloir doresnavant travailler l'esprit, pour faire quelque chose de bon et digne de la posterité, ayant

---

1. Travaillé*.

perdu la faveur d'un si bon prince et la presence d'une telle princesse, qui depuis la mort de ce grand roy François, pere et restaurateur des bonnes lettres, estoit demeurée l'unique support et refuge de la vertu et de ceux qui en font profession? Je ne puis continuer plus longuement ce propos sans larmes, je dy les plus vrayes larmes que je pleuray jamais : et je vous prie m'excuser si je me suis laissé transporter si avant à mes passions, qui me sont, comme je m'asseure, communes avec vous et avec tous ceux qui sont, comme nous, admirateurs de ceste bonne et vertueuse princesse, et qui veritablement se ressentent du regret que son absence doit apporter à tous amateurs de la vertu. Quant à moy (*et hoc mihi apud amicum liceat*) encore que jusques ici j'aye enduré des indignitez de la fortune autant que pauvre gentilhomme en pourroit endurer : si est-ce que pour perte de biens, d'amis et de santé, et si quelque autre chose nous est plus chere en ce monde, je n'ay jamais esprouvé si grand ennuy que celuy que j'ay dernierement receu de la mort du feu roy, et du prochain departement [1] de Madame, qui estoit le seul appuy et colonne de toute mon esperance. A tout le moins si ceste fascheuse et importune surdité, qui me contraint depuis un mois de demeurer continuellement enfermé en une chambre, eust attendu quelque autre saison et ne m'eust osté si mal à propos le moyen de pouvoir faire la reverence à Madame et luy baiser les mains devant son departement, j'aurois moins d'occasion de me plaindre de ma fortune : mais vous ferez, s'il vous plaist, ce devoir pour moy : et ce pendant ne m'estant permis d'accompaigner ses autres serviteurs en ce voyage, ou partie d'iceluy, je la suyvray avecques prieres et vœux pour sa prosperité et santé, et avecques ceste humble affection, reverence et devotion, que je luy doy, accompagnée d'un perpetuel regret de son absence. Ce qui me restera de consolation sera une conscience de bonne,

---

1. Départ (Malherbe).

pure et syncere volonté envers Dieu et envers les hommes, avecques contentement ou, s'il faut dire ainsi, ceste gloire, qu'ayant, en la profession où j'ay esté poussé plus tost par necessité ou par election, rencontré tant d'heur que de plaire à Madame, je me puis vanter d'avoir esté agréable à la plus sage, vertueuse et humaine princesse qui ait esté de son temps. Et sur ce, monsieur et frere, pour ne vous ennuyer de plus longue lettre, encor' que je m'asseure ce propos vous estre aussi peu ennuyeux qu'autre pourroit estre, je feray fin, pour me recommander bien affectueusement à vostre bonne grace, et supplier le créateur vous donner la sienne avec heureuse et longue vie.

De Paris, ce 5 d'octobre 1559.

INDEX

DES MOTS EXPLIQUÉS DANS LES NOTES

Nota. — L'astérisque indique les mots qui figurent dans les Index que contiennent les éditions de Ronsard et de Baïf. Les lettres R. et B., placées à la suite des notes, indiquent auquel de ces Index il faut se reporter.

A

A p. de *, 68.
Aage *, 18.
Aborder (A l'), 122.
Abysmer, f. n., 234.
Accointable *, 296.
Accorder, 273.
Acquerre *, 200, 220.
Adoncque, 161.
Affaire, m., * 242.
Affecté *, 74.
Aguetter, 269.
Aguigner *, 289.
Ahanner, 265.
Ainçois *, 20.
Ains *, passim.
Ainsi, 89.
Ajourner, 46.
Alarme, m., 115.
Aliene, 11, 39, 47, 58.
Alme, 305.
Amé, 82.
Amollir, f. n., 111.
Anuicter, 46.
Appareil, 224.
Apprinse (Que j'), 96.
Ardentement, 287.
Ardre *, 78.
Arrousé *, 141.
Asseicher, 248.
Assener, 46.
Athènes (Les), 191.
Atterrer, 242.
Attraire *, 168.
Austres, 108.
Avallé *, 259.
Avesne *, 265.
Avous *, 186.
Ayne, f., 262.

B

Bagner, 86.
Basler *, 250.
Bast, 48.
Bastant, 204.
Bat, 500.
Bayer *, 164.
Béant *, 164.
Beau (Tout) *, 269.
Bellique, 6.
Blasonner *, 196.
Bouveau, 306.
Bray, 164.
Brehaigne *, 25.
Bruire *, 191.
Bruit, 62.
Bruvage *, 103.
Buccinateur, 45.
Buccine, 128.

C

Campagne (A la), 56.
Capelle, 226.
Carole *, 180.
Carroller *, 155.
Cathene, 520.

28

Caut, e*, 187.
Cautement*, 230.
Cavé, 262.
Celle*, passim.
Celuy*, 8.
Cercher*, 25.
Cerimonie, 224.
Cerner*, 181.
Cestuy*, 267.
Challemie*, 236.
Chaloir*, 148.
Chamarre, 310.
Change, 207.
Chanter de*, 277.
Chappeau*, 126.
Chappelet*, 287.
Chappron, 233.
Chauvir, 136.
Chère, 37.
Chetif*, 158.
Chevance*, 299.
Cil, 133, 201.
Cocs à l'asne, 39.
Cogitation, 54.
Coint, e*, 101.
Colomb, 87.
Colomne, 24.
Combien que*, 15, 62.
Comme, 2.
Comp.p.sup.*, 88, 148.
Compas (Par)*, 148, 295.
Compasser*, 240.
Composer (Se), 16.
Conard, 71.
Concion, 41.
Contemptible, 37.
Controversie, 74.
Copie, 11.
Copieux, 7.
Coppie, 317.
Cor, 98.
Coral*, 189.
Corsage*, 309.
Coucourde, 261.
Coulpe, 8.
Coupeau*, 85.
Court*, 120.
Courtine*, 145.

Cousteau*, 273.
Coy, 80.
Coyon, 235.
Crédit (A)*, 13.
Crediteur, 209.
Crespelu, 294.
Croistre*, 187, 284.
Croppe*, 241.
Cuider*, 128.
Cure*, 137.

D

Dam*, 98.
Debord, 244.
Declamer, 15.
Declination, 17.
Declos*, 87.
Delivre*, 221.
Demener*, 162, 280.
Departir*, 78.
Département*, 323.
Descœuvre (Je)*, 92.
Designer, 202.
Despendre, 18, 152.
Desperé, 271.
Desserrer*, 82.
Desservir, 119.
Deult (il se)*, 210.
Devaller*, 100.
Devers*, 222.
Die (Que je), 52.
Digne*, 176.
Diligence, 102.
Discors, 183.
Discourir, 91.
Disputation, 10.
Domestique à, 299.
Douteux, 15.
Duisant*, 107.

E

E surabondant*, 230, 240, 300.
Eaule, 261.

Ebenin, 293.
Effronter, 231.
Eil rimant avec ueil, 224.
Elabouré*, 129.
Elargir*, 60.
Elegie, 38.
Elourdir, 303.
Emendation, 55.
Emender, 55.
Emerveiller, f. n., 244.
Empescher (S'), 221.
Emprise*, 115.
Encliner*, 84.
Encontre, subst.*, 141.
Encontre, 250.
Encourtiné*, 151.
Endementiers, 155.
Endroit soy, 4.
Enseigneur, 166.
Ententif*, 22.
Entourner, 176.
Entrerompre*, 115.
Envieillir, 20.
Epigramme, m., 58.
Epithete, m., 39.
Equierre, 247.
Escheller, 243.
Escrimer, f. n., 295.
Espacier, 12.
Espoinconner, 122.
Essourdé, 189.
Essourder, 193.
Essourdi, 304.
Estrange*, 165.
Estranger (S')*, 165.
Estude, 56; m., 155.
Et si*, 9, 186.
Eu (Rimes en)*, 286.
Eur (Rimes en)*, 149.
Exacte, 68.
Exemplaire, 75.
Exercite, 120.
Exercité, 203.
Extoller, 128.

INDEX.

F

Faction, 118.
Faillir*, 282.
Fameux, 14.
Fanir*, 280.
Fatal, 245.
Faute, 191, 207.
Fein, 265.
Feintise*, 224.
Femme, 140.
Fertile de, 28.
Fier, 267, 293, 295.
Finablement, 60.
Finir, 82.
Flacque, adj., 54.
Flageol*, 306.
Floquet, 288.
Fluctueux*, 78, 279.
Foleton, 288.
Forfant, 315.
Fort (Au), 35, 71.
Fortresse, 115.
Fortune, 35.
Fouet*, 106.
Fourmage, 260.
Fourment*, 259.
Fueillars*, 190.

G

Galans*, 65.
Gallée, 4, 155.
Gentil, e*, 104.
Germain, 158.
Glenneur, 249.
Grand, f., 259.
Gratigner, 290.
Grecs*, 223.
Gref, ve, 292.
Grenad, 98.
Guerdon*, 138.
Guerdonner*, 119.
Guères (N'a), 135.
Guide*, f., 120, 298.
Guigner, 150.

Guise (En), 8.
Gyron, 259.

H

Ha (Il)*, 315.
Haïr, 25.
Hairoit (Il), 294.
Harpeur, 193.
Hayons (nous), 23.
Herisser, f. n., 207.
Hiulque, 55.
Hucher, 259.
Humeur*, 111.
Hurt, 306.
Hurter*, 112.
Hyerre (L'), 195.
Hymne, 176.

I

I (Ellipse de l'), 213.
I pour y*, 224.
Idée, 90.
Ier, iez, 158.
Impourveue (A l')*, 298.
Inclin, e, 146.
Indocte, 27.
Infélicité, 43.
Innumérable, 3.
Iré*, 115.
Irrision, 74.
Isnel*, 46, 155.

J

Jà*, 59, 181.
Jartière*, 294.
Journal, e, 238.
Journel, 58.

L

L, euphonique*, 104.
Lentour (A), 231.
Libre, 112.

Loge*, 306.
Lon*, 104.
Los*, 50.
Luc*, 38.
Luyte*, 315.

M

Magnifique, 230.
Majeurs, 7.
Manque, 11, 28.
Marcou, 296.
Matouard, 296.
Maudisson, 145.
Me, 149.
Medicin, e, 172.
Mesme, 9, 11, 51.
Mesnager, 208.
Meur*, 81, 149.
Meurtrier*, 230.
Mitouard, 296.
Mode, 84.
Mœurs, m., 5.
Moleste*, adj., 14, 304.
Molestie, 14.
Monstres, 168.
Moucher, 168.
Musagnœmachie, 91.
Musequin, 288.

N

N'a gueres*, 135.
Navigage, 18.
Navire*, m., 41, 141; fém., 231.
Ne*, *passim*.
Nouailleur*, 248.
Nouer*, 92, 126.
Nouvellet*, 272.
Nubileux, 78.
Numereux, 53.
Nymphal, 253.

O

Oblivieux*, 79, 85.

Ocieusement, 152.
Ocieux*, 52.
Ode *, 58.
Oeuvre *, m., 26.
Oeuvres, f., 23, m., 70.
Oisif, 59.
Olif, 262.
Or, or', ores*, 22, 81.
Ordre (D'), 257.
Oreiller*, 136.
Orque, 106.
Ottroyer*, 106.
Ouvrier, 174.
Oyselet, 272.

P

Paisan*, 255.
Paradoxe, adj., 70.
Parangon*, 10.
Pardoint (Qu'il), 321.
Pardonnance, 250.
Pardonner, 59.
Part *, 258.
Passer (Le), 125.
Patrie, 1.
Pensement, 121.
Perdurable *, 113.
Periode, m., 53.
Perir, 29.
Perruque*, 305.
Petit (Un)*, 160.
Peu (A) *, 72, 292.
Phaleuce, 140.
Piteux, 83.
Plain, 142.
Plains*, 126.
Plantes, 185, 259.
Poinct (Mal en) *, 163.
Poindre, 289.
Pointe, 239.
Poise, 314.
Pol, 251.
Pour *, 140, 216.
Pourchas, 295.
Pourmener *, 212.
Pourpris*, 95.

Préc*, 156.
Premier*, 11, 164.
Premier que', 23.
Préoccuper, 75.
Prescrit, 19.
Print *, 77.
Procurer, 23, 25.
Pron. pers. (Ellipse des), 12, 52, 54, 58, 207, 234, 289, 295, etc.
Prophète, 206.
Prouvé, 220.
Prosphonematiq., 125.
Province *, 143.
Pueril, 99.

Q

Que*, 211.
Querelle, 207.
Querir, 100, 105.
Querre*, 247.
Quiert, 100.

R

Ramentevoir *, 68.
Rane, 164.
Ravy, 27.
Rays*, 77.
Reboucher *, 64.
Réciteur, 166.
Recompenser, 18, 154.
Recreu*, 209.
Reliquaire, 28.
Reliques, 14.
Remascher, 141.
Repaire, 103.
Repaistre, f. n., 300.
Ressembler*, 17, 212.
Ressourdre, 255.
Reste (A toute), 299.
Retailler, 163.
Retistre, 49, 214.
Retors, 306.

Retourner, 95.
Retraire*, 302.
Rimasseur, 65.
Robber, 175.
Robe, 250.
Romanesque, 251.
Rond, 20, 140.
Rouer*, 141.
Rousoyant *, 275.
Rousée *, 144.
Ruer *, 250.
Rustique, subst., 249.
Rythme, 49.

S

S suppr. à la 2ᵉ pers., 292.
Sacrer*, 132.
Sagette*, 84.
Sagetter *, 225.
Sanglier*, 267.
Sauteler*, 294.
Scadron *, 56, 91.
Secretaire*, 202.
Seigneuriser*, 227.
Sein, 219.
S'elle*, 285, 305.
Semondre, 155.
Senestre *, 241.
Serener, 232.
Serf, 60.
Servil, 28.
Si*, 61, 150, 207.
Signifiance, 215.
Siller *, 144.
S'on *, 99.
Songeard, 120.
Songer, act., 90.
Sonoreux, 54.
Soret, 309.
Souloir*, 28.
Sourian, 293.
Sourpeli, 212.
Supplier à *, 25.
Surgeon*, 195.

T

Tabourin*, 224.
Tant que*, 249.
Tarder, act., 131.
Tardité, 115.
Teillant, 261.
Temperie, 60.
Tenter, 120.
Terroy, 265.
Tesnière, 141.
Test, 260.
Tiers, 279.
Tige*, m., 89, 297.
Tirer, 14.
Tort, e*, 248.
Tortis*, 306.
Tout (Du)*, 63, 152.
Trac*, 186, 302.
Traditeur, 13.
Traison*, 229.
Trop*, 29, 139.
Troppe*, 173.
Troppeau*, 162.
Tumbe, 275.
Tumber, 162.
Turquois* 257.
Tygre*, f., 217.

U

Unisson, e, 48.

V

Vastité, 6.
Venusté, 18.
Vesquisse (Que je), 221
Viande*, 174.
Vigile, 37.
Vitupere, 167.
Vivre (Le), 222,
Vois (Je)*, 82.
Voise (Que je), 81, 112.
Voyager, subst., 217.
Voyse, 242.
Vulgaire, 4, 49.

Y

Yerre (L'), 176.
Yssant, 104.

TABLE

Avertissement. v
Notice biographique. ix
La défense et illustration de la langue françoise. . . . 1
A monseigneur le révérendissime cardinal Du Bellay. . . 1

  Livre premier. 3

    Chap. I. — De l'origine des langues. 3
    Chap. II. — Que la langue françoise ne doit être nommée barbare. 5
    Chap. III. — Pourquoi la langue françoise n'est si riche que la langue grecque et latine 7
    Chap. IV. — Que la langue françoise n'est si pauvre que beaucoup l'estiment 9
    Chap. V. — Que les traductions ne sont suffisantes pour donner perfection à la langue françoise. . . 10
    Chap. VI. — Des mauvais traducteurs et de ne traduire les poëtes 13
    Chap. VII. — Comment les Romains ont enrichy leur langue 14
    Chap. VIII. — D'amplifier la langue françoise par l'imitation des anciens auteurs grecs et romains. 16
    Chap. IX. — Response à quelques objections. . . 17
    Chap. X. — Que la langue françoise n'est incapable de la philosophie, et pourquoi les anciens étaient plus sçavans que les hommes de nostre aage. . . 20

Chap. XI. — Qu'il est impossible d'égaler les anciens en leurs langues. 26
Chap. XII. — Défense de l'auteur. 29

Livre deuxième. 31

Chap. I. — De l'intention de l'auteur 31
Chap. II. — Des poëtes françois 32
Chap. III. — Que le naturel n'est suffisant à celui qui en poésie veut faire œuvre digne de l'immortalité 36
Chap. IV. — Quels genres de poëmes doit elire le poëte françois. 38
Chap. V. — Du long poëme françois. 40
Chap. VI. — D'inventer des mots et quelques autres choses que doit observer le poëte françois . . . 44
Chap. VII. — De la rythme et des vers sans rythme. 46
Chap. VIII. — De ce mot rythme, de l'invention des vers rymez, et de quelques autres antiquitéz usitées en notre langue. 48
Chap. IX. — Observations de quelques manières de parler françois 50
Chap. X. — De bien prononcer les vers. 53
Chap. XI. — De quelques observations outre l'artifice, avecques une invective contre les mauvais poëtes françois 54
Chap. XII. — Exhortation aux François d'escrire dans leur langue avec les louanges de la France. 59

Conclusion de tout l'oeuvre. 64

Au lecteur. 65

L'Olive. 67

Epistre au lecteur. 67
Sonnets 77

Œuvres poétiques. 91

Lam usagnœmachie. 91
A Salmon Macrin, sur la mort de sa Gelonis. . . 94
Contre les envieux poëtes 96
Description de la corne d'abondance. 97
Aux dames angevines. 99

TABLE.

Vers lyriques et poésies diverses. 102

   Au lecteur. 102
   Les louanges d'Anjou 102
   Des misères et fortunes humaines. 106
   De l'inconstance des choses 107
   Du premier jour de l'an. 109
   Du retour du printemps. 110
   Au seigneur P. de Ronsard. 113
   De porter les misères et la calomnie. 114
   De l'immortalité des poëtes 116
   Discours au roy sur la poésie. 118
   Le poëte courtisan. 120

Recueil de poésie. 125

   Prosphonematique au roy Henry II. 125
   A madame Marguerite, d'escrire en sa langue. . . 127
   Contre les avaricieux. 129
   Des conditions du vray poëte. 130
   A Heroët. 133
   Ode pastorale, à Bertrand Bergier. 134
   Dialogue d'un amoureux et d'echo. 137
   Au seigneur Robert de la Haye, pour estrene. . . 138
   Discours au roy, sur la trêve de 1555 140
   Execration sur l'Angleterre. 142
   La complainte du désespéré 144
   A Phoebus. 147
   A son luth. 149
   A madame Marguerite. 150

Vers traduits. 151

   Epistre au seigneur Jean de Morel 151
   L'Adieu aux Muses, pris du latin de Buccanam. . . 157
   Traduit de Lucrèce. 158
   Traduit de Cornélius Gallus. 159
   Traduit du même. 160
   Traduit d'Ovide. 161
   Traduit de Virgile. 161
   Traduit d'Ovide. 162
   Traduction d'une épistre latine de Turnebe 163

TABLE.

Divers poèmes..	170
Sonnet.	170
Hymne de santé, au seigneur Robert de la Haye	171
Ode au prince de Melphe.	181
Les Amours	184
Sonnets de l'honneste amour.	189
Recueil de sonnets	191
Du Parlement de Paris.	191
A monsieur Tyraqueau.	192
A P. de Ronsard	192
A Est. Jodelle	193
A J.-A. de Baïf.	194
A M. le Scéve.	194
A P. de Thyard et G. des Autels	195
A André Thevet	195
Complaintes et épitaphes.	197
Sur la mort de la seign. Sylvia Mirandola.	197
Epitaphe du seigneur Bonivet.	198
Épitaphe de Clément Marot.	198
Sur la mort de la jeunesse françoise.	199
Les Regrets	200
A monsieur d'Avanson.	200
Sonnets..	202
Antiquités de Rome..	239
Songe ou vision sur Rome..	251
Jeux rustiques.	257
A monsieur Duthier.	257
Le Moretum de Virgile	258
Vœux rustiques, du latin de Naugerius.	263
A Cérès.	263
D'un vanneur de bled, aux vents	264
A Cérès, à Bacchus et à Palès.	265
Sur le même subject	265

D'un berger à Pan 266
D'un chasseur à Pan. 267
D'un vigneron à Bacchus. 267
De deux amants, à Vénus. 268
D'une nymphe, à Diane 268
A Vénus. 269

Estrene d'un tableau 270
Villanelle 271
Chant de l'amour et du printemps. 272
Chant de l'amour et de l'hyver. 274
A Olivier de Magny, sur les perfections de sa dame. 276
Contre les pétrarquistes. 278
Élégie d'amour. 282
Bayser. 285
Autre bayser 286
Sur un chappelet de roses, traduit de Bembe . . . 287
Épitaphe d'un petit chien. 288
Épitaphe d'un chat. 292
Métamorphose d'une rose. 297
Hymne de la surdité, à P. de Ronsard 298
Épigramme pastoral. 306
A J. Ant. de Baïf. 307
Épitaphe de l'abbé Bonnet. 307

Pièces diverses. 312

Ode sur l'épithalame de Henri de Mesme. 312
A P. de Ronsard. 313
Sur Rome. 313
Sur la statue de Pasquin. 314
A Jacques Grevin. 315

Lettres. 316

Au cardinal de Bellay. 316
Au sieur Jean de Morel. 321

Index des mots. 325

Typographie Lahure, rue de Fleurus, 9, à Paris.

www.ingramcontent.com/pod-product-compliance
Lightning Source LLC
Chambersburg PA
CBHW070902170426
43202CB00012B/2167